FLENSBURGER HEFTE

Neue Gespräche mit den Naturgeistern

Aus dem Inhalt

Liebe Leserinnen und Leser!

Das letzte FLENSBURGER HEFT schlug ein wie ein Meteorit, und noch nie bekamen wir neben wenigen kritischen Stimmen so viele unterstützende, freudige und inhaltsreiche Briefe. Dafür Ihnen allen, liebe Leserinnen und Leser, noch einmal ein ganz herzliches Dankeschön.

Die Arbeit und das Gespräch zwischen den Naturgeistern und uns wird fortgesetzt. In diesem Band finden Sie zwei aktuelle Gespräche vom 25.03. und vom 05.04.2003, beide während des Irak-Krieges geführt. Wir hielten es für wichtig, auch auf die aktuelle politische Situation zu sprechen zu kommen.

Der zweite Teil des vorliegenden FLENSBURGER HEFTES enthält einen Teil der Fragen unserer Leserinnen und Leser, die ihnen direkt von den Naturgeistern beantwortet worden sind. Wir haben sie alle anonymisiert.

FLENSBURGER HEFTE 79, „Was die Naturgeister uns sagen", war der erste Versuch, mit den Naturwesen ins Gespräch zu kommen und die Interviews in Buchform vorzustellen. Für alle Beteiligten war dies neu. Wir mußten uns gegenseitig kennenlernen und haben die verschiedensten Themen angesprochen, um einen möglichst breiten Überblick über die Welt der Elementarwesen zu geben.

In dem vorliegenden Band haben wir uns auf einige Themengebiete konzentriert und sie vertieft. Vier Kernthemen hat der vorliegende Band: einen gemeinsamen Rückblick auf die letzten Gespräche und die Veröffentlichung, den Irak-Krieg, die Vorstellung zweier neuer Wesen – des Baumhirten Krone und des Zwerges Konradin – sowie verschiedenste Schwerpunktthemen.

Innerhalb der einzelnen Schwerpunktthemen haben wir auch noch verschiedene Fragen einzelner Leser aufgegriffen und einige Unklarheiten beseitigt. Kritisiert wurde z.B., daß die Naturgeister sich manchmal äußerten, als seien sie Anthroposophen. Dies aber liegt an den Menschen, die sie befragen. Die Naturgeister benutzen die Begriffe derjenigen, die sie befragen. Würde ein Muslim die Fragen stellen, so würden Begriffe aus dem Islam verwendet.

Kein Mediumismus

Das deutet bereits eindeutig darauf hin, daß Frau Staël von Holstein kein Medium ist, wie hin und wieder vermutet wird. Bei einem Medium wird durch das Medium gesprochen bzw. über das Medium eine Botschaft aus einem übersinnlichen Bereich in die materielle Welt vermittelt. Und dies geschieht bei herabgedämpftem Bewußtsein des Mediums, und es kommt nicht auf das Wissen des Mediums an, da ohnehin alle Botschaften durch dieses hindurchfließen.

Verena Staël von Holstein spricht mit den Naturwesen auf einer übersprachlichen Ebene. Und sie kann nicht mit den Naturwesen über Dinge, Menschen oder Begriffe sprechen, die sie selbst nicht kennt; genausowenig wie Sie einen Ihnen unbekannten deutschen Begriff in eine andere Sprache übersetzen können.

Deshalb sind prinzipiell auch Ungenauigkeiten im Text möglich, weil sich bei der Übersetzung Mißverständnisse ergeben können. Wir haben aber alles getan, um sie auszuschließen. Alle Texte wurden mehrfach lektoriert und auch noch einmal den Naturwesen vorgelesen.

Eine weitere Ungenauigkeit kann sich dadurch ergeben, daß man zu allgemein, zu wenig präzise fragt. Fernerhin ist zu berücksichtigen, daß jedes Elementarwesen aus seiner Sichtweise heraus antwortet und andere Elementarwesen unterschiedliche Antworten auf dieselbe Frage geben würden. Auch diese Zusammenhänge haben wir in den Gesprächen im vorliegenden Band vertieft.

Fragen der Naturwesen

In FLENSBURGER HEFTE 79 bat der Große um Beantwortung seiner drei Fragen (siehe FH 79, S.12 bzw. 3. Aufl., S.11). Und die Naturwesen bedanken sich für die Fülle Ihrer Zuschriften. Aber nicht nur der Große hat Fragen an Sie. Auch die anderen Naturwesen sind an speziellen Antworten möglichst vieler Menschen interessiert. Nachstehend listen wir Ihnen einige Fragen auf, die die einzelnen Naturwesen an Sie haben. Sie können eine, mehrere oder alle beantworten. Auch der Große bittet um weitere Beantwortung seiner Fragen. Bitte schicken Sie uns Ihre Antworten – zeitlich unbegrenzt, möglichst per E-Mail –, wir leiten sie weiter.

Fragen des Nassen:
- Was ist für Dich persönlich Leben? Was ist für Dich persönlich Tod?

Fragen des Steinernen:
- Was ist für Dich persönlich Schmerz? Was ist für Dich persönlich Glück?

Fragen des Luftigen:
– Was ist für Dich persönlich Weisheit? Was ist für Dich persönlich Dummheit?

Fragen des Feurigen:
– Was ist für Dich persönlich Lust? Was ist für Dich persönlich Erniedrigung?

Frage des Braunen:
– Was ist für Dich persönlich Sexualität?
Frage des Baumhirten:
– Was ist für Dich persönlich ein Baum?

Frage von Müller:
– Magst Du Dein Haus/Deine Wohnung?

Frage des Papierwesens:
– Was ist für Dich persönlich Geduld?

Frage des Glasmännchens:
– Was ist für Dich persönlich Schönheit?

Frage des Sandigen:
– Was ist für Dich persönlich Heimat?

Veröffentlichungen in der Zukunft

Voraussichtlich werden wir in lockerer Folge weitere Veröffentlichungen als Sonderhefte vornehmen. Dazu können Sie uns unverbindlich und kostenlos Fragen an die Naturwesen einreichen, und wir werden uns bemühen, sie bei zukünftigen Gesprächen mit zu integrieren. Wir werden Ihnen die Antworten aber nicht persönlich zusenden. Dieser in den ersten zwei Auflagen von FLENSBURGER HEFTE 79 angebotene Service war befristet.

Wir wünschen Ihnen mit den nachstehenden Gesprächen eine spannende und erhellende Lektüre.

Es grüßt Sie
Ihre FLENSBURGER HEFTE-Redaktion

Neue Gespräche mit den Naturgeistern

vermittelt durch Verena Staël von Holstein

von Wolfgang Weirauch

Gespräche am 25. März 2003

Rückblick

Wolfgang Weirauch: Schönen guten Tag. Es freut mich, wieder hier zu sein.

Chor der Naturwesen: Die Freude beruht auf Gegenseitigkeit.

W.W.: Zuerst möchte ich einige Fragen als Rückblick auf unsere bisherige Arbeit stellen. Entscheidet Ihr bitte, wer antworten möchte. Vor acht Monaten saßen wir zum ersten Mal zusammen. Ich habe Fragen gestellt, Ihr habt geantwortet. Wenn Ihr heute darauf zurückblickt, wie denkt Ihr dann darüber?

Müller: Diese Interviews waren das geistig Spannendste, was ich in diesem Haus je erlebt habe, und zwar deswegen, weil sich dadurch im Ätherischen viele Verschiebungen ergeben haben. Durch die Gespräche mit Dir hat sich auch die Beziehung zwischen mir und den anderen Elementarwesen, meinen Freunden, gewandelt. Alles ist für uns konkreter geworden. Einerseits wissen wir jetzt, daß unsere Antworten in der Welt gehört werden, andererseits stimmen wir mehr miteinander ab. Wir denken mehr darüber nach, bevor wir uns äußern.

Was sind das für Exoten?!

W.W.: Es ist also für Euch auch vieles geistig konturierter geworden?

Müller: Ja, es ist viel konturierter geworden. Wir haben als Wesen und in unseren Äußerungen schärfere Ränder bekommen – von außen betrachtet, nicht von innen.

Dieses Anwesen hier und ich werden von außen betrachtet. Viele Elementarwesen und Naturwesen schauen mit einem Male im Ätherischen auf dieses Anwesen. Das erfordert von uns eine andere Spannung, um das auch tragen zu können. Durch das Erscheinen des Buches (FLENSBURGER HEFTE 79, „Was die Naturgeister uns sagen") gibt es eine ätherische Blickrichtung auf die Mühle. Diese Blickrichtung wird auch durch alle die Menschen, die uns jetzt kennen, verstärkt. Und das spüren wir.

Für uns ist es in etwa so – um es auf Eure Verhältnisse bezogen auszudrücken –, als ob wir ständig im Fernsehen auftreten würden. Aber nicht nur die Menschen schauen auf diesen Ort, sondern auch die Elementarwesen. Und sie fragen sich: Was sind das dort für Exoten?! Wir haben jetzt das Siegel des Andersseins. Wir sind die, die mit Menschen sprechen.

„Ich habe die Führung übernommen"

Der Nasse: Ich habe die Fäden dieser neuen Gemeinschaft in der Hand. Und ich bin sehr bemüht, daß das Wirken dieser neuen Gemeinschaft über die Lebenswege – also die Wasserwege – zu Euch Menschen ausstrahlt. Durch die Veröffentlichung des Buches interessieren sich viel mehr ätherische Wesen für unser Projekt und möchten auch mitmachen.

Besonders wichtig in der ätherischen Welt ist, daß sich die Angst vor den Menschen gewandelt hat. Unsere Angst vor den Menschen ist nicht verschwunden, an einigen Stellen ist sie sogar verstärkt worden, weil wir jetzt die Unterschiede zwischen Menschen und Naturwesen besser erkennen können, aber an anderen Stellen ist unsere Angst gemildert worden. Das hängt damit zusammen, daß sich jetzt viel mehr Menschen mit uns beschäftigen und bewußter mit ihrer Nahrung und verschiedenen Alltäglichkeiten umgehen. Dieses neue Verhalten der Menschen hat einen ungeheuren positiven Effekt auf die ätherische Welt. Durch dieses neue Verhältnis der Menschen zu den Naturgeistern entsteht ein Netzwerk im Lebensbereich. Es ist nicht flächendeckend, sondern nur ein Netzwerk, denn noch sind es zu wenige Menschen, die sich mit uns beschäftigen.

Ich als Regionalwesen Nöck habe die Führung dieses Projektes übernommen. Und deswegen schicke ich unsere Impulse mit dem Wasser zu den Menschen. Auch mit der Flut kommt Gutes.

W.W.: Möchte noch jemand etwas im Rückblick zu dieser Frage sagen?

Der Feurige: Interessant ist, daß viele Menschen anders mit der Elektrizität umzugehen beginnen und daß sich die Menschen zusammenschließen, die neue Energieformen suchen. Bisher geschieht dies nur geistig, aber sie spüren einen inneren Druck, sich zu engagieren. Das ist für uns

Feuergeister sehr wichtig. Der Wechsel der Energieformen muß für Euch mittelfristig geschehen. Für uns ist das allerdings kurzfristig, denn speziell wir Feuerwesen haben einen ganz anderen Zugang zur Zeit. Denn mit jeder Flamme sind wir immer wieder neu.

Den inneren Druck empfinden jetzt einige Menschen: „Ich muß etwas tun, um anders mit der Energie umzugehen." Und dieser innere Druck und das folgende Engagement der Menschen hilft.

Der größte Effekt dieser Veröffentlichung ist, daß wir gestärkt worden sind! Und ich bin den Ich-Wesen (den Menschen) sehr dankbar dafür, daß sie uns bisher an diesem Ort nicht gestört haben. Dafür danke ich auch im Namen aller anderen Wesen dem Großen, weil er uns hier so gut abgeschirmt hat. Auch Ihr Menschen habt uns bisher sehr schön abgeschirmt.

Nicht das Schießen, sondern das Wort erreicht den Menschen

Der vom Bruch: Mich hat am meisten beeindruckt, daß einige Menschen wirklich darüber nachdenken – gerade im landwirtschaftlichen Bereich –, ob sie nicht einfach einige Flächen in der Landschaft unberührt lassen sollten. Das müssen keine großen Flächen sein. Wichtig aber ist es, Bannwälder zu schaffen. Und Menschen denken jetzt darüber nach, daß speziell die Elementarwesen aus den Städten Sanatorien, also solche unberührten Landschaften, benötigen.

Der andere Effekt ist – hier spreche ich für alle Wesen, speziell auch für die Bäume –, daß wir viel mehr Worte bekommen haben. Unser Wortschatz – im allgemeinen, nicht in Deutsch – ist sehr viel größer geworden. Damit sind wir der menschlichen Realität ein Stück nähergekommen, und das ist sehr wichtig! Der Mensch ist viel mehr Wort, als er bis jetzt überhaupt ahnt.

Der Große: Ich möchte Euch Menschen und allen beteiligten Elementar- und Naturwesen danken, daß die Menschen und die Welt zusammen begonnen haben, einen gemeinsamen Standpunkt zu suchen, von welchem aus Entwicklung möglich sein wird, Entwicklung mit der Welt, Strukturen gegen die Kälte zu bilden, gegen die ahrimanische Vernetzung, also die Informationstechnologie. Es muß aber die Bedeutung des Wortes, das die Elementarwesen jetzt besser verstehen, den Menschen noch viel klarer werden. Sie müssen begreifen, daß sie im Wort ihre größte Schöpferkraft haben, speziell in bestimmten Zeiten ihrer Entwicklungsperiode. Es ist nicht immer die Zeit des Wortes, aber jetzt ist die Zeit des Wortes. Für die Menschheit und für den einzelnen.

Der einzelne Mensch muß begreifen, daß er sein Ich über das Wort und nicht mittels der Informationstechnologie zu den anderen Menschen bringen muß. Mensch, Du bist nicht Deine Internetadresse, sondern Du bist Dein Wort! Das Wort hat Dich geschaffen. Das Wort trägt Dich in die geistige Welt. Das Wort öffnet Dir Dein Gegenüber. Nicht das Schießen, sondern das Wort erreicht den anderen Menschen.

W.W.: Also mangelt es momentan daran, daß die Menschen zu wenig miteinander sprechen.

Der Große: Genau. Sie müssen mehr miteinander sprechen, nicht schwatzen, sondern sprechen, und zwar schöne Worte. Sie müssen schöne Worte formen. Und sie sollten begreifen, daß es sowohl im Wort als auch im Handeln immer einen ästhetischen Aspekt gibt. Sei und handle schön! Aber nicht kitschig. Mach weiter so.

„Wir hatten viel Angst"

W.W.: Wie war es überhaupt für Euch, mit Menschen zu sprechen?

Eichbine: *(Spricht stellvertretend für alle Bäume.)* Wir hatten viel Angst, mit den Menschen zu sprechen, weil die Menschen so unachtsam mit uns umgehen. Menschen fügen uns Schmerzen zu. Deswegen haben wir vor den Menschen Angst. Und es war für mich ein großer Schritt, aus der Beziehung der Intimität zu Verena herauszutreten in die Öffentlichkeit, in eine Beziehung zu Dir, denn Du bist ein Mensch der Öffentlichkeit. Wir können auch umschalten und zu Dir eine intime Beziehung entwickeln, aber jetzt vertrittst Du die Öffentlichkeit. Du vertrittst die Öffentlichkeit gegenüber den Naturwesen. Und das hat mir zuerst sehr viel Angst bereitet, weil ich nicht abschätzen konnte, ob es eventuell wieder Schmerz verursacht. Wie alle Lebewesen haben auch wir vor Schmerzen Angst.

Der Grüne: Ich schließe mich den Worten Eichbines an. Auch wir haben viel Angst vor den Menschen, weil sie so unachtsam mit uns umgehen. Das liegt auch daran, daß sie die pflanzlichen Nahrungsmittel als am unteren Ende der Nahrungskette stehend betrachten und so tun, als ob wir nichts davon mitbekommen würden, wenn wir Pflanzen geerntet werden. Natürlich sind wir dafür da, geerntet zu werden. Aber wenn Ihr Menschen beginnt, die Nahrung moralisch zu bewerten, müßt Ihr auch berücksichtigen, daß wir Pflanzen auch höhere Aspekte haben. Das Selbst, das Ich der Pflanzen, ist sehr weit weg, aber es ist existent. Wo liegt die Berechtigung zu sagen, daß höhere Selbst des Tieres sei mehr wert als das höhere Selbst der Pflanzen? Woher nehmt Ihr Menschen das Recht dazu? Aber weil Ihr so denkt, haben wir vor Euch Angst. Richtet Euch selbst und nicht uns!

„500 Jahre habe ich gebraucht, um diese Gespräche vorzubereiten“

Der Nasse: Ich hatte keine Angst vor Gesprächen mit Dir. Ich kenne Dich gut. Ich habe mich mit Dir befreundet. Diese Freunde sind Wolfgang und ich. Dann gibt es natürlich noch Deinen öffentlichen Aspekt, aber den habe ich hier gewollt.

Ich habe 500 Jahre gebraucht, um diese Gespräche vorzubereiten. Und nun ist es Zeit dafür.

W.W.: Kannst Du darüber etwas mehr sagen?

Der Nasse: Ich habe begonnen, diese Idee in die Tat umzusetzen, als ich bemerkt habe, daß die Menschen mich nicht mehr schauen können. Früher wurde ich hier als eine Art Wassergott wahrgenommen. Dieser Wassergott saß dort unten an der Mühle, und man hat mir zu Ostern Blumen oder ein bißchen Brot in den Fluß geworfen. Und mit einem Male hörte das auf. Ihr sagt das mit Euren anthroposophischen Begriffen: mit dem Beginn des Bewußtseinsseelenzeitalters. Deshalb begann ich darüber nachzudenken, daß nun Kommunikation über das Wort notwendig ist.

Dann habe ich geschaut und bemerkt, daß ich diese Kommunikation langsam angehen muß. Ich habe die Alchimisten betrachtet, die – wenn auch unbewußt – den Kontakt zu uns aufgenommen haben, indem sie uns Stoffen zugeordnet haben. Viel später habe ich dann von der Initiative gehört, und wir Naturgeister haben uns angeschlossen.

W.W.: Was meinst Du mit der Initiative?

Der Nasse: Die Initiative begann durch die Gespräche Rudolf Steiners mit den Elementarwesen.

W.W.: Kannst Du darüber ein wenig erzählen?

Der Nasse: Darüber gibt es nicht viel zu erzählen. Rudolf Steiner hat an sieben Stellen der Erde Wesen angesprochen. Das geschah größtenteils auf geistigem Wege, nicht vor Ort. Rudolf Steiner hat die Elementarwesen gebeten, sich bereitzuhalten, wenn Menschen auf sie zutreten, um mit ihnen Kontakt aufzunehmen. In gewisser Weise habe ich auf ihn gewartet, andere nicht. Tanis Helliwell schildert das so, daß ihr Partner durch Rudolf

Steiners Aufforderung überrascht gewesen sei. (Tanis Helliwell: Elfensommer. Saarbrücken 1999).

W.W.: Wo hat Rudolf Steiner diese Elementarwesen angesprochen?

Der Nasse: Vor Ort war es z.B. in Cornwall. Dort gibt es Bereiche, in denen die ätherische Welt sich sehr stark mit der physischen überschneidet. Ansonsten hat er die Gedanken überallhin ausgeschickt.

W.W.: Er hat also einige Elementarwesen angeregt, in naher Zukunft mit den Menschen zu sprechen?

Der Nasse: Er hat in der elementaren Welt geschaut, ob sich aus den verschiedenen Bereichen der Elemente Wesen finden, die diese Gespräche vorbereitet haben und die diese Notwendigkeit sehen. Und diese Wesen hat er gebeten, die Gespräche in Zukunft zu führen. Das geschieht nicht nur hier an diesem Ort. Wir sind lediglich die Lautesten.

W.W.: Hat er auch mit Dir gesprochen?

Der Nasse: Ja, aber nicht Auge in Auge, so wie Du jetzt mit mir sprichst. Ich habe ihn gekannt.

Steiner hat die Freiheit der Wasserwesen eingeleitet

W.W.: War Rudolf Steiner nötig als Impulsator für diese Gespräche, oder wären diese Gespräche auch ohne ihn zustande gekommen?

Der Nasse: Nein, ohne ihn wäre es nicht geschehen. Er hat ein großes Opfer für die Menschen gebracht. Er hat die Freiheit der Wasserwesen in die Welt getragen. Durch sein Tun, durch die Gründung der Anthroposophischen Gesellschaft, durch die Veröffentlichung der freien, nicht mehr okkulten Geheimwissenschaft, also der Anthroposophie, hat er die Freiheit der Wassergeister eingeleitet. Er hat dadurch die elementarische Welt weltweit auf eine andere Stufe gehoben, indem er die Anthroposophie ins Irdische getragen und die Schöpferkraft des Menschen aus höheren Weltengegenden ins Ätherische abgesenkt hat. Die Fähigkeit des Menschen, schöpferisch tätig zu sein, wird gleichzeitig auch durch die Wiederkehr des Christus im Ätherischen bedingt. Beides hängt zusammen. Steiner konnte es nur tun, weil der Christus im Wolkensein, im Ätherischen, erschienen ist. Im „Wolkensein" ist eigentlich der schönere Begriff. Das sind Vorgänge, die zusammengehören, wenngleich sie auch im Detail schwer zu verstehen sind: die Gründung der Anthroposophischen Gesellschaft, das Erscheinen des Christus im Wolkensein, die Freiheit der Wasserwesen, die Gespräche in der Mühle, die Gespräche an anderen Orten.

W.W.: Was ich noch nicht ganz verstehe, ist die neue Freiheit der Wasserwesen in ihrem Zusammenhang mit der Ausgestaltung der Anthroposophie.

Der Nasse: Mit der Anthroposophie und der Begründung der Anthroposophischen Gesellschaft ist das okkulte Wissen in der ätherischen Welt freigegeben worden. Die Wasserwesen sind die Träger der ätherischen Welt. Die ätherische Welt ist eine Lebenswelt, und die Wasserwesen sind für die ätherische Welt verantwortlich. Dadurch, daß das okkulte Wissen freigegeben und für alle Menschen zugänglich gemacht worden ist, mußte uns Wasserwesen auch ein Zugriff eingeräumt werden, sonst hätten wir dieses Wissen nicht transportieren können. Durch diesen Zugriff wurde uns die kleine Freiheit ermöglicht. Sonst hätte das anthroposophische Wissen nicht auf diese Weise in der Welt sein können.

W.W.: Wenn man es negativ ausdrücken möchte, bedeutet dies also: Dadurch, daß die Anthroposophie bzw. die Anthroposophische Gesellschaft in der Welt ist, gibt es auch mehr Wasserkatastrophen.

Der Nasse: Ja.

W.W.: Und das bedeutet eine höhere Verantwortung für die Welt durch die Anthroposophen, damit nicht noch mehr Wasserkatastrophen kommen.

Der Nasse: Ja. Hoffentlich verstehen das auch andere Menschen. Die geistig führenden Menschen müssen mehr Verantwortung ergreifen; natürlich nur soweit sie es können. Und es werden nicht alle können.

„Paßt auf Eure Technik auf"

W.W.: Eine Kleinigkeit nur am Rande: Ich habe unsere Gespräche auf diesem Diktiergerät aufgezeichnet. Bei meinem ersten Besuch gab es eine Panne. Das Band wurde von mir zum dritten Mal in das Gerät gesteckt, so daß die erste Seite wieder überspielt wurde. Warum ist mir das passiert?

Der Nasse: Um unsere Zugriffsmöglichkeit auch auf das Physische zu beweisen. Störungen werden dann von grauen Wesen hervorgerufen. Die sind auch immer anwesend; es geht nicht ohne sie. Sie müssen anwesend sein, sie sind auch jetzt anwesend. Es ist Eure menschliche Verantwortung, auf Eure Technik aufzupassen. Aber die grauen Wesen werden sich bemühen zu stören. Wenn es um Technik geht, sind wir nicht sehr geneigt, Euch zu schützen, denn Ihr habt die Technik gewollt. Ihr habt viele gute Geistesgaben in unseren Augen verschwendet, um Euer Leben mit Technik komfortabler zu machen. Also paßt bitte mit Eurem Geist auf Eure Technik auf und macht nicht uns hinterher Vorwürfe!

„Durch die Worte konnte ich in den Himmel sehen"

W.W.: Nach unseren Gesprächen wurden die Interviews getippt. Die Manuskripte wurden Euch zugesandt, und Verena hat sie Euch vorgelesen. Wie war es für Euch, als Ihr die fertig ausformulierten Gespräche noch einmal vorgelesen bekamt?

Der Nasse: So, als wenn Du vor Deinem eigenen Baby stehen würdest. Wahrscheinlich hat es jeder ein wenig anders erlebt. Ich bin Wassergeist, und ich erlebe das Leben. Deshalb erlebe ich eher etwas Geburthaftes.

Der Feurige: Für mich war es so, als würde eine Flamme leuchten. Es war ein direkter Zugang in die geistige Welt, denn jede Flamme ist ein solcher Zugang in die geistige Welt. Natürlich gibt es auch verschiedene Bereiche der geistigen Welt; und so gibt es auch verschiedene Flammen. Und wenn eine dunkle Flamme leuchtet, siehst Du direkt in die Hölle. Durch gute Flammen schaut man direkt in den Himmel. Für mich waren die Worte der Gespräche kleine Flammen, durch die ich die neuen Himmel sehen konnte.

Der Luftige: Es war wie ein Wind, der in die Zukunft wehte. Die Worte kamen in die Welt, und sie wirken jetzt in der Welt. Und der Wind trägt die neuen Gedanken dort hin, wo sie hin müssen. Wind und Gedanken sind viel verwandter, als Ihr das mit Eurem Tagesbewußtsein wahrhaben wollt. Wind ist Licht, Licht ist Weisheit, und Weisheit besteht zu großen Teilen aus Gedanken. Die Materie der Weisheit sind Gedanken, die Ströme der Weisheit sind Gedanken. Das ist das Schöne daran.

Der Steinerne: Es ist so gewesen, als ob Du einen Stein ins Rollen gebracht hast. Du darfst Dich bloß nicht vor dem Steinschlag fürchten, der auch dadurch kommt. Wir helfen Dir schon! Der Stein wird rollen, und Menschen können ihn nicht mehr anhalten.

W.W.: War es spannend für Euch in den Tagen, bevor unser Buch erschien?

Müller: Wir haben unsere Menschen hier in der Mühle ganz kribbelig gemacht. Wir sind hier herumgeflitzt, haben immer gelauert und nachgefragt und manchmal auch direkt in Flensburg nachgeschaut. Ich kann hier zwar nicht weg, aber Walliniju hat damit keine Probleme.

W.W.: Habt Ihr Veränderungen bemerkt, als mit einem Male das Buch erschienen war und viele Menschen den Inhalt lasen?

Müller: Es war so, als wenn die Menschen mit geistigen Steinen warfen, da sie voller Faszination auf diese Mühle geschaut haben. In Euren Verhältnissen ausgedrückt war es so, als wenn man auf einer dunklen Bühne steht und die Scheinwerfer mit einem Male angeschaltet werden. Mittlerweile ist es schon Gewohnheit geworden. Aber der Beginn war wie ein Ruck aus dem Dunkel ins Licht.

W.W.: Möchte noch jemand etwas dazu sagen?

Der Nasse: Wir schließen uns alle den Worten Müllers an. Es war für uns alle neu, daß so viele auf uns schauen: Menschen, Schwarze, Helle, Naturwesen, Engel.

W.W.: Könnt Ihr noch einmal konkreter fassen, was sich dadurch in der ätherischen Welt verändert hat, daß viele Menschen dieses Buch gelesen haben und sich in ihren Gedanken mit Euch beschäftigt haben?

Der Nasse: Wir sind dem Bewußtsein der Menschen näher gekommen, weil viele Menschen uns jetzt im Bewußtsein tragen. Besonders stark war es, während die Bücher von so vielen Menschen gelesen wurden, aber auch jetzt leben die Menschen noch mit dem Bewußtsein, daß es überall Wesen in der Natur gibt. Dadurch hat sich in der ätherischen Welt sehr viel verändert, und es ist mehr Entwicklung möglich. Wir werden auch im Kleinen mehr wahrgenommen. Auch durch das Staunen der Menschen, was im übrigen eine sehr gute menschliche Eigenschaft ist. Die Menschen staunen, sie bemerken z.B., daß dort in der Natur ein Wesen sitzt, auch wenn es keine Ichheit ist, denn ein Ich haben wir nicht. Diese Anerkennung ist sehr viel und hilft uns. Natürlich muß sich die Beziehung der Menschen zu den Naturwesen weiterentwickeln. Das grundlegende Problem der denkenden Menschen ist immer, daß es so wenige sind. Und deshalb sind diese so angestrengt.

Die Fragen zeigen auch, wie dumm die Menschen sind

W.W.: Wie war es für Euch, als die ersten Menschen Fragen stellten?

Müller: Die Fragen der Menschen sind total spannend, und sie machen uns große Freude. Dadurch lernen wir auch, wie verschieden die einzelnen Menschen sind. Wir dürfen sie ja anschauen. Bisher kannten wir Verena, Friedrich und Dich, und mit einem Male kennen wir ganz viele Menschen. Dadurch können wir sehen, nicht nur wissen, daß wirklich alle Menschen individuell verschieden sind. Die Fragen zeigen auch, wie dumm die Menschen sind. Sie haben von manchen Dingen überhaupt keine Ahnung. Das ist erschütternd. Aber auf der anderen Seite haben sie ganz grandiose und schöne Gedanken. Ihr seid sehr verwirrend!

W.W.: Wollt Ihr, daß mehr Fragen gestellt werden?

Müller: Solange Verena nicht überanstrengt wird, ja. Denn Verena brauchen wir hier.

Auch die Hierarchien lernen durch die Menschen

Der Große: Fragen sind gut. Wir lernen dadurch sehr viel. Auch die Hierarchien lernen durch die Menschen. Genauso lernen wir durch das Nachdenken der Menschen über die drei von mir gestellten Fragen. Aber es lernt nicht nur die helle, sondern auch die dunkle Seite, denn auch die hört zu. Aber die dunkle Seite nimmt keinen Einfluß, denn dafür bin ich hier. Ich bin hier, damit sich nicht etwas Dunkles in die Antworten mischt. Das Gespräch mit den Menschen muß weitergehen. Laß es weitergehen.

Die drei Fragen des Großen

W.W.: Was ist dadurch geschehen, daß viele Menschen sich hingesetzt haben und Deine drei Fragen nach der Freiheit, der Liebe und dem Christuswesen beantwortet haben?

Der Große: Diese Menschen haben es gelernt, ihr Ich besser wahrzunehmen. Sie haben über die grundlegenden Dinge des Ich-Seins nachgesonnen. Dadurch gehen sie anschließend viel bewußter durch die Welt. Jeder Mensch, der den Weg der Selbsterkenntnis anfänglich beschritten hat, ist für die geistige Welt eine große Hilfe. Man kann nicht die Frage nach der Liebe beantworten, ohne nicht wenigstens ein wenig darüber nachzudenken, wer man selbst ist. Neben der Selbsterkenntnis ist das Erkennen der Trinität das Wichtige. Es fällt den Menschen immer noch so unendlich schwer zu *begreifen* – nicht zu wissen, denn wissen tun es viele –, warum es eine Trinität gibt. Jede Frage nach der Trinität hilft der geistigen Welt, da zu sein, näherzukommen, neue geistige Welten zu ermöglichen.

Die Achse des Guten

W.W.: Hast Du die Fragen gestellt, damit die Menschen mehr zu einer Erkenntnis des eigenen Ich kommen oder zur Erkenntnis der Trinität oder beides?

Der Große: Beides. Und damit der Amerikanismus zurückgedrängt wird. Der Amerikanismus ist nicht trinitarisch eingestellt, im Amerikanismus gibt es nur einen schwarzweißen Dualismus. Und dieser Dualismus ist dem Frieden abhold. Durch Bewußtseinsbildung im europäischen Raum wird Frieden wieder möglich sein. Ich spreche jetzt nicht über Perioden von Tausenden von Jahren, sondern über die nächsten Jahre. Die Friedensinitiative kann nur Erfolg haben, wenn sie christlich ist – kosmisch-christlich, nicht kirchlich-christlich. Auch der Sufismus ist friedlich und wäre ein Ansprechpartner im islamischen Raum, denn im Sufismus liegt die Möglichkeit der Wandlung.

W.W.: Was hat die Beantwortung der drei Fragen in der Welt bewirkt?

Der Große: Sie haben die Initiative der drei Länder Deutschland, Frankreich und Rußland in ihrer Einstellung gegen den Irak-Krieg bestärkt. Ich nenne das die Achse des Guten.

W.W.: Was gelangt in die Welt, wenn diese drei Fragen in Zukunft von weiteren Menschen beantwortet werden?

Der Große: Es kommt sehr viel mehr unpersönliche Ich-Kraft in die Welt sowie die persönliche Ich-Kraft der einzelnen, die die Fragen beantworten. Die unpersönliche Ich-Kraft ist so etwas wie das Ich der Erde. Kannst Du Dir unter dem Ich der Erde ein wenig vorstellen? Wenn die Menschen es schaffen, ihr Ich in Freiheit, in Liebe und in Christus zu entwickeln, kann auch die Erde ihr Ich entwickeln. Das ist eine Art Menschen-Ich. Das Erden-Ich kann zur Essenz, zum Träger der Menschen-Iche werden. Das Erden-Ich wird zum Archivar, zum Träger der Erträgnisse der menschlichen Freiheit. Wenn die Erde eines Tages ihre Materialität verlieren wird, wird sie zur Freiheit geworden sein, und zwar aus der unpersönlichen Ich-Kraft, aus der Essenz aller Menschen-Iche. Die Essenz der Sonne ist die Weisheit, die Essenz des Mondes ist Leben, und die Essenz der Erde wird eines Tages Freiheit sein.

Das Ganze und die Details

W.W.: Gibt es noch irgend etwas, was Ihr durch die Fragen von den Menschen gelernt habt, was bisher noch nicht angesprochen worden ist?

Der Nasse: Ich möchte noch einmal sagen, daß es für uns sehr wichtig war, daß die Menschen sowohl dumm und schlau gleichzeitig sind. Auf der einen Seite können sie die kompliziertesten Zusammenhänge erklären, auf der anderen Seite sind die Menschen so dumm, daß sie nicht wissen, daß ein Schrank nur deswegen existiert, weil verschiedene Wesen ihren Willen anspannen, der das Gefüge des Schrankes hält. So dumm sind sie auf der anderen Seite! Und diese Diskrepanz in die Klarheit zu bekommen, war für uns ungeheuer spannend.

Man kann den Menschen so anschauen, daß man seinen Intellekt betrachtet – und der ist nicht schlecht, aber man kann sich auch umdrehen, und dann sieht man den menschlichen Willen. Und dieser Wille schläft. Damit hängt es auch zusammen, daß die Menschen uns Elementarwesen nicht begreifen, denn Elementarwesen und Wille hängen eng zusammen. Wir sind als Wesen der herausgetretene Wille der Hierarchien. Natürlich haben wir auch noch andere Aspekte. Und diese Zusammenhänge müssen Euch noch viel klarer werden.

Müller: Mir ist klar geworden, daß Ihr Menschen keine Details betrachten könnt. Wenn es um Detailfragen geht, fragt Ihr meist immer nach dem großen Rahmen. Aber der große Zusammenhang existiert nur deshalb, weil er von ganz vielen kleinen Details zusammengehalten wird. Und diese Details sind wir. Das ist unser Sein. Für unser Dasein, für den allgemeinen Detailreichtum, habt Ihr Menschen keinen Blick. Hin und wieder gelingt es Euch zwar, z.B. wenn Ihr ein Tuch häkelt, aber daß der Tisch, der Schrank oder das gesamte Haus ebenfalls aus Myriaden von Details bestehen, entgeht meist Eurem Bewußtsein. Das war für uns sehr spannend zu beobachten, denn unsere Bewußtheit ist andersherum gewendet: Unsere Bewußtheit richtet sich auf die Details, und wir müssen lernen, die großen Zusammenhänge zu verstehen. Ihr habt ein Bewußtsein, wir haben eine Bewußtheit.

W.W.: Dann ergibt sich ja für Menschen und Elementarwesen ein sehr fruchtbares Feld der Zusammenarbeit. Die Naturwesen haben die Details der Welt im Bewußtsein, sind der Wille der Welt, und die Menschen können die größeren Zusammenhänge denken und mitteilen. Und beide können voneinander lernen.

Müller: Ja, so war es auch gedacht.

Krone, der Baumhirte

W.W.: Guten Tag.

Krone: Guten Tag, Mensch.

W.W.: Es freut mich, daß wir miteinander sprechen können.

Krone: Das ist erwünscht.

W.W.: Dein Name ist Krone. Hast Du ihn Dir selbst gegeben?

Krone: Ja und nein. Mein Name ist eigentlich viel länger, vieldimensionaler. Aber für Euch Menschen ist dieser Name eine brauchbare Abkürzung.

„Ich koordiniere die Züge der Bäume"

W.W.: Welche Aufgaben hast Du?

Krone: Ich bin Baumhirte und dafür zuständig, die Züge der Bäume zu koordinieren. Bäume ziehen, auch wenn Euch Menschen das komisch vorkommt. Das liegt aber daran, daß Ihr nur so kurz lebt. Ihr lebt für uns Baumhirten nur so lange, wie Eintagsfliegen für Euch leben. Meine letzte große Aufgabe war es, nach dem Rückgang der Gletscher – in Übereinstimmung mit den Gletscherhirten – die Wiederansiedlung von Bäumen zu betreuen. Ich habe den Grünen, den Bäumen und den Waldwesen gesagt, wie sie wo und wann hinzuziehen haben. Mein Wirkensgebiet ist das gesamte Einzugsgebiet der Elbe, von der Nordsee, Dänemark gehört auch noch dazu, bis zum Riesengebirge.

W.W.: Wie alt bist Du?

Krone: Das macht in Euren Worten nicht viel Sinn, auf jeden Fall mehrere 10.000 Jahre. Ich habe schon vor der Eiszeit mit Bäumen gearbeitet. Zeit, so wie Ihr sie denkt, macht für Baumhirten wenig Sinn.

W.W.: Wie viele Baumhirten gibt es auf der Welt?

Krone: Das wechselt. Das hängt z.B. auch damit zusammen, wie stark man im Amazonasgebiet die Wälder abholzt. Zur Zeit sind es etwa 12.000 Baumhirten auf der Erde. Durch das Abholzen der Wälder, durch die Ausbreitung der Ödflächen und der Wüsten ziehen sich immer mehr Baumhirten zurück, weil sie keine Arbeit mehr haben. Die Gegenden gestalten sich um, und die Wüstenhirten übernehmen das Kommando.

W.W.: Wohin ziehen die Baumhirten sich zurück, wenn sie keine Arbeit mehr haben?

Krone: In das ätherische Sein. Sie werden Kraft im Äthersein.

W.W.: Gibt es einen obersten Baumhirten auf der Erde?

Krone: Ja und nein. Das ist ein Wesen aus den Hierarchien, es gehört den Gewalten an.

W.W.: Sprecht Ihr Baumhirten miteinander? Gibt es Synoden, oder entscheidet Ihr in Eurer jeweiligen Region allein?

Krone: Wir sprechen miteinander, und wir sind miteinander. Bisher war es kein Sprechen im Sinne des Wortes. Das lernen wir erst jetzt durch die Gespräche mit Euch. Wir sind Äußerungen – anders kann ich es in deutschen Worten nicht sagen – der Engel, und nun werden wir selbst zu Worten.

„Eukalyptus tut uns weh"

W.W.: Wie ist es für Dich, wenn hier in dieser Gegend Bäume aus fremden Regionen angepflanzt werden?

Krone: Schwierig, aber nicht so schwierig wie für die Wälder. Die Bäume aus anderen Regionen werden von den Menschen gebracht, zum Teil unbewußt. Wirklich schlimm sind Eukalyptus-Plantagen, denn diese tun uns richtig weh. In so einem Fall muß ich Ausgleichsmaßnahmen anordnen. Ich weise dann an, daß irgendwo in den Wäldern bestimmte Bäume hochkommen. Es ist für uns sehr schwierig, wenn Ihr solche Bäume anpflanzt. Ihr wißt nicht, was Ihr tut. Ihr müßt zwar globalisieren, aber müßt Ihr es auch mit Bäumen tun? Und wenn Ihr es mit Bäumen tut, warum erklärt Ihr es nicht den Wäldern? Sprecht doch bitte mit uns!

Wenn der Wald geht ...

W.W.: Früher waren hier in Nordeuropa viel mehr Wälder. Was hat sich bis heute dadurch verändert, daß diese Wälder abgeholzt worden sind?

Krone: Wenn der Wald geht, kommt der Mensch oder die Wüste. Diese beiden Alternativen gibt es. Manchmal kam auch das Gras, aber die Zeit des Grases ist vorbei, wenn Ihr Menschen es nicht wieder ergreift. Es wird wieder Wald kommen – bald, in meinem Sinne.

W.W.: Was war früher für die Landschaft anders, als sie noch von Wäldern bedeckt wurde?

Krone: Die Landschaft war gewissermaßen unbewußt, sie wurde nicht gesehen. Sie hat vor sich hingelebt, wir haben vor uns hingewirkt, die Bäume waren da und starben, die Bäume waren wieder da und starben wieder usw. Die Bäume wurden nicht gesehen und hatten damit keine geistige Präsenz. Die Bäume haben kein Bewußtsein, sondern nur eine Bewußtheit, z.B. durch die Baumnymphen. Und wenn die Bäume durch ein Bewußtsein, z.B. durch einen Menschen, gesehen werden, verändern sie sich. Gestalten konnten wir einfacher, als der Mensch noch nicht da war. Geist konnten wir damals noch nicht entwickeln. Der Geist hängt zur

Zeit am Menschen. Christus ist Mensch geworden, und damit ist der Geist an den Menschen geknüpft. – Entwickelt sich der Geist zum Guten oder zum Bösen? Kannst Du mir diese Frage beantworten?

W.W.: Beides ist beim Menschen möglich.

Krone: Das ist also wieder Eure Freiheit! Wie werdet Ihr sie ergreifen?

W.W.: Ich hoffe, daß die Menschen sie für das Gute ergreifen.

Krone: Das wäre schön!

W.W.: Wäre es für Euch Baumhirten das Beste, wenn ein Mensch zusammen mit Euch eine Kulturlandschaft herstellt?

Krone: Ja. Es ist eine Landschaft aus dem Bewußtsein und aus der Bewußtheit. Aber Ihr müßt Platz für uns lassen. Gebt uns Räume, in denen wir heilen können. Leider ist ein Teil der Menschheit nicht mehr zu stoppen, und dieser Teil der Menschheit wird nur zerstören. Deshalb brauchen wir Heilplätze. Und in und auf diesen Plätzen stört der Mensch.

W.W.: Was sind Heilplätze? Unberührte Wälder?

Krone: Ja. Auch Flußtäler gehören dazu. Wenn man ein Flußtal unberührt läßt, entsteht zwar nichts Neues, aber dort kann Heilung stattfinden. Kranke Tiere sperrt man möglichst in einen dunklen Stall, denn dort sind sie nur mit dem großen Tier zusammen. Ähnlich sollte man es auch mit Pflanzen und Bäumen halten. Jedes Bewußtsein eines Menschen auf den Heilplätzen stört nur und ist sogar eher krankheitsfördernd.

„Ich motiviere die Linden zur Rettung der Bienen"

W.W.: Kannst Du einmal ein Beispiel nennen, wie Du heilend ausgleichst, wenn der Mensch zu einseitig die Wälder abholzt? Wie verbreitest Du wieder andere Bäume als Ausgleich?

Krone: Ich gebe ein anderes Beispiel: Zur Zeit haben die Bienen Probleme wegen der Nässe. Die Bienen haben zur Zeit zu wenig Tracht. In so einem Fall motiviere ich europaweit die Linden, daß sie viele Schößlinge bilden. Denn die Linden geben den Bienen im Hochsommer Tracht.

Zur Zeit sind auch viele Kastanien durch den Kastanienpilz krank. Dann motiviere ich die Ebereschen, und wenn die Ebereschen kommen, heilen sie die Kastanien.

W.W.: Erstaunlich.

Krone: Nein, das ist natürlich. Ich verbreite die Samen der Eberesche mit dem Wind und mit den Vögeln. Die Vögel verstehen viel von diesen Zusammenhängen und sind leicht zu motivieren.

Verzweiflung

W.W.: Was geschieht ätherisch mit der Erde, wenn ein großer Wald abgeholzt wird?

Krone: Es entstehen Tod und Verzweiflung; eine Art von Leben verschwindet. Wenn der Wald abgeholzt wird, entsteht zuerst Verzweiflung. Dort hockt dann die Verzweiflung – und auch sie ist ein Wesen. Dann muß man sehen, was weiterhin gemacht werden kann. Manchmal gibt es auch gute Gründe, einen Wald zu roden. Wenn ein Wald aus Profitgier abgeholzt wird, wird es in dieser Gegend kalt. Je nach der Motivation der Handelnden ziehen an die Stelle des abgeholzten Waldes entsprechende Wesen ein. Ist es Profitgier, ziehen dort kalte und graue Wesen ein.

W.W.: Wie wirken diese Wesen auf die Gegend und auf die Menschen?

Krone: Das sind ahrimanische Wesen, und sie wirken abkühlend und verhärtend, sklerotisierend und geisttötend.

W.W.: Was geschieht mit einem Wald und der entsprechenden Landschaft, wenn ein Wald abbrennt?

Krone: Das geschieht z.B. durch eine Blitzschlag. Oft ist der Waldbrand eine Heilung.

W.W.: Inwiefern?

Krone: Viele Pilzkrankheiten sind nur dann umzuwandeln, wenn der Wald brennt. Ein Pilz entspricht einer Überbetonung des Wassers. Und dann hilft Feuer am besten. Die Baumasche düngt den Boden, und darauf kann ein sehr guter neuer Wald wachsen.

W.W.: Wie ist es für Dich, wenn Menschen einen Wald neu pflanzen?

Krone: Gut. Sie dürfen nur keine Monokulturen pflanzen. Und sie sollten versuchen, mit dem Wald zu sprechen. Aber einen Wald zu pflanzen ist hervorragend. Denn die Bäume eines Waldes verschaffen Euch Luft, aber das wißt Ihr ja.

Ahrimanische Wesen im Wald

W.W.: Es gibt einige Wälder, die aus lauter Fichten bestehen. Wie ist die ätherische Gestalt eines solchen Waldes?

Krone: Im Harz gibt es Wälder aus lauter Fichten, und da gehören sie auch hin. Wenn Fichten in einer Gegend gepflanzt werden, wo sie nicht hingehören, dann werden sie aus Profitgier gepflanzt, und es entstehen ahrimanische Wesen. In so einer Gegend wird es dann kalt, und es kommt der Pilz auf. Ich versuche dann, einiges über die kleinen Winde zu regeln, z.B. Birken einzutragen. Dadurch ist eine gewisse Heilung möglich. Wenn Ihr den Wald in Frieden laßt, heilen wir ihn. Das ist nicht so kritisch.

Verschiedene Qualitäten

W.W.: Kannst Du einmal die verschiedenen Qualitäten und Aufgaben eines Nadel- und eines Laubwaldes beschreiben?

Krone: Ein Nadelwald ist vom Sein her alt. Ein Nadelbaum repräsentiert die Qualitäten des alten Saturn. Die Obstbäume hingegen sind z.B. der Venus und dem Jupiter zugeordnet. Und diese Bäume fördern auch die Entwicklung der Erde in die zukünftigen Jupiter- und Venuszustände.

W.W.: Also ist es gut, wenn der Mensch Obstbäume pflanzt?

Krone: Ja, das ist gut. Aber die Menschen sollten es nicht übertreiben.

W.W.: Was ist für diese Gegend der optimale Wald?

Krone: Birken, Kiefern und Eichenhaine. Wo es naß ist, sollten Erlen wachsen, und Ebereschen sind auch gut. Das müssen aber keine Mischwälder sein, sondern es hängt von dem jeweiligen Boden ab. Beispielsweise gibt es Böden, die die Kiefer bevorzugen, weil die Kiefer eine flache Wurzel hat. Aber die Birke sollte immer dazwischen wachsen, denn die Birken sind sehr gut für die Menschen. Birkenkohle kann Dich heilen, Birkenrinde ist wasserdicht. Wußtest Du das?

W.W.: Hängen Wälder, die räumlich getrennt sind, ätherisch zusammen?

Krone: Ja und nein. Es ist eher wie ein Geflecht. Alle Wälder hängen auf einer bestimmten Ebene miteinander zusammen. Das Waldsein ist global. Im einzelnen differenziert es sich hinunter bis hin zu dem einzelnen Baum. Das geschieht über das Waldwesen.

W.W.: Was geschieht mit einem Wald, wenn eine Autobahn mitten hindurch gebaut wird? Überbrücken die beiden Hälften die Schnittwunde ätherisch?

Krone: Ja und nein. Die beiden Hälften heilen sich selbst, und die Autobahn stört. So eine Wunde ist auch nicht auf die Schnelle heilbar. Verkehr transportiert mehr als nur Menschen, und viel Verkehr transportiert viel mehr als nur Menschen. Deswegen sind alte Straßen jahrtausendelang in der Landschaft zu finden. Es gibt alte Salzstraßen, alte Heerstraßen und das Bewußtsein, daß eine Straße die Erinnerungen in die Erde einschreibt.

Heilung der Wälder ist möglich

W.W.: Sind die Wälder in Mitteleuropa krank?

Krone: Viele Wälder sind krank. Diese Krankheit befindet sich im ätherischen Bereich und hängt vor allem damit zusammen, daß die Menschen nicht ihre Augen öffnen. In dem Maße, in dem die Ätherwesen eines Waldes gesehen werden – nicht ich als Baumhirte, denn ich will gar nicht gesehen werden und auch nicht mit jedem Menschen sprechen –, werden die Wälder gesund. Das Bewußtsein der Menschen kann uns heilen.

W.W.: Was kann der einzelne Mensch konkret tun, daß die Wälder wieder gesund werden?

Krone: Er muß sie in sein Bewußtsein aufnehmen; das ist das Wichtigste. Dann sollte er beten, denn beten hilft fast immer. Begreift den Wald als Plätze der Heilung und nicht nur als Ansammlung von Bäumen. Wälder sind auch Plätze Eurer Heilung, denn in ihnen entsteht gute Luft für Euch. Begreift, warum Eure Vorfahren den Wald als heilig betrachteten.

W.W.: Was geschieht mit einem Menschen, der in einen Wald geht?

Krone: Er tritt in ein Wesen ein und wird wahrgenommen, und zwar gleichzeitig von allem, was im Wald lebt. Wenn der Mensch sein Bewußtsein erweitert, kann er den ganzen Organismus des Waldes wahrnehmen. Dann bekommt er die Möglichkeit, wie mit einer Antenne kosmische ätherische Impulse aufzunehmen. Das sind waldkosmische Impulse! Du kannst im Wald zur Ruhe kommen. Setze Dich eine halbe Stunde in den Wald und denke in dieser halben Stunde ausschließlich an den Wald. Dann verschwindet auch Dein Husten, an dem Du gerade leidest. Aber es wird Dir schwerfallen, denn Du wirst immer wieder ein bißchen an den Irak denken.

W.W.: Gibt es weitere Dinge, die die Menschen konkret tun können, um den Wäldern zu helfen?

Krone: Du denkst an praktische Dinge. Macht den Regen nicht zu sauer. Kalk auf dem Boden hilft gut. Das, was Maria Thun macht, hilft den Wäldern sehr: Sie wendet feinstoffliche biologisch-dynamische Präparate und Teepräparate im Wald an, die sehr heilsam auf die Wälder wirken. Sie stärken die Lebenskräfte eines Waldes ungemein. Ihre Teemischungen sind sehr lobenswert.

W.W.: Gibt es außer den Umweltschäden noch andere Gründe, warum der Wald stirbt?

Krone: Das ist vor allem die Unbewußtheit der Menschen für das ätherische Sein. Die Umweltgifte sind lediglich eine Folgeerscheinung. Beide bedingen einander.

Ein Wald ist weise gegliedert

W.W.: Habe einzelne Bäume eines Waldes verschiedene Aufgaben?

Krone: Randbäume sind Wächter. Dies sind die großen Bäume an den Rändern eines Waldes. Diese Bäume passen auf und schauen in die Welt. Die nächste Reihe schaut in den Wald. Ein Wald ist gegliedert, er ist ein Organismus. Die inneren Bäume haben andere Aufgaben als die äußeren Bäume. Die äußeren Bäume bilden Botschafter. Die älteren Bäume bilden Strahlen aus, die in die Landschaft hineinwirken. Ein Wald trägt Informationen des Alters in die Welt. Bestimmte Schichten der Wälder sind weise; allerdings nicht die Mitte des Waldes, denn diese gebiert. Im Wald bewahren wir auch alte Wesen auf; nicht umsonst fliehen Hexen in die Wälder. Wir haben das Wissen der keltischen Wesen, die von Westen kommen, gespeichert. Dieses Wissen lebt vor allem in den großen Wäldern, ein kleinerer Wald ist weniger wissend. Alle Baumarten haben verschiedene Aufgaben. Daß die Eichen Schutzbäume sind, hat Eichbine Euch schon erzählt.

Die Aufgaben einzelner Bäume

W.W.: Welche Aufgabe hat die Esche?

Krone: Die Esche ist ein Sonnenbaum. Sie webt Sonnenlicht, und sie hilft den Feuerwesen, im Sommer Wärme zu weben.

W.W.: Und die Linde?

Krone: Die Linde ist ein Bienenbaum und auch der Sonne zugewandt. Die Biene ist ebenfalls ein Sonnenwesen. Die Obstbäume sind Planetenbäume. Die Kirsche bringt die Süße des Lebens.

W.W.: Welche Aufgaben haben die Pappeln?

Krone: Die Pappeln verteilen Informationen. Sie sprechen ständig. Stell Dich einmal unter eine Pappel, und Du wirst sie reden hören. Und wenn Du lange genug lauschst, wirst Du sie auch verstehen. Sie sind ein wenig wie die Klatschweiber.

W.W.: Welche Aufgaben haben die Erlen?

Krone: Die Erlen verteilen die Feuchtigkeit im Boden. Sie geben die Feuchtigkeit der Feuchtgebiete weiter und ermöglichen, daß die Feuchte in die sie umgebende Landschaft ausstrahlen kann. Wenn Ihr die Erlen weiterhin rodet, wird es immer trockener werden und immer nasser an anderen Stellen. Das Roden der Erlen polarisiert.

W.W.: Wie steht es mit den Ulmen?

Krone: Die Ulmen leben fast nicht mehr. Sie mögen ihr Tun nicht mehr tun.

W.W.: Warum nicht?

Krone: Weil die Menschen sie nicht wahrnehmen. Die Ulme stirbt, und das ist sehr schade. Sie ist ein guter Baum und hat den Menschen in einer früheren Zeit viel geholfen, als die Menschen noch ein anderes Bewußtsein hatten.

W.W.: Was war die Aufgabe der Ulme?

Krone: Die Ulme war ein Baum der Naturheiler. Sie hat den Kräuterfrauen Wissen gegeben. Die Ulmen sind sehr weisheitsvolle Bäume. Es ist aber unbewußte Weisheit. Ihr nennt das atavistische Weisheit, denkt Verena gerade.

W.W.: Was ist die Aufgabe des Ahorns?

Krone: Es gibt viele Ahornsorten. Ahorn kommt aus der Neuen Welt. Der Ahorn gibt Süße und ist ein Michaelsbaum. Deswegen verbreitet er sich so gut. Er läßt durch seine Blätter die Sonne bis in den Herbst hinein leuchten. Er hält den Sommer auf der Erde.

Das Opfer Amerikas, groß zu sein

W.W.: Kennst Du diese riesigen Bäume in den USA, Redwoods genannt?

Krone: Ich kenne Sequoia, die Mammutbäume. Diese Bäume sind Ausdruck des amerikanischen Seins. Amerika hat als Opfer auf sich genommen, groß zu sein. Und es wird daran zugrunde gehen; und zwar generell, nicht nur durch den Irak-Krieg, an den Du so viel denkst.

W.W.: Hin und wieder wird gesagt, daß diese Wälder wegen der Größe der Bäume ziemlich unheimlich wirken.

Krone: Auch die Vogelschwärme, z.B. die Wandertauben, waren früher in Amerika sehr unheimlich, weil sie so groß waren. Die Bisonherden waren in ihrer Größe auch unheimlich. Heute ist der Ahrimanismus in den USA deswegen so unheimlich, weil er so groß geworden ist.

Mit dem Wacholder zum Geist?

W.W.: Welche Aufgaben hat der Wacholder?

Krone: Der Wacholder ist ein Durchtrittspunkt. Dort, wo der Wacholder wächst, geschieht Heilung zwischen der sichtbaren und der unsichtbaren Welt. Der Jupiter hilft dabei, obwohl der Wacholder als Saturnbaum ein Nadelbaum ist. Der Wacholder ist ein hochkomplizierter Baum, welcher sehr bitter ist, und der sehr stark hindurchführt. Er konzentriert das Sein und ermöglicht dadurch den Durchbruch zum Geistigen. Beim Wacholder kannst Du zum Geistigen hindurchgehen. Geh durch den Wacholder, und Du bist bei uns. Der Holunder hat als Laubbaum auch diese Eigenschaft.

W.W.: Welches sind die ältesten Bäume, die heute noch wachsen?

Krone: Die Ginkgo-Bäume.

W.W.: Wie wird sich in der näheren Zukunft die Landschaft in unseren Regionen – speziell die Wälder – entwickeln?

Krone: Es ist gut, daß es allmählich in das öffentliche Bewußtsein kommt, daß die Natur vernetzt sein muß, um überleben zu können. Alle Menschen, auch die nicht geistig bewußten Menschen, empfinden, daß das Netzwerk der Biotope etwas Vernünftiges ist. Viele Menschen erleben ihre Spaziergänge in einer durch Ich-Wesen gestalteten Natur als heilsam. Deswegen haben wir in dieser Hinsicht momentan gute Hoffnung, daß durch die Biotopvernetzung unser Leben leichter wird.

W.W.: Vielen Dank.

Krone: Bitte.

Die Kommunikation mit den Naturwesen

Übersetzungen aus dem Ätherischen

W.W.: Verena, den meisten Menschen ist sicherlich noch nicht ganz klar geworden, auf welche Weise Du das, was die Naturgeister sagen, in die deutsche Sprache übersetzt. Kannst Du das noch einmal etwas genauer erklären?

Verena Staël von Holstein: Ich spreche mit den Naturwesen nicht Deutsch, auch wenn ich es dann ins Deutsche übersetze. Es gibt eine Begriffssphäre, die über jeder Sprache liegt. Aus dieser höheren Begriffssphäre sind die einzelnen verschiedenen Worte der jeweiligen Sprachen entstanden, bzw. sie werden aus ihr abgeleitet. In jeder Sprache gibt es einen Begriff für Baum; mal heißt er Tree, mal Arbre, mal Baum. Auf einer höheren Ebene lebt der umfassende Begriff Baum, der dann in allen Sprachen seine verschiedene Ausgestaltung nimmt. Auf dieser höheren Ebene kommuniziere ich mit den Naturwesen. Das ist die Ebene der reinen Begriffe oder Ideen. Allerdings mußte ich es erst lernen, in diese Ebene hineinzugelangen. Das war für mich ein sehr langer Weg, durch viele Schichten hindurch.

W.W.: Wie hast Du das gemacht?

V. Staël von Holstein: Mit Geduld, durch jahrelanges Üben. Anders als jahrelang zu üben, geht es nicht. Man muß auch lernen, sich selbst als Mensch hintenan zu stellen.

Zuerst stammelten sie in Deutsch

W.W.: Wie haben denn die Wesen für Dich gesprochen, als Du sie noch nicht verstehen konntest?

V. Staël von Holstein: Sie haben Deutsch gesprochen, soweit sie es konnten. Allerdings war dies meist eine Art Stammeln. Alle Wesen, die hier im deutschen Sprachraum leben, haben vom Deutschen eine gewisse Vorstellung. Denn auf einer bestimmten Ebene umgibt sie die deutsche Sprache. Als ich ein Kind war, habe ich mit diesen Wesen überhaupt nicht gesprochen. Ich habe mit ihnen gespielt. Genauso kann man ein italienisches und ein deutsches Kind zusammensetzen; beide können nicht die Sprache des anderen, aber spielen können sie gut miteinander. Früher habe ich über Jahre stundenlang, tagelang mit diesen Wesen gespielt.

Während der Pubertät habe ich dann auf einer seelischen Ebene mit den Naturwesen kommuniziert, indem ich z.B. Gedichte über sie geschrieben habe. Dann trat der Kontakt zu ihnen zurück, auch wenn er immer latent vorhanden war. Mal war er deutlicher, so bei der Arbeit auf dem Wasser, mal war er fast gar nicht vorhanden, z.B. beim Programmieren. Als ich dann hier in der Mühle einzog, habe ich den Kontakt bewußt aufgenommen.

Alles begann damit, daß ich Müller wie eine Art Puppe hier auf dem Tisch gesehen habe und er zu gestikulieren begann. Das war fast wie ein Film. Mittlerweile nehme ich Müller natürlich nicht mehr wie in einer Art Film wahr, sondern in einer Raumebene. Ich nehme ihn ganz konkret, ganz direkt wahr. Auch einige Menschen kann ich auf diese Weise wahrnehmen.

Vom Begriff über das Bild zum Wortbegriff

Und diese Kommunikation mit allen Naturwesen ist mittlerweile so fortgeschritten, daß sie vollkommen aus dem deutschen Wort herausgewachsen und auch aus dem visuellen Bild herausgetreten ist. Ich habe also auf dieser höheren Begriffsebene einen Begriff, suche dann das ihm entsprechende Bild und übersetze dann dieses Bild in die Wortbegriffe der Sprache. Wenn man z.B. ein Naturwesen beschreiben will, passen meist die Adjektive am besten, um es zu beschreiben. Ich kommuniziere also mit den Naturwesen innerhalb der reinen Begriffe bzw. Ideen. Und diese Begriffe und Ideen sind absolut konkret. Diese Begriffe haben auch etwas von Logik, denn viele der Naturwesen haben auch etwas streng Logisches, Konturiertes. Aber das gilt z.B. nicht für die Wasserwesen, sie leiten das zu den Menschen, was Michael als Schöpferwesen schafft.

Die Kommunikation mit den Naturwesen ist auf einem Weg über viele Etappen entstanden. Mittlerweile weiß ich schlagartig, was ein Naturwesen will. Dabei denke ich nicht mehr in Deutsch, sondern in reinen Gedanken. Und dann habe ich die Antwort, aber ich bekomme nicht alles in die Worte der deutschen Sprache. Deswegen passiert es mir oft, daß ich später, wenn ich z.B. mit meinem Mann über diese Themenbereiche spreche, ausführe, was ein jeweiliges Naturwesen noch alles zusätzlich gesagt hat. Oft sagen sie nämlich viel mehr, ich verstehe es auch, aber ich übersetze, meist aus Zeitgründen, nur einen kleinen Teil davon in die deutsche Sprache. Das Suchen passender Begriffe benötigt oft mehr Zeit, als im Moment zur Verfügung steht. – Ich spreche fließend Englisch. Und wenn ich diese Sprache spreche, übersetze ich auch nicht Wort für Wort, sondern komme sofort in den englischen Sprachstrom und denke auch englisch.

Mittlerweile ist es so weit, daß ich die gemeinsame Kommunikation mit den Naturwesen nicht mehr abstreifen kann. Sie sind immer um mich herum, mal bewußter, mal unbewußter. Und was ganz entscheidend ist, ich mag sie. Und ich bin nie allein.

W.W.: Ist das nicht manchmal schrecklich?

V. Staël von Holstein: Doch, sehr sogar. Aber die Naturwesen lernen, daß sie mich auch hin und wieder zufriedenlassen müssen.

W.W.: Man kann nicht immer nur für andere da sein, sondern muß auch Phasen des Eigenseins durchleben.

V. Staël von Holstein: Genau. Am unangenehmsten waren eigentlich die Phasen des bewußten Einschlafens und bewußten Aufwachens. Das habe ich einige Male erlebt. Dabei sieht man die Anderen, die Übergangswesen. Und dabei habe ich darum gebeten, daß ich diese Wesen nicht immer erleben muß. Beim bewußten Einschlafen gibt man allmählich die bewußte Steuerung ab, und von einer anderen Ebene nimmt sie zu. Und dann erlebt man diese Wesen, und sie sind schrecklich. Es sind dämonische Wesen, die aber notwendig sind.

Mexiko

Die Kreuzigung des Schwarzmagiers

W.W.: Wer war der von Rudolf Steiner (vgl. GA 171, 3. und 5. Vortrag) als Taotl bezeichnete ahrimanische Geist, der mit Tao, dem Großen Geist der Atlantis, verwandt war und der den größten Schwarzmagier aller Zeiten während der Zeitenwende in Mexiko inspirierte?

Der Nasse: Atlantis ist im wahrsten Sinne des Wortes versunken. Der Boden hat sich abgesenkt, und das Wasser ist an seine Stelle gelaufen. Zu dieser Zeit sind nach allen Richtungen Kräfte geströmt. Einer der Ströme ging z.B. nach Tibet, ein anderer nach Westen, nach Amerika, um dort die Zerstörungskultur zu bewahren. Die Zerstörungskräfte werden dort bis zu der Zeit konserviert, in der die gesamte Materie zerstört werden soll. Der Herr der Zerstörungskräfte war der eine Sohn des Atlantis-Geistes Tao.

Beim Altwerden von Kulturen zeigt sich, daß der führende Geist derjenige ist, der die Mitte hält und dadurch die beiden äußeren Aspekte gut macht. Wenn die äußeren Aspekte ausbrechen, zeigen sie ihre schwarze Seite. Und diesen zerstörerischen Impuls hat dieser Taotl bewahrt und in Amerika eingesetzt. Geistig wurden diese Zerstörungsimpulse bis zur Zeitenwende festgehalten, bis dann parallel zur Kreuzigung des Christus in Amerika der Schwarzmagier gekreuzigt wurde. Christus hat durch das Mysterium von Golgatha, durch sein Blut, die Möglichkeit geschaffen, daß die Erde weiterleben kann. Dem entgegen mußte eine Tat erfolgen, die die zerstörenden Kräfte kreuzigte.

W.W.: Was war der Schwarzmagier, der parallel zur Kreuzigung Christi in Mexiko gekreuzigt wurde, für ein Mensch?

Der Nasse: Es war ein Mensch, der sich geopfert hat, eine Wesenheit zu tragen. Er hat nicht den Taotl, sondern eine andere Wesenheit getragen. Taotl muß noch etwa 4.500 Jahre warten, bis er während des sogenannten Kampfes aller gegen alle in einem Menschen wirken kann.

W.W.: Steiner sagt, daß Quetsalkoatl ein luziferischer Geist gewesen sei, der niemals in einem Menschen verkörpert gewesen ist.

Der Nasse: Das ist so nicht richtig. Luziferische Geister auf dem südamerikanischen Kontinent hatten zum Teil eine andere Vorgehensweise. Sie haben durchaus Menschen besetzt. Aber – soweit ist es richtig – der Schwarzmagier, der später am Kreuz hing, war nicht besetzt und wurde als ganz normaler Mensch geboren. Allerdings war es keine normale Geburt, auch wenn das jetzt sehr widersprüchlich klingt. Er wurde durch einen Bauchschnitt geboren, und die Mutter starb bei seiner Geburt. Ihr Leib wurde mehr oder weniger aufgebrochen, und das ist kein schönes Bild. Das muß Du Dir so häßlich wie nur irgendwie möglich vorstellen.

W.W.: Geschah das in der damaligen Kultur häufig, oder war dies ein Einzelfall?

Der Nasse: Das war ein einmaliger Fall.

W.W.: Was waren die Eltern dieses Schwarzmagiers für Menschen?

Der Nasse: Sie waren Opfer, wenig bewußte Menschen. Sie waren fast wie Opfertiere, zum Sterben verdammt.

W.W.: Haben Taotl und Quetsalkoatl anschließend noch einmal irgendwo in der Kulturgeschichte gewirkt?

Der Nasse: Quetsalkoatl nicht, Taotl wirkt ständig im amerikanischen Bereich. Er wirkt allerdings im Unbewußten.

W.W.: Wer war der von Rudolf Steiner als einigermaßen gut bezeichnete Gott Tezkatlipoka?

Der Nasse: Das ist der Führungsgeist der Hochkulturen. Bei den Azteken hieß er Tezkatlipoka. Das sind Wesen, welche die Menschen beim Anrufen der Sonne gesehen haben. Sie sind das Antlitz der Sonne. Und das ist ein Aspekt von Michael. Er gilt auch als der Betreuer von Noah, indem er die Naturwesen beschützt hat. Michael hat also damals bei den Inkas in Peru und bei den Azteken in Mexiko gewirkt.

Der Große: Tezkatlipoka ist ein gespiegelter Aspekt von Marduk, dem michaelischen Geist der babylonischen Kulturepoche. Vieles aus dem Raum des Mittelmeers und Asiens tritt in Amerika zu einem späteren Zeitpunkt gespiegelt auf. Die Entwicklung Amerikas ist immer später. Wenn sie zu früh kommt, gibt es Probleme.

W.W.: Wer war das von Rudolf Steiner als Vitzliputzli bezeichnete Sonnenwesen, das von einer Jungfrau geboren wurde und eine Erst- oder einmalige Inkarnation in Mexiko während der Zeitenwende erfuhr?

Der Nasse: Das war ein Buddha-Wesen, ein Wesen, das vom geistigen

Standpunkt einem Buddha entsprach. In regelmäßigen Abständen steigt ein Bodhisattva zum Buddha auf, und dieses Wesen gehörte dazu. Es ist jetzt auf einem anderen Planeten, um dort in ähnlicher Weise zu wirken, wie Christus auf der Erde, nämlich auf dem Planeten Venus.

W.W.: Was war der Schwarzmagier in Mexiko äußerlich für ein Mensch?

Der Nasse: Er war ein König und Kriegsherr und führte seine Kriege im Sinne eines Kriegsgottes. Manche Menschen in damaliger Zeit konnten es ertragen, daß die Kriegsgötter direkt mit ihnen mitzogen. Der Schwarzmagier zog auf den Kriegszügen der Azteken als Medizinmann/Schamane mit. Am Schluß ist er auch besetzt worden. Diese Wesenheit konnte seinen Körper nicht jahrzehntelang besetzen, denn dann wäre er zerfallen. Sie war fünf Jahre im Körper.

Die Zerstörungsmacht mußte bewahrt werden

W.W.: Was waren damals die Ziele des Schwarzmagiers?

Der Nasse: Das Wirken dieses Schwarzmagiers mußte sein, parallel zu dem Herabstieg des Christuswesens in den Menschen Jesus. Wenn das Wirken des Schwarzmagiers nicht gewesen wäre, hätte die Erde nicht weiterexistieren können. Die Zerstörungsmacht mußte in der Erde bewahrt werden, damit die Erde einstmals vergeistigt bzw. aufgelöst werden kann. Die Möglichkeit zur Zerstörung darf die Erde nicht verlassen, damit auch bei der Vergeistigung der Erde die Schlacke herausgesetzt werden kann. Hätte es nur Christus auf der Erde gegeben, hätte auf der Erde kein Tod mehr sein können. Weil Christus den Tod überwunden hat, mußte jemand da sein, der den Tod auf der Erde behält und in die Gewalt der Menschen übergibt. Das war die Aufgabe und das Wirken des Schwarzmagiers. Es ist eine Umkehrung der Christus-Tat. Diese Zusammenhänge sind entsetzlich, aber wichtig.

W.W.: Warum hat Steiner nur in zwei Vorträgen darüber gesprochen?

Der Nasse: Weil er die Menschheit noch nicht als reif genug dafür empfunden hat. Außerdem wurde er nicht danach gefragt. Steiner mußte wie alle Menschen, die etwas verkünden, gefragt werden. Von sich aus hat er nur sehr wenig direkt in die Welt gesetzt.

W.W.: Ist dieser Schwarzmagier später in einer weiteren Inkarnation noch einmal als Schwarzmagier aufgetreten?

Der Nasse: Nein, das kann er genausowenig wie der Christus. Das war ein einmaliges Ereignis.

Eine dritte schwarze Kraft

W.W.: Hat die Tat von Mexiko etwas mit dem 666-Jahresrhythmus zu tun?

Der Nasse: Nein. Die Kreuzigung des Schwarzmagiers war rechnerisch im Jahre 33. Der Schwarzmagier gehört nicht Ahriman und auch nicht Luzifer an, sondern den Kräften, die die Todeskräfte bewahren. Er ist eine dritte schwarze Kraft, und das ist das Geheimnisvolle an ihm. Von einer gewissen Seite her ist er die lebendige Materie. Tod ist Materie. Trenne den Schwarzmagier von den anderen Widersacherströmungen. Sein Wirken ist eine singuläre Tat. Um es besser verstehen zu können, kann man für den Schwarzmagier das Bild des Schattens des Christus nehmen.

W.W.: Dann kann man das Wirken des Schwarzmagiers also überhaupt nicht mit dem 666-Jahresrhythmus in Verbindung bringen?

Der Nasse: Gar nicht.

Gold veränderte die Welt

W.W.: Was änderte sich in der Welt durch die Entdeckung Amerikas, durch Kolumbus, und dadurch, daß das Gold in die alte Welt verschifft wurde?

Der Nasse: Das Gold ist die alte Weisheit. Die Spanier und Portugiesen waren nicht die ersten Europäer, die Amerika besuchten. Amerika wurde viel früher durch die nordischen, hyperboräischen Kulturen besucht; allerdings mit einem vollkommen anderen Bewußtsein. Die nordischen Menschen hatten noch eine andere geistige Offenheit. Sie holten Kräfte aus Amerika nach Europa herüber, die in den Mysterien der Druiden verarbeitet wurden. Aber diese Kräfte sind verschleiert und nach einiger Zeit vergessen worden.

Die iro-schottischen Mönche hatten davon Kenntnis. Das Wissen der iro-schottischen Mönche über Amerika ist auf verschlungenen und komplizierten Wegen in späteren Jahrhunderten nach Spanien gelangt. Man ahnte, wenn man weiter über die Meere fahren würde, daß man zu einem Land käme, in dem es viel Gold gäbe.

Die Spanier sind aus einem wirtschaftlichen Impuls losgefahren, und sie waren auch Getriebene. Kolumbus mußte diese Reise unternehmen. An diesen Eroberungen der Spanier war eine ahrimanische Wesenheit beteiligt, die auch heute noch in der geistigen Frühgeburt Amerika wirksam ist.

Durch das Hereinbringen des Goldes nach Europa wurde in Europa der Merkantilismus eingeleitet. Durch dieses freie Gold konnte in Europa die industrielle Revolution ermöglicht werden. Die Könige konnten sich Luxus leisten, weil sie Gold hatten, das nicht an die Wirtschaftsleistung des Landes gebunden war. Die Steuergelder eines jeweiligen Landes hatten eine Bodenbindung, das Gold aus Amerika war bodenfreies Gold und ermöglichte den Herrschern Europas, ihre egoistischen Bedürfnisse zu befriedigen. Und diese Bedürfnisse führten schließlich dazu, daß Industrien entstanden.

W.W.: Dieses Gold waren ursprünglich auch Kultgegenstände, die eingeschmolzen wurden.

Der Nasse: Genau. Die südamerikanischen Hochkulturen haben das Gold im Sinne einer Sonnenweisheit verwendet, als Kultgegenstände. Gold wurde nicht in den wirtschaftlichen Kreislauf eingebracht, sondern galt als geronnene Sonne. Gold war im wirtschaftlichen Sinne nicht wertvoll, sondern kultisch. Die Europäer haben das amerikanische Gold vom Boden gelöst und entheiligt.

W.W.: Was war Karl V. für ein Mensch?

Der Nasse: Er war größenwahnsinnig. Er hatte die Vision, daß in seinem Reich niemals die Sonne untergehen solle.

W.W.: Gibt es Widersachermächte, die nicht wollen, daß wir Eure Antworten veröffentlichen, oder die so stark sind, daß sie Eure hier gegebenen Antworten beeinflussen, ohne daß Ihr es merkt?

Der Nasse: Solche Wesen gibt es. Es kann sein, daß wir Elementarwesen diese Beeinflussung manchmal nicht bemerken, aber wir stehen bei jedem Satz, den wir sprechen, unter dem persönlichen Schutz des Großen. Und da muß schon viel an Widersachermächten kommen, um diesen Schutz brechen zu können. Nicht umsonst finden diese Gespräche im michaelischen Zeitalter statt.

Wasserkatastrophen

W.W.: Wird es in Zukunft mehr Wasserkatastrophen geben?

Der Nasse: Ja. Es wird eine Zunahme an Riesenwellen geben, zum einen sind das die Tsunamis, Wellen, die durch Beben entstehen, zum anderen sind es sogenannte Freak-Wellen, die sich gegenseitig aufschaukeln. Das sind Wellen, die dadurch entstehen, daß sich vom Wind bewegtes Meerwasser mit Strömungen trifft, so daß kurzfristig sehr hohe Wellen entstehen können, die ein Schiff, das sich dort befindet, zerschlagen können.

Der Nasse: 70 Meter schaffen wir. Die Tsunamis laufen über den ganzen Ozean bis ans Land, die anderen entstehen schnell und vergehen auch wieder schnell.

W.W.: Welche Wasserkatastrophen werden außerdem kommen?

Der Nasse: Überschwemmungen. Und eine weitere Wasserkatastrophe werdet Ihr demnächst bemerken, nämlich daß es in bestimmten Jahreszeiten viel zu feucht ist. Es werden feuchte Wetterlagen entstehen, so daß das Oberflächenwasser nicht abtrocknen kann, wodurch auch sehr viele Pilzerkrankungen kommen werden. Darunter wird die Natur leiden und sich auch verändern. Die Bienen leiden heute schon darunter.

Friedrich Pfannenschmidt: Es wird dadurch eventuell auch der in Europa übliche intensive Ackerbau nicht mehr möglich sein, weil die auf den Äckern eingesetzten Maschinen wegen des zu feuchten Bodens nicht mehr vorwärtskommen bzw. diesen Boden durch ihr hohes Eigengewicht zerstören werden.

Die Schneckenplage

W.W.: Hängt das in den letzten Jahren immer häufigere Auftreten von Nacktschnecken auch schon mit diesen zunehmenden feuchten Wetterlagen zusammen?

Der Nasse: Ja.

W.W.: Haben diese Schnecken auch einen geistigen Aspekt?

Der Nasse: Ursprünglich sind es üble kleine Wasserwesen, die wir ausschicken, damit sie Schnecken werden.

W.W.: Stehen hinter diesen üblen Wasserwesen bzw. Schnecken auch schlechte Gedanken der Menschen?

Der Nasse: Ja, natürlich. Die zu schnellen Gedanken der Menschen werden letztlich zu Schnecken. Wenn man sich nur flüchtig und blitzartig mit geistigen Themen beschäftigt, sie nur am Rande streift und sie brillant oder glitzernd als Schlagworte postuliert und in die Welt setzt, dann entstehen daraus üble Wasserwesen bzw. physisch Schnecken. Und die Schnekken fressen das Blattgemüse. Das Blattgemüse ist das Gemüse, das die Mitte des Menschen, die Herzgegend stärkt. Mit den zu schnellen Gedanken freßt Ihr Eure eigene Mitte auf.

W.W.: Was können die Menschen tun, damit diese Wasserkatastrophen nicht eintreten?

Der Nasse: Erkenne Dich selbst. Bringe Deine internetgeschädigten Schüler dazu, daß sie anfangen zu denken, anfangen nachzudenken, vor allem über sich selbst nachzudenken. Lebe den Kindern als Vorbild vor, daß Du als Mensch selbstbewußt durch die Welt schreitest, daß Du Dir Deiner Taten bewußt bist.

Afghanistan

W.W.: 1978 bekam Afghanistan eine kommunistische Regierung, die in starken Konflikten zu den orthodoxen und geistlichen Menschen des Landes stand. Wegen zunehmender Bürgerkriegswirren hat die kommunistische afghanische Regierung 21mal ihren großen Bruder in Moskau zur Hilfe gerufen. Die Russen wollten zuerst nicht kommen, besetzten dann aber Weihnachten 1979 Afghanistan. Was hat sich in diesem Land dadurch verändert, daß die Russen es besetzt haben?

Der Große: Ein Zug der russischen Kultur, der jetzt wieder im Abklingen ist, ist das Umsiedeln von Menschen. In den letzten Jahrhunderten wurde ihre Kultur dadurch geprägt, daß sie die Menschen von Ort zu Ort verschoben. Besonders während der kommunistischen Zeit war dies ein typisches Verhalten der Regierung. Sie haben ganze Volksstämme verschoben, und dadurch wurde altes Wissen, daß in diesem Land noch schlicht auf dem Boden lag, zerrissen und ging verloren. Daß die Menschen ihr bodenständiges Wissen verloren haben, ist etwas ganz Entsetzliches. In Afghanistan geschah das gleiche. Durch die militärische Präsenz der Russen in Afghanistan haben sie auch dort eine Entwurzelung der Menschen bewirkt. Dadurch entstanden Gruppierungen von Menschen mit egoistischen Interessen, die im wahrsten Sinne des Wortes die Kirche nicht mehr im Dorf ließen.

Islamischer Monotheismus durch die Araber

W.W.: Was ist dadurch geschehen, daß die USA die afghanischen Widerstandskämpfer und außerdem viele arabische Freiheitskämpfer mit Waffen und Geld versehen haben, um in Afghanistan gegen die Russen zu kämpfen?

Der Große: Durch die USA kommt der merkantile Impuls hinzu, die Vorstellung, mit Geld alles kaufen zu können, und daß Geld der einzige Sinn der Welt sei. Das ist einer der grundlegenden Impulse, die derzeit von den USA ausgehen. Auch wenn die USA wirtschaftliche Hilfe anbieten, geht es um Geld. Und gerade bei entwurzelten Völkern trifft dies auf offene Ohren. Deshalb traf die wirtschaftlich-militärische Hilfe der USA in Afghanistan auf fruchtbaren Boden.

Durch die arabischen Kämpfer ist eine Art von islamischem Schwung nach Afghanistan gekommen, der diesem Land eigentlich fremd ist. Dadurch begann das afghanische Volk, das eher friedlich und himmelsoffen war, kriegerisch zu denken. Diese Impulse kamen durch den Arabismus. Die Afghanen sind keine Araber, sondern gehen eher in Richtung der Turk-Völker. Sie haben auch eher eine christliche Tendenz und tendieren zu dem johanneischen Christentum, zu einer Öffnung gegenüber der kosmischen Weltenbestimmung. Das johanneische Christentum ist den Afghanen nicht wesensfremd, den arabischen Völkern dagegen sehr. Der islamische Monotheismus wurde durch die Araber nach Afghanistan hineingetragen. Und er konnte wegen der Entwurzelung des Volkes teilweise tief einschlagen.

Die Taliban haben die Schönheit zerstört

W.W.: 1994 bis 1996 nahmen die Taliban Afghanistan ein, um die Bürgerkriegswirren zu beenden und im Interesse der USA eine stabile Regierung zu implementieren. Die Taliban versetzten das Land aber in die totale Finsternis. Was waren das eigentlich für Menschen?

Der Große: Die Taliban haben die normale Entwicklung des Lebens unterdrückt. Das Schlimmste, was sie aus meiner geistigen Sicht getan haben, war, daß sie die Schönheit zerstört haben, indem sie Häßliches als Ziel gesetzt haben. Das geschah zur Verherrlichung ihrer eigenen Einstellung. Deshalb haben sie auch die Frauen verschleiert, damit man ihre Schönheit nicht sieht. Weiterhin haben sie auch die vom Volk getragenen alten Tempel und Kunstgegenstände zerstört. Sie haben überall versucht, Schönheit zu zerstören. Afghanistan ist eigentlich ein Land, das eine geistige Größe hat, und deshalb ist die Zerstörung der Schönheit das Entsetzlichste ihres Tuns. Im Häßlichen entsteht Haß!

Ahmed Schah Massoud

W.W.: Ahmed Schah Massoud war der Kämpfer der Nordallianz, der zuerst gegen die Russen und später gegen die Taliban gekämpft hat. Er hat versucht, die westlichen Staaten für den Kampf gegen die Taliban zu gewinnen, wurde dann aber am 9. November 2001 von Osama bin Ladens Leuten ermordet. Was war er für ein Mensch?

Der Große: Laß mich ein Streiter Gottes sein in der Ritterschaft des Grals. Er war einer meiner Kämpfer.

W.W.: Warum mußte er sterben?

Der Große: Zum einen, weil es seinem persönlichen Schicksal entsprach – in jedem Geschehen spielt immer das persönliche Schicksal mit eine Rolle –, zum anderen war sein Tod notwendig; und das hängt mit Geschehnissen zusammen, die in der Zukunft kommen werden.

Osama bin Laden und die Ziele der USA

W.W.: Was ist Osama bin Laden für ein Mensch?

Der Große: Das ist eigentlich kein Mensch mehr, nur noch eine Hülle. Er ist im Sudan von großen ahrimanischen Wesenheiten besetzt worden. Du hast es selbst geschrieben. (vgl. FLENSBURGER HEFTE 77, „Gegen das Elend der Welt", S.72)

W.W.: Welche Ziele verfolgen die Wesen, die ihn besetzt haben, in der Welt?

Der Große: Dabei geht es um die Sklerotisierung der Welt. Im Großen möchten die ahrimanischen Wesen, daß die Impulse der 6. nachatlantischen Kulturperiode Philadelphia, die Impulse der reinen Brüderlichkeit, nicht aufkommen, sondern daß Amerika die Welt vorher weitestgehend zerstört. In diesem großen Rahmen mußt Du die einzelnen Tätigkeiten Ahrimans sehen. Ahriman möchte eigentlich, daß das kriegerische Wirken der USA in Afghanistan, im Irak und auch im Iran so wirkt, daß auf Jahrtausende dort keine Kultur mehr möglich ist. Das einzige, was möglich sein wird, wird die reine egoistische Wirklichkeit sein, die Ausbeutung der Bodenschätze der jeweiligen Länder. Durch die entstehenden Unterhöhlungen der Erde – dadurch, daß man das Öl auspumpt – nisten sich zusätzlich ahrimanische Geister ein. Diese Geister beeinflussen dann von unten die über ihnen lebenden Menschen, sie steigen wie Rauch aus dem Boden auf.

W.W.: Dann arbeiten also Osama bin Laden, bzw. die in ihm wirkenden ahrimanischen Kräfte, mit den ahrimanischen Kräften der USA zusammen, auch wenn sie äußerlich gegeneinander kämpfen?

Der Große: Jawohl. Das ist immer die beste Methode.

Irak

W.W.: Welche Bedeutung hatte der Irak bzw. Mesopotamien in den letzten Jahrtausenden für die Kultur- und Weltgeschichte?

Der Große: Der Euphrat wird sowohl am Beginn des Alten Testaments als auch am Ende des Neuen Testaments, in der Apokalypse, genannt. In der Apokalypse des Johannes heißt es, daß vier Engel an den Euphrat gefesselt seien (Apokalypse 9). Damit wird auf Zerstörungskräfte hingewiesen, die in diesem Land schlummern. Am Anfang des Alten Testaments wird der Euphrat im Zusammenhang mit dem Paradies erwähnt. Wenn die vier Engel losgebunden werden, ist in diesem Land bzw. auf der ganzen Erde kein paradiesischer Zustand mehr möglich.

W.W.: Durch welche Tätigkeiten der Menschen werden diese Kräfte gelöst?

Der Große: Indem sie das Bewußtsein für die lebendigen Götter in der Welt verlieren. Je stärker der Nihilismus in der Welt zunimmt, desto mehr lösen sich die Fesseln.

W.W.: Die Assyrer haben die zehn Stämme des israelischen Volkes in die assyrische Gefangenschaft nach Mesopotamien geführt, gut 100 Jahre später die Babylonier die letzten beiden Stämme in die babylonische Gefangenschaft. Was war der Sinn dieser Gefangenschaften?

Der Große: Ein Grund war die „Verhärtung" der Körper des jüdischen Volkes. Sie mußten so stabil sein, weil einer von ihnen das Christuswesen tragen sollte. Diese Stabilität ihrer Körper entstand durch physisches Leid, obwohl dieses Volk schon relativ weit in seine Ichheit geführt worden war.

Die Abassiden als Retter der Kultur

W.W.: Was wurde dadurch für die Welt bewirkt, daß die abassidischen Kalifen die griechischen philosophischen und medizinischen Schriften nach Bagdad holten und sie ins Arabische übersetzen ließen? Und was waren Harun-ar-Raschid und sein Sohn al-Ma'mun für Menschen, bzw. welche Impulse hatten sie, daß sie diese Übersetzungen anordneten?

Der Große: Sie haben damit sehr viel für die Menschheit getan. Sie haben das ganze griechische Geistesgut gerettet, so daß es Jahrhunderte später aus dem arabischen Raum über die Mauren in Spanien in das übrige Europa gekommen ist. Dadurch wurde eine Verbindung der Gralsweisheit mit der Weisheit der Druiden bewirkt, und beide konnten in die Rosenkreuzerströmung einfließen, die eine Verknüpfung der Weisheiten des Ostens und des Westens ist. Dieses griechische Geistesgut gelangte auf dem langen Weg über den arabischen Raum zurück nach Europa und wurde von hohen christlichen Eingeweihten christianisiert. Die Kalifen hatten die Aufgabe, dieses Geistesgut zu bewahren und der Menschheit zu erhalten. Teilweise war dies noch das Wissen der atlantischen Zeit.

W.W.: Was waren Harun-ar-Raschid und sein Sohn al-Ma'mun für Menschen?

Der Große: Harun-ar-Raschid war ein hoher Eingeweihter, eine treibende Kraft, sein Sohn ein nicht ganz so hoher Eingeweihter, eine bewahrende Kraft. Sie waren Eingeweihte in der Form, die zur damaligen Zeit möglich war. Sie waren aber nicht in der Lage, aus ihrem Wissen etwas Neues zu schaffen. Das spürt man auch an der arabischen Musik, die sehr abgeschlossen ist. Sie benötigt andere Einschläge, um entwicklungsfähig zu sein.

Krieg

W.W.: Was passiert geistig und militärisch während eines Krieges?

Der Große: Die Lebenskräfte der Erde werden verändert. Aus den Kriegsgegenden werden Lebenskräfte abgezogen, indem sie in Todeskräfte verwandelt werden. Lebens- und Todeskräfte sind zwei verschiedene Seiten einer großen Kraft. Die Kräfte der Geburt sind gleichzeitig auch die Kräfte des Todes. Viele Dinge sehen von der anderen Seite aus betrachtet ganz verschieden aus, obwohl sie dasselbe sind. Während des jetzigen Irak-Krieges wird nicht nur der Boden zerstört, sondern auch die ätherische Welt. Und in der astralischen Welt gibt es ein ungeheures Aufbäumen der menschlichen Egoismen, die in Kriegszeiten immer extreme Ausmaße annehmen. Am besten kann man das bei den Kriegsgewinnlern betrachten, die aufgrund des Leides der Verlierer ungeheures Geld verdienen können. Astralisch sind dies Auftürmungen von Egoismen, die karmisch abgearbeitet werden müssen. Bestimmte Kriege sind aber auch als Ausgleich eines Gruppenkarmas zu betrachten.

Der erste Golfkrieg

W.W.: In den Jahren 1980 bis 1988 erfolgte der erste Golfkrieg zwischen dem Irak und Iran. Was waren die Gründe dieses Krieges, und was geschah während dieses Krieges zwischen beiden Völkern?

Der Große: Es war ein Krieg, der zwar wirtschaftliche Aspekte hatte, der aber in seinen ursprünglichen Gründen ein religiöser Krieg war. In beiden Ländern gab es unterschiedliche religiöse Lebensführungen und Interpretationen des Islam. Im Iran gab und gibt es eine schiitische Auffassung des Islam, im Irak vertritt die vorherrschende Klasse die Auffassung der Sunniten.

W.W.: Was wurde dadurch bewirkt, daß der Iran im ersten Golfkrieg seine eigenen Kindern mit falschen Vorgaben durch die Minenfelder jagte, nur damit die Panzer ungestört folgen konnten. Was richtet man karmisch an, wenn man solche Greueltaten begeht?

Der Große: Diese Taten werden an das Karma der politischen Führer geknüpft, nicht an die Wesen, die von den Menschen Besitz ergriffen hatten. Es ist wichtig, daß Ihr Menschen versteht, daß Ihr für alle Taten verantwortlich seid, auch wenn Ihr von anderen Mächten besetzt seid. Ihr müßt den karmischen Ausgleich schaffen, auch wenn Ihr durch dunkle Mächte besetzt gewesen seid. Den Kindern geschieht nicht viel. Sie haben in diesem Leben keine Karmaschuld angehäuft und werden kurzfristig wieder inkarniert. Aber ihre Eltern werden Karmaschuld abtragen müssen, weil sie es zugelassen haben, daß ihre noch unreifen Kinder in dieses Unglück getrieben wurden. Noch mehr Karmaschuld müssen natürlich diejenigen abtragen, die diese Taten politisch initiiert haben.

W.W.: In diesem ersten Golfkrieg hat der Irak 1983 erstmals Giftgas eingesetzt und viele Tausende von iranischen Soldaten vergast. Dieses Giftgas kam ursprünglich aus westlichen Staaten. Welche Verantwortung haben diese Staaten für die Vergasung der Menschen auf sich geladen?

Der Große: Das ist schwierig zu beantworten. Die Verknüpfungen sind sehr kompliziert. Es ist auf Deutsch nicht klar zu beschreiben, ob der Arbeiter einer Fabrik im Westen eine karmische Verknüpfung zu den Toten hat. Sie ist zwar vorhanden, aber nicht sehr direkt. Die Verantwortlichkeiten für die Gewinnmitnahmen liegen im Westen, speziell bei denen, die wissen, was sie tun. Viele der Initiatoren der Verkäufe wußten, was sie taten. Und sie laden ihre Taten auf ihr Karma. Diejenigen, die das Giftgas einsetzen, genauso.

Ein höherer karmischer Schuldanteil

W.W.: Welche Verantwortung haben die USA und andere westliche Länder gegenüber dem Irak und der Welt, weil sie dem Irak Massenvernichtungswaffen geliefert haben?

Der Große: Zur Zeit werden die USA mit ihren eigenen Fehlern konfrontiert, und man kämpft gegen sie u.a. mit den Waffen, die sie selbst geliefert haben. Ihre eigenen Waffen wenden sich gegen sie selbst. Sie tragen viel Verantwortung, für die sie jetzt zahlen müssen. – Der US-Amerikaner steht ganz anders hinter seiner Regierung als die Angehörigen aller anderen westlichen Völker. Dadurch akzeptiert er aus seiner Freiheit heraus einen höheren karmischen Schuldanteil. Das führt auch dazu, daß sich die vielen in den USA lebenden Schnellinkarnationen relativ gern als Soldaten in Krisengebieten einsetzen lassen.

W.W.: Was sind Schnellinkarnationen?

Der Große: Menschen, die nur kurz leben und die sich zur Zeit oftmals wieder schnell inkarnieren. Das sind z.B. Menschen, die im Ersten, im Zweiten Weltkrieg, in Vietnam oder auch im Irak-Krieg fielen. Viele solcher Menschen finden sich unter den amerikanischen Soldaten. Die Verbindung zwischen dem einfachen amerikanischen Bürger und seiner Regierung verstärkt sich auch noch dadurch, daß viele Menschen für die Regierung und ihren Präsidenten beten.

Schwarze Eingeweihte

W.W.: In den USA gibt es Kreise von Menschen, organisiert im Project for the New American Century (PNAC), in dem seit 1992 Pläne für eine neue Weltordnung mit amerikanischer Vorherrschaft ausgestaltet worden sind. Was sind das für Menschen, die die Vorherrschaft der USA gegenüber allen anderen Ländern der Welt verwirklichen wollen?

Der Große: Einige dieser Menschen – ich nenne aber keine Namen – haben sich schon vor sehr langer Zeit mit den ahrimanischen Mächten verbunden. Wie Du weißt, gibt es nicht nur weiße, sondern auch schwarze Eingeweihte. Hierbei ist nicht die Hautfarbe gemeint. Man kann in beide Richtungen einweihen. In der amerikanischen Regierung – aber Du brauchst mich gar nicht zu fragen, wer – gibt es einige Menschen, die in einer Vorinkarnation eine schwarze Einweihung durchgemacht haben.

W.W.: Wann und wo war das?

Der Große: Das war an verschiedenen Orten. Jetzt haben sie sich aufgrund verschiedener Ereignisse in der US-Administration fokussiert. Einige von ihnen waren während der Französischen Revolution tätig, einer im Zusammenhang mit dem Opium-Krieg. Dieser wirkte als Mensch im Hintergrund.

Friedensgebet

Sonnenwesen, Christusheld,
schicke Deine Kraft zu uns auf die Erde,
um zum Guten zu wenden
die Kräfte des Bösen
in der Zeit der Not.

Lasse werden, oh Herr,
die Geschehnisse in dieser Welt
zukunftsfördernde Taten.
Wende die Lanze des Bösen von ihrem Ziel,
gib der Welt Frieden!

Vom Großen anläßlich des Irak-Krieges gegeben am 20.03.2003

W.W.: Warum wurde der Irak-Krieg von den USA begonnen?

Der Große: Weil ahrimanische Kräfte dazu getrieben haben. Der Krieg ist doppelt initiiert.

W.W.: Du denkst auf der einen Seite an Al-Qaida, auf der anderen Seite an die derzeitige US-Regierung?

Der Große: So ist es.

W.W.: Hätte es Möglichkeiten gegeben, den Krieg zu verhindern?

Der Große: Er hätte verhindert werden können, wenn mehr Menschen geistig wach gewesen wären; und zwar im Sinne geisteswissenschaftlicher Entwicklung. Das Problem der geisteswissenschaftlich orientierten Menschen ist, daß diese Gruppierung noch sehr klein ist. Sie könnte mehr verhindern, wenn sie größer wäre. Außerdem ist es wichtig, jetzt die Apokalypse des Johannes zu lesen, sie ist in dieser Zeit als geistige Kraft nötig. Allerdings beschreibt sie in vielen Teilen immer noch die Zukunft und nicht die Gegenwart. Verwechselt das nicht!

„Eure Regierungen brächen zusammen“

W.W.: Die sogenannte Achse des Guten, das Nein der Länder Frankreich, Deutschland und auch Rußland zum Irak-Krieg hat zum ersten Mal eine spezielle Eigenständigkeit der westeuropäischen Länder gegenüber den USA gezeigt. Welche Aufgabe haben diese Länder, speziell Deutschland?

Der Große: Deutschland hat einiges an Karmaschuld aus dem Zweiten Weltkrieg abzutragen. Damit hat es jetzt mit dem Nein zum Irak-Krieg ein bißchen begonnen. Die Rolle Europas ist es, das Christentum zu erhalten, damit es in der sechsten nachatlantischen Kulturepoche zur Brüderlichkeit kommen kann. Die Achse des Guten ist ein Ansatz des Gleichgewichts gegenüber den unmoralischen Taten der ahrimanischen Achse.

W.W.: Mit der Achse des Guten sind jetzt Deutschland, Frankreich und Rußland gemeint?

Der Große: Jawohl.

W.W.: Die Menschen Europas und in vielen anderen Ländern der Welt sind heute politisch sehr wach, gerade auch die Jugendlichen, und sie demonstrieren gegen den Krieg. Haben die Friedensdemonstrationen gegen den Krieg auch eine positive Wirkung in der Welt?

Der Große: Ja. Sie helfen den guten Geistern, und sie sind Kraft und Nahrung für die geistige Welt. So wie Du Brot ißt, essen wir die Nahrung, die durch die Taten solcher Menschen erbracht wird.

W.W.: Wenn man sich politisch interessiert, sich mit den Zusammenhängen des Irak-Konflikts beschäftigt, das Richtige denkt – ist das auch eine positive Kraft gegen den Krieg?

Der Große: Auf jeden Fall. Eure Regierungen brächen zusammen, wenn sich nicht so viele Menschen mit diesem Konflikt beschäftigen und positive Gedanken denken würden.

W.W.: Und genauso hilft auch das von Dir gegebene Friedensgebet und das Lesen der Apokalypse?

Der Große: Das Lesen der Apokalypse hilft noch viel weitreichender, aber es hilft auch in diesem speziellen Fall. Die Apokalypse des Johannes ist u.a. eine Zwischenstufe zur Verwirklichung des Johannesevangeliums während der sechsten nachatlantischen Kulturperiode. Zuerst muß die jetzige Kultur beendet werden, damit später etwas Neues daraus entstehen kann.

W.W.: Was geschieht dadurch, daß jetzt in Basra und Bagdad und anderen irakischen Städten durch die USA und Großbritannien Bomben abgeworfen werden und die Menschen einfach nur Angst haben?

Der Große: Die Angst der Menschen ermöglicht den Eintritt vieler luziferischer und ahrimanischer Wesen in die Welt und in den Menschen. Angst öffnet *immer* in die schwarze Richtung.

Umweltverschmutzungen im Irak

W.W.: Was geschieht dadurch, daß eine Cruise Missile oder eine der neuartigen Superbomben auf den Boden des Irak abgefeuert werden?

Der Steinerne: Es wird im Boden vieles kaputtgegangen gewesen sein. Öl ist nicht nur so wie Grundwasser im Sand, Öl befindet sich in unterirdischen Kavernen; nicht nur, aber auch. Diese können und werden zusammengebrochen sein, weil wir sie nicht mehr schützen.

W.W.: Und dann fließt das Öl durch die ganze Gegend und verseucht den gesamten Boden?

Der Steinerne: Ja.

W.W.: Und diejenigen, die es haben wollen, bekommen es nicht mehr?

Der Steinerne: Ja.

W.W.: Was müßte man mit den leergepumpten Ölkavernen anstellen, damit keine unguten Geister einziehen?

Der Steinerne: Man muß sie verfüllen, womit auch immer, nur nicht leer lassen.

W.W.: Als der Irak 1991 das von ihm überfallene Kuwait verließ, steckten die irakischen Soldaten die Ölfelder an, und einige Milliarden Liter flossen sowohl in den Boden als auch in das Wasser. Was geschieht mit dem Boden und mit dem Wasser, wenn es derart ölverseucht wird?

Der Nasse: Mit dem Wasser geschieht nicht sehr viel. Das Öl schwimmt obenauf; es ist natürlich nicht sehr schön. Das Problem ist, daß der Sauerstoff gebunden wird und die Atmung des Wassers nicht mehr funktioniert. Das größere Problem ist allerdings die Luft. Wenn das Öl auf dem Wasser schwimmt, verdunstet es oder sinkt ab. Wir werden es los, aber der Boden oder die Luft bekommen es. Walliniju hat Probleme mit dem Öl in der Luft.

Der Luftige: Das, was Euch als gute Gedanken mit der Luft zukommt, wird durch das Öl in der Luft verunreinigt. Dann erreichen Euch die lichtvollen Gedanken der Engel und der Schöpfergeister nur noch verunreinigt.

W.W.: Während des zweiten Golfkrieges (1991) haben die US-Truppen mit radioaktiver Munition geschossen, so daß der Boden mit Plutonium verunreinigt worden ist. Was geschieht mit dem Boden, wenn er auf diese Weise radioaktiv verseucht wird?

Der Große: Die Benutzung von Radioaktivität führt zu totem Tod. Durch die Benutzung von Radioaktivität wird die Sklerotisierung, die

Nichtauflösbarkeit der Materie hervorgerufen. Radioaktive Materie kann vom Menschen nicht vergeistigt werden. Gegenden, in welchen radioaktive Materie vorhanden ist, werden dereinst zu Schlacken werden und außerhalb der Welt bleiben müssen.

W.W.: Was wäre geschehen, wenn dieser Irak-Krieg nicht stattgefunden hätte?

Der Große: Dann hätte ein anderer Krieg stattgefunden.

W.W.: Ist es jetzt schon möglich, auf neue Energien umzusteigen – z.B. auf die Implosionstechnologie des Viktor Schauberger – und somit die Weltwirtschaft vom Öl abzubringen?

Der Luftige: Ja, natürlich. Wenn Ihr alle Kraft in die Entwicklung solcher alternativen Energien gesteckt hättet, wäret Ihr schon längst von der Atomenergie und anderen herkömmlichen Energieformen abgerückt und hättet z.B. auch die Implosionsenergie weiter ausgebaut. Wo ist das Problem? Es müssen nur Menschen kommen, die es tun. Mensch darf es nicht nur denken, sondern muß es tun.

W.W.: Auf welche Zukunftspotentiale sollte man sich innerhalb der Lehrerschaft eines Schulkollegiums in Zukunft konzentrieren?

Der Nasse: Wie alle Lehrer auf der Welt, solltet Ihr Euch darauf konzentrieren, wahrhaftige Vorbilder für die jungen Menschen zu sein, die Ihr ausbildet. Lebt ihnen freie Menschen vor. Das ist das Allerwichtigste.

Körperelementargeist

W.W.: Gibt es einen Körperelementargeist?

Der Steinerne: Ja, das wird Dein persönlicher Kapuwu gewesen sein. Betrachte Dich als Mikrokosmos. Im Mikrokosmos ist die Erde durch Deine Materie dargestellt. So wie die Erde Steinwesen gehabt haben muß, um existent zu sein, ist das auch in Deinem Körper.

W.W.: Wie hängt dieser Körperelementargeist mit den Doppelgängern des Menschen zusammen?

Der Steinerne: Im Prinzip ist er einer der Doppelgänger, der sogenannte physische Doppelgänger. Er ist physisch, aber nicht sichtbar.

W.W.: Ist der Körperelementargeist der ahrimanische Doppelgänger, der bei der Geburt des Menschen in seinen Körper hineinschlüpft?

Der Steinerne: Nein.

W.W.: Es ziehen also diese beiden Doppelgänger in den Menschen ein?

Der Steinerne: Der Körperelementargeist zieht doch nicht in den Körper ein, was denkst Du denn?! Wenn ein Mensch sich zum ersten Mal inkarniert, entsteht dieser Körperelementargeist mit dem Leib. Sonst kann der Leib nicht entstanden gewesen sein. Der ahrimanische Doppelgänger wird eingezogen sein, der andere ist da, weil der Körper da ist.

W.W.: Und der Körperelementargeist ...

Der Steinerne: Halt! Wirst Du mir zugehört gehabt haben! Der männliche Same bringt die Anlage zu diesem Körperelementargeist mit, jedesmal.

W.W.: Was geschieht mit dem Körperelementargeist, wenn der Mensch stirbt?

Der Steinerne: Er gibt seine Erinnerungen an das Ätherwesen der Welt weiter, und dieses baut sie ein. Und dann geht er in die allgemeine Materie über.

W.W.: Was geschieht mit diesem Körperelementargeist, wenn der Mensch wiedergeboren wird. Bekommt er dann einen neuen?

Der Steinerne: Nein, denselben. Er bekommt durch alle Inkarnationen denselben Körperelementargeist. So ist es gewesen, so wird es sein, und so wird es gewesen gewesen sein.

W.W.: Wie kann der Mensch während seines Lebens ein möglichst harmonisches Verhältnis zu seinem Körperelementargeist aufbauen?

Der Steinerne: Benimm Dich Deinem Körper wie einem Menschen gegenüber.

W.W.: Vielen Dank.

Der Steinerne: Darf ich Dir eine Frage stellen?

W.W.: Ja.

Der Steinerne: Kannst Du Dir vorstellen, Dein Körper gewesen zu sein?

W.W.: Schwierig.

Der Steinerne: Versuche es. Dann wirst Du Dich empfinden können, wie dieses Wesen sich gefühlt hat. Möglicherweise könntest Du die Körperkultmenschen gefragt haben. Sie sind nah dran an einem Empfinden des Körperelementargeistes.

W.W.: Fühlen sich diese Körperelementargeister sehr vernachlässigt, weil kaum einer etwas von ihnen weiß?

Der Steinerne: Sehr.

W.W.: Mögen sie den Menschen, also den Geist, der in dem Körper ist, oder haben sie ein schlechtes Verhältnis zu ihm?

Der Steinerne: Das ist individuell sehr verschieden. Es ist viel Geschichte durch die lange Reihe der Inkarnationen der Menschen in den Körperelementargeist geschrieben worden. Das Verhältnis ist so, daß diese Wesenheiten beginnen, vom Menschen genervt zu sein, weil die Körper der Menschen durch ungeformtes Denken umgeformt zu werden scheinen auf andere Existenzhöhen.

Verena Staël von Holstein: Auf Deutsch heißt das, daß diese Körperelementargeister ziemlich übellaunig sind, weil wir beginnen, unseren Körper zu entmaterialisieren bzw. uns ganz langsam auf die zukünftige Form der Eingeschlechtlichkeit hinarbeiten, ohne diese Körperelementargeister zu beteiligen.

W.W.: Es ist eigenartig, daß Rudolf Steiner niemals von diesem Körperelementargeist gesprochen hat.

Der Steinerne: Rudolf Steiner hat den Körperelementargeist sehr stark vernachlässigt. Er hat Angst gehabt, daß der Körperkult, die Fixierung auf das Körperliche des Menschen, noch stärker wird, wenn er darüber viel gesprochen gehabt haben wird. Aber die Arbeit der Anthroposophischen Gesellschaft wäre sehr vertieft gewesen gewesen, wenn Steiner betont hätte, daß mit diesen Wesen zusammengearbeitet hätte werden müssen. Betrachte das erste Goetheanum, und Du wirst eine Ahnung gehabt haben, wie der Körperelementargeist hätte geworden werden können. Der Körperelementargeist ist einer der Objekte der südlichen Einweihungswege. Schaue dazu in die alte ägyptische Kultur.

Gespräche am 5. April 2003

Konradin, der Zwerg

W.W.: Ich freue mich, Dich kennenzulernen.
Konradin: Ganz meinerseits.

„Wir bewahren kosmisches Metall"

W.W.: Kannst Du den Leserinnen und Lesern unserer Zeitschrift zuerst einmal mitteilen, was eigentlich Zwerge sind?

Konradin: Zwerge sind Wesen, die zeitgleich mit den Menschen entstanden sind. Die Götter haben die Zwerge und Menschen gleichzeitig erschaffen. Zwerge sind diejenigen, die kunstfertig sind.

W.W.: Was bedeutet das?

Konradin: Wir mußten die Menschen lehren, die Materie zu bearbeiten. Alle Verrichtungen zur Bearbeitung der Materie haben die Menschen von den Zwergen gelernt. Eine andere Aufgabe von uns – darüber reden wir nicht so gerne – ist das Horten von Schätzen.

W.W.: Bewahrt Ihr diese Schätze in der Erde auf?

Konradin: Ja, wir bewahren kosmische Metalle in der Erde auf.

W.W.: Auf welche Weise habt Ihr den Menschen die Kunstfertigkeit zur Bearbeitung der Materie gelehrt? Kannst Du einmal ein Beispiel nennen?

Konradin: Wir haben den Menschen die Metallverarbeitung beigebracht. Die Metallverarbeitung hat den Menschen ermöglicht, die derzeitige Kultur und Technik zu erschaffen. Ohne Metall geht bei Euch Menschen fast überhaupt nichts. Sogar Deine komischen kleinen Geräte, mit denen Du dieses Gespräch aufnimmst, haben relativ viel Metall in sich.

W.W.: Auf welche Weise habt Ihr den Menschen die Metallverarbeitung beigebracht? Haben die Menschen dieses geträumt?

Konradin: Nein, sie haben es nicht geträumt, wir haben es ihnen richtig beigebracht. Die nordischen Völker wußten das noch bis vor geraumer Zeit. Bei ihnen war der Schmied etwas ganz Besonderes, denn er besaß eine Fähigkeit, die er aus einer anderen Welt hatte. Wir haben z.B. den menschlichen Lehrlingen ganz praktisch die Fähigkeit beigebracht, mit dem Hammer umzugehen. Das kann man in den nordischen Sagen, z.B. bei Wieland, dem Schmied, gut nachvollziehen.

W.W.: Wo wohnt Ihr?

Konradin: In der Erde, in Höhlen. Diese Höhlen müssen allerdings nicht groß sein. Ich wohne ganz in der Nähe hier in einem kleinen Hügel.

W.W.: Gibt es überall Zwerge?

Konradin: Überall, aber sie sind verschieden groß. Wenn man mich in Euren Maßen messen würde, dann bin ich, je nach Tagesform, zwischen 3 und 10 cm groß.

W.W.: Und wie groß sind die größten Zwerge?

Konradin: Die sind fast so groß wie Menschen.

W.W.: Und wo wohnen sie?

Konradin: In den alten Gebirgen, den Mittelgebirgen, den Granitgebirgen, z.B. im Harz. Granit ist immer ein Zeichen für große Zwerge. Der Granit bildet Strukturen aus, die sehr alt sind. Er gehört zu den ältesten Gesteinen, die in Mitteleuropa vorkommen. Granit ist sehr hart und setzt deswegen die Metalle besonders heraus. Sie sind nicht im Granit enthalten, denn Granit ist kein Erz. Dadurch können sich dann Metalladern bilden: Goldadern, Silberadern oder Zinnadern.

Zinn ist ein sehr wichtiges Metall. Die alten nordischen Kulturen hatten Zinnminen, und diese waren einer der Gründe, warum die Römer sich nach Norden gewandt haben. Speziell in Cornwall gibt es sehr viel Zinn und sehr viele Zwerge. Dort ist der Übergang zwischen elementarischer und menschlicher Welt auch sehr dicht und nah.

Überall, wo alte Bergbaugebiete sind, wirst Du noch eine gewisse Bewußtheit für die elementarische Welt auffinden. Das betrifft aber nur die alteingesessenen Bewohner, nicht die zugewanderten. Auch im Harz empfinden noch viele Menschen die Beziehung zu den Elementarwesen.

Die Zwerge sind allerdings Grenzgänger, keine Elementarwesen, wie z.B. der Nasse. Wir sind viel fester, sonst könnten wir keine Metalle bearbeiten. Wir haben aber eine andere Leibkonfiguration als die Menschen. Wir haben noch einen Leib unter dem physischen Leib, und deshalb könnt Ihr uns nicht sehen. Wir sind dadurch allerdings in der Lage, die physische Welt zu bearbeiten.

Meereszwerge

W.W.: Gibt es überall dort, wo Materie ist, auch Zwerge, beispielsweise auch in der Wüste?

Konradin: Auch in der Wüste.

W.W.: Aber nicht auf dem Meeresboden?

Konradin: Es gibt unter dem Meeresspiegel Gebirge, und dort wohnt eine andere Art von Zwergen. Sie sind anders als wir, aber zwergartig.

W.W.: Kannst Du mir darüber ein wenig berichten?

Konradin: Ich weiß nicht genug über sie. Ich bin nur ein kleiner Zwerg. Wir erzählen uns lediglich Geschichten über diese Zwerge im Meer.

W.W.: Sind sie Dir unheimlich?

Konradin: Sehr unheimlich! Vielleicht weiß Etschewit mehr über sie.

W.W.: Etschewit, kannst Du mir einmal etwas über diese Zwerge aus dem Meer erzählen?

Konradin: Etschewit möchte jetzt nicht sprechen, denn dann müßte ich gehen. Solange Du mit mir reden möchtest, rede bitte nur mit mir; Ihr Menschen würdet sagen: Ich bin schüchtern.

Dunkle Zwerge

W.W.: Gibt es auch dunkle und helle Zwerge, also böse und gute?

Konradin: Ja natürlich. Es gibt die Zwerge, die für die Trolle und für die Hölle arbeiten, und es gibt die Zwerge, die für die Elfenkönige und die Menschen arbeiten. Es gibt ganz dunkle Zwerge.

W.W.: Was sind das für Wesen?

Konradin: Diese Zwerge gestalten die Folterwerkzeuge für die Hölle.

W.W.: Was meinst Du damit?

Konradin: Metalle, schwarzes Eisen, alles, was Du Dir vorstellen kannst. Ihr Menschen seid sehr phantasiereich mit den Folterwerkzeugen, die Ihr erschafft, und das sind die Vorlagen für uns Zwerge bzw. für die schwarzen Zwerge. Wenn Menschen Folterwerkzeuge herstellen, arbeiten sie mit den dunklen Zwergen zusammen. Die meisten Ideen bekommen wir von Euch.

W.W.: Ganz verstanden habe ich das noch nicht.

Konradin: Menschen denken sich Folterwerkzeuge aus und gestalten sie materiell. Das sind für uns Pläne für geistige Folterwerkzeuge in der Hölle, also für die Zeit nach dem Tod der Menschen. Ihr nennt das Kamaloka bzw. Fegefeuer. Das sind ätherisch reale Schmiedearbeiten. Sozusagen schafft Ihr Euch Eure Folterwerkzeuge selbst. Selbst wenn sich Menschen Geschichten ausdenken, Romane über Folterungen schreiben, so sind das unsere Vorlagen. Schöpferisch sind die Menschen, nicht die Zwerge!

W.W.: Was ist Deine spezielle Aufgabe?

Konradin: Ich sortiere die Metalle. Das mußt Du Dir in einem submolekularen Bereich vorstellen, denn wir Zwerge können uns so klein machen, damit wir die im Boden befindlichen Metalle bearbeiten können. Wir verteilen die Metalle, geben sie an die Pflanzen weiter, und wir unterstützen die Gnomen. Die Gnomen unterstützen wir bei ihren Tätigkeiten im Praktischen und Manuellen. Wir machen auch Verklumpungen, also konzentrieren bzw. sammeln die Metalle an verschiedenen Orten, damit sie aus der belebten Erde herausfallen. Hierbei geht es um die Stoffverteilung auf feinster Ebene. Wir schmieden auch Metallketten auf feinster Ebene.

Die Riesen türmen wüste Haufen auf

W.W.: Was sind Riesen?

Konradin: Riesen wohnen vielfach in den Bergen, aber nicht alle. Riesen sind diejenigen, die im Norden Trolle genannt werden. Die Riesen sind unsere Gegner. Sie machen das Gegenteil dessen, was wir gestalten. Sie machen vieles kaputt, schaffen Unordnung, während wir ganz genau sind, und zwar auf eine Art, die für Euch Menschen unheimlich ist. Das müssen wir sein, sonst könnten wir keine filigranen Schmiedearbeiten machen. Die Riesen machen das Gegenteil und türmen wüste Haufen auf. Hier in dieser Gegend gibt es kaum Riesen, allerhöchstens zieht mal einer vorbei.

W.W.: Kämpfen die Riesen mit den Zwergen?

Konradin: Wir haben wenig Chancen gegen die Riesen. Deswegen müssen wir uns von den Riesen freikaufen. Wir geben ihnen Gold.

W.W.: Welche Aufgaben haben die Riesen?

Konradin: Ich kann nichts weiter über die Riesen sagen.

Kobolde ärgern die Menschen

W.W.: Was sind Kobolde?

Konradin: Kobolde sind Schalkwesen. Sie sind dafür da, Menschen aufzuschrecken. Sie sind an den Menschen gebunden, und deswegen gibt es in der Wüste und in großen Wäldern keine Kobolde. Sie leben im Umfeld des Menschen, um ihn zu ärgern. Sie haben eine ähnliche Physiognomie wie wir Zwerge. Auch Müller ist den Kobolden ein wenig verwandt.

W.W.: Wie sind die Kobolde geschaffen worden?

Konradin: Sie wurden von den Schöpfergeistern in die Gesamtheit der nichtsichtbaren Welt miteingewoben. Es gibt die verschiedensten Kobolde; Poltergeister gehören auch zu ihnen. Und manchmal, wenn Ihr Menschen komische Ideen habt, schaffen nach diesen Ideen die Schöpfergeister auch neue Kobolde.

W.W.: Was gibt es denn noch für Kobolde außer Poltergeistern?

Konradin: Kettenrassler.

W.W.: Klabautermänner?

Konradin: Klabautermänner sind etwas ganz anderes. Sie sind die Seele des Schiffes. Sie gehören nicht zu den Kobolden, auch wenn sie sich manchmal so benehmen. Um mit Euren menschlichen Begriffen zu reden: Wesen wie Rumpelstilzchen oder grüne Männchen sind Wesen, die zu den Kobolden gehören. Diese grünen Männchen werden oft von kleinen Kindern gesehen. Dann gibt es noch eine ähnliche Variante, die orangefarben ist. Heulwesen und Irrwichte gehören auch zu ihnen, während Irrlichter dagegen keine Kobolde, sondern verirrte Seelen von Menschen sind. Vor allem gibt es sehr viele Übergangsformen und Mischwesen, die für den Menschen relativ schwer vorzustellen sind. Gerade im graugeistigen Bereich gibt es keine klaren Abgrenzungen, und alles, was die Menschen denken, kann dort als Wesen entstehen.

W.W.: Ein Mensch denkt beispielsweise einen schlechten Gedanken, und daraus entsteht ein Kobold oder irgendeine Form von Mischwesen im grauen Bereich?

Konradin: Genau.

Der Mensch muß alle Wesen erlösen

W.W.: Wie kann ein Mensch einen Kobold erlösen? Oder ist das nicht seine Aufgabe?

Konradin: Der Mensch muß alle Wesen erlösen. Wenn er wiedergeboren wird, trifft er die Kobolde wieder an, die er selbst erzeugt hat. Er kann sie erlösen, indem er seine schlechten Gedanken bereut und gutdenkt. Das ist ein Anfang. Viele Eurer schlechten Gedanken denkt Ihr allerdings nicht bewußt. Es sind Abfallprodukte Eures Seelen- und Gedankenlebens, wie z.B. „Schau Dir diesen blöden Hund dort an“.

W.W.: Und auch durch solche halbbewußten Gedankenlosigkeiten und Äußerungen entstehen gleich Wesen?

Konradin: Ja. Es entstehen aber nicht nur Kobolde, sondern auch Phantome oder Lügendämonen oder auch Feen durch gute Gedanken. Gute Gedanken schaffen vor allem Licht für die Welt und die geistige Welt.

W.W.: Angenommen, man hat einen schlechten Gedanken gedacht, und man korrigiert ihn anschließend bzw. denkt ihn gut bzw. richtig. Löst sich dann der Kobold oder das jeweils geschaffene Wesen auf?

Konradin: Das Wesen löst sich auf, aber die Tatsache seines Entstehens bleibt weiterhin bestehen. Es bleibt immer eine Spur in der Ätherwelt zurück. Alles bleibt.

W.W.: Was sind Heinzelmännchen?

Konradin: Das sind Übergangsformen zwischen Zwergen und Kobolden, sie stehen aber den Zwergen näher. Sie sind auch sehr kunstfertig, viel kunstfertiger als die dazugehörigen Menschen.

W.W.: Wie ist es für Euch, wenn Kinder mit gestrickten Zwergen spielen?

Konradin: Das fördert ein Bewußtsein für unser Dasein. Das ist gut.

W.W.: Aber?

Konradin: Eigentlich kein Aber. Allerdings sind wir nicht über jede gestrickte Darstellungsform von uns begeistert. Denn manchmal entstehen dadurch ganz merkwürdige Wesen. Vergeßt beim Stricken die Bärte nicht!

W.W.: Wie findet Ihr die Gartenzwerge?

Konradin: Entsetzlich!

Zwerge sind leise Wesen

W.W.: Wenn ein Mensch mit Euch Kontakt aufnehmen will, wie muß er das machen?

Konradin: Er muß ganz still sein. Zwerge sind ganz leise Wesen.

W.W.: Sollte der Mensch dabei an Euch denken?

Konradin: Mit dem Denken macht Ihr Menschen sehr viel falsch. Wenn Du leise denkst, kannst Du uns gut rufen. Am besten setzt Ihr Euch ruhig auf den Boden, wenn es geht, auf einen Stein, allerdings ohne eine Isoliermatte dazwischen. Dann solltet Ihr abwarten und keineswegs glauben, daß es beim ersten Mal Erfolg haben könnte. Wir kommen allerdings immer. Das Wahrnehmen kommt bei Euch Menschen nur langsam.

W.W.: Ist es besser, Euch im Haus oder in der Natur wahrzunehmen?

Konradin: Das ist eigentlich gleichgültig. Ein Steingarten ist beispielsweise ein Ort, in dem wir gerne spielen. Dort kann man uns relativ leicht entdecken. Auch mögen wir Maiglöckchen sehr gerne.

W.W.: Seid Ihr auch im Wald?

Konradin: Wir sind auch in den Wäldern, in denen es größere Steine gibt. Wir mögen Findlinge. Deshalb gibt es hier in der Lüneburger Heide relativ viele kleine Zwerge, Einsiedlerzwerge, aber keine großen Zwerge. In den flachen Gegenden ist es sehr schwer, Zwerge wahrzunehmen. Am leichtesten geht es in Gebirgen oder in Bergwerken und Minen.

„Wir sehen Eure Gedanken wie Wesen“

W.W.: Wie können Euch die Menschen helfen, wenn sie es wollen?

Konradin: Sie sollten versuchen, uns wahrzunehmen. Aber nun beißt sich die Schlange in den Schwanz. Die Menschen sollten eine Bewußtheit für die ätherische, für die nichtsichtbare Welt entwickeln. Sie müssen beginnen, Verantwortung für ihren seelisch-geistigen Dreck zu übernehmen, denn damit helfen sie uns am meisten. Außerdem brauchen wir die Metalle, auch zum Wohle der Erde. Deshalb entscheidet Euch: Laßt bei der Rohstoffentnahme etwas in der Erde zurück! Geht mit den Rohstoffen sorgfältiger um! Und vor allem: Die Menschen, die die Rohstoffe aus der Erde entnehmen, sollten besonders freundlich sein. Vor allem sollten sie selbst wie Menschen behandelt werden. Arbeiter in den Minen, die unglücklich sind, tun uns noch mehr weh.

W.W.: Warum?

Konradin: Weil sie ihre unglücklichen Gedanken tief hinunter in die Erde zu uns tragen. Wir können Eure Gedanken wie Wesen sehen. So wie Du Verena siehst, sehen wir die Gedanken.

W.W.: Möchtest Du zum Abschluß unseres Gesprächs den Menschen noch etwas mitteilen?

Konradin: Achtet viel viel sorgfältiger auf den Umgang mit Euren Metallen! Denn Metalle auf der Erde sind nicht nur für den Menschen da, auch nicht nur für Zwerge. Sie dienen auch anderen kosmischen Wesen. Ihr Menschen seid in einer gewissen Weise auf der Erde Gäste, und darüber solltet Ihr einmal nachdenken. Ich danke Dir, daß Du so viel Zeit hattest, meinem leisen Sein zuzuhören.

W.W.: Ich danke Dir auch.

Verena Staël von Holstein: Er hat zum Abschluß den Hut abgenommen und braucht jetzt eine gewisse Zeit, um verschwinden zu können. Dann erst wird Etschewit kommen, denn er ist für Konradin einfach zu mächtig und würde ihn hier erdrücken.

Sie gestalten die Schätze der Tiefe

W.W.: Hallo Etschewit.

Der Nasse: Moin.

W.W.: Konradin erwähnte eben die Zwerge, die in den Meeresbergen wohnen. Was sind das für Wesen?

Der Nasse: Das sind nasse Zwerge. Eigentlich ist das ganz einfach zu verstehen. Sie sehen aus wie ein zwerghafter Seehund. Es sind Zwergenwesen, die sich dem Wasser vollständig angepaßt haben. Diese Zwerge haben andere Gedankenformen, und sie schmieden auch nicht. Ein sehr wertvolles Gut, das aus dem Meer kommt, sind die Manganknollen. Sie sehen aus wie ein Haufen zusammengewachsener Bälle. Sie bestehen aus Mangan, und Ihr benötigt sie für Eure High-Tech-Geräte. Die Formung dieser Manganknollen erfolgt durch die Wasserzwerge. Sie gestalten die Schätze der Tiefsee.

Kapuwu, der Steinerne

W.W.: Kapuwu, bist Du da?

Der Steinerne: Ich bin immer da.

W.W.: Guten Tag.

Der Steinerne: Guten Tag gehabt zu haben.

W.W.: Was ist eigentlich Öl?

Der Steinerne: Das ist eine sehr gute Frage. Öl sind die Erinnerungen an sehr alte Zeiten. In diesen alten Zeiten gab es Pflanzen, die Erinnerungen bewahrt gehabt haben. Ein Teil aller Erinnerungen ist in die ätherische Welt eingeschrieben; nicht alle, aber sehr viele. Es gibt menschliche und All-Erinnerungen, die nicht in die ätherische Welt eingeschrieben geworden gewesen sind. Sie sind nur in die Chroniken eingeschrieben gewesen gewesen. Die Erinnerungen an das Leben der alten Zeiten sind Essenzen des körperlichen Lebens dieser Zeit – und das ist Erdöl geworden gewesen. Und damit geht Ihr jetzt so um, daß Ihr damit Eure Autos angetrieben gehabt habt. Das ist nicht gut gewesen.

Eingeschriebene Erinnerungen

W.W.: Ich habe etwas nicht verstanden, und zwar das Einschreiben in die ätherische Welt einerseits und in die Chroniken andererseits. Ist das nicht das gleiche?

Der Steinerne: Eine dieser Chroniken nennt Ihr die Akasha-Chronik. Die Akasha-Chronik ist nicht die ätherische Welt. Die Akasha-Chronik ist geistig. Sie hat eine viel dünnere Stofflichkeit gehabt gehabt.

W.W.: Und alle Taten der Menschen werden in die Akasha-Chronik eingeschrieben?

Der Steinerne: Alles, aber nicht nur die Taten der Menschen, sondern auch alles andere.

W.W.: Und wird auch alles in die ätherische Welt eingeschrieben?

Der Steinerne: Dort hinein eben nicht alles.

W.W.: Und was nicht?

Der Steinerne: Das ganz rein Geistige wird nicht in die ätherische Welt eingeschrieben.

W.W.: Was ist rein geistig? Wenn ein Mensch meditiert?

Der Steinerne: Nein, das ist nicht rein geistig. Ein Mensch ist noch nicht rein geistig in seinen Tätigkeiten. Aber die Mathematik ist z.B. rein geistig.

W.W.: Die Mathematik ist also in der Akasha-Chronik?

Der Steinerne: Die Erinnerungen der Mathematik sind in der Akasha-Chronik, ansonsten ist die Mathematik auch in Eurer irdischen Welt. Aber ihre Erinnerungen werden nur in der Akasha-Chronik gewesen sein.

Ihr Menschen habt einen ausgesprochen einseitigen Umgang mit Zeit gehabt gehabt. Und Erinnerung ist mit Zeit verknüpft gewesen. Jede unserer Fakultäten kann Euch Menschen Zeit schenken, sofern wir wollen.

W.W.: Wie geschieht das?

Der Steinerne: Es ist fast unmöglich, das mit menschlichen Worten zu beschreiben. Wir spleißen einen Zeitanteil in Eure individuelle Zeit ein; eine Minute wird dann z.B. doppelt so lang für Euch gewesen sein. Die Uhr wird es nicht gemessen gehabt haben. Die Zeiteinheit wird länger gemacht gewesen sein.

Die Gier nach Öl

W.W.: Zurück zum Öl: Welche Aufgabe hat das Öl für die Erde?

Der Steinerne: Es füllt Höhlen aus. In diesen Höhlen sind Erinnerungen gespeichert gewesen. Die Erde kann sich Informationen aus diesen gespeicherten Erinnerungen herausgeholt gehabt haben. Im Bild gesprochen ist es das Archiv, in dem alles darinnensteht, was in einer ganz bestimmten Periode geschehen ist. Wenn Du Deine Wissenschaftler gefragt gehabt hast, können sie Dir ziemlich genau diese Zeitspanne gesagt gehabt haben, wann Erdöl entstanden gewesen sein muß.

W.W.: Das bedeutet also, daß Autofahrer und unsere ölverarbeitende Industrie die Erinnerungen an diese Zeit der Erde auslöschen, wenn sie Öl verbrauchen?

Der Steinerne: Ja.

W.W.: Tut es der Erde weh, wenn man das Öl herauspumpt?

Der Steinerne: Nicht so, als wenn man Dir Blut abgenommen gehabt hat. Das Blut der Erde ist das Wasser. Öl ist so – wenn man es mit Eurem Körper vergleicht – wie z.B. die Lymphflüssigkeit. Wenn die Höhlen in der Erde frei werden, dann wird es allerdings schwierig. Dann kommen die schon angesprochenen Wesen, denn es gibt keinen leeren Raum, der nicht sofort von irgendwelchen Wesen besetzt geworden wird. Besonders wenn das Erdöl mit profitgierigen Gedanken aus der Erde herausgepumpt geworden wird, kommen gierige Wesen rein.

W.W.: Kannst Du diese ahrimanischen Wesen noch einmal ein wenig genauer beschreiben? Wie sehen sie aus, und was machen sie im einzelnen? Und wo kommen sie her?

Der Steinerne: Sie kommen aus der Hölle, woher sollen sie sonst gekommen gewesen sein?

W.W.: Aus den profitgierigen Gedanken der Menschen.

Der Steinerne: Richtig, aber diese Art von Gedanken der Menschen sind ein Teil der Hölle. Und daher sind diese Wesen gekommen. Und sie werden weiterhin daher kommen. Sie sehen aus wie Raubspinnen. Alle ahrimanischen Wesen haben etwas Spinnenartiges auf der körperlichen Seite. Sie sind leuchtend und glitzernd, facettenreich schillernd und auf der unsichtbaren Seite erschreckend schön. Und sie wachsen durch zunehmende Gier.

W.W.: Sind sie auch ineinander verflochten?

Der Steinerne: Teilweise. Wenn das Internet zum Leben erwacht sein wird, werden sie sich besonders ineinander verflechten.

W.W.: Wenn jetzt diese ahrimanischen Spinnentiere in die leeren Höhlen einziehen, welche Beziehung haben sie zu den dort in der Nähe lebenden Gnomen und Zwergen?

Der Steinerne: Es sind die neuen Nachbarn der Gnomen geworden. Und diese ahrimanischen Spinnentiere werden versuchen, ihre Nachbarn anzuwerben. Zwerge kann man zu schwarzen Zwergen verwandeln. Sie sind wie kalte Menschen. Auch Menschen kann man phantastisch beeinflussen.

W.W.: Auf welche Weise beeinflussen die Spinnentiere die Gedanken der Menschen, die über diesen Höhlen wohnen? Wie dringen sie in das Gedankenleben dieser Menschen ein?

Der Steinerne: Es sind gewissermaßen die Pupse der Spinnenwesen, und sie quellen aus dem Boden. Das ist dafür das beste Bild gewesen. Maschinell gesprochen sind es die Abgase gewesen. Es sind unreine Vorstellungen, die aus der Erde aufsteigen, und sie verweben sich mit den Gedanken der Menschen. Es sind aber keine menschlichen Gedanken gewesen. Es sind viel effektivere, viel schnellere Gedanken als die der Menschen. Sie dringen in die Gedanken der Menschen ein, und die Menschen beginnen, diese Gedanken zu denken. Jeder Mensch hat gierige Anteile in sich, auch wenn es ihn nur nach Nahrungsmitteln wie Schokolade oder Kaffee gelüstet. Das ist immer ein gieriger Anteil gewesen. In diesen Anteil können sich die unreinen Vorstellungen der ahrimanischen

Spinnentiere hineinschrauben. Damit erhöhen sie die gierige Komponente, die der Mensch gehabt hat. Das geschieht – je nach Ich-Bewußtsein des Menschen – mit mehr oder weniger Erfolg.

W.W.: Bezieht sich das nur auf die Menschen, die über den leergepumpten Ölkavernen leben oder auch auf alle anderen?

Der Steinerne: Es strahlt entlang der Ölwege, der Pipelines, aus, und es strahlt vor allem auf diejenigen Menschen aus, welche davon Profit gehabt haben.

W.W.: Auch auf die, die das Öl in ihren Autos benutzen?

Der Steinerne: Zu einem kleinen Anteil.

W.W.: Beeinflussen diese ahrimanischen Spinnentiere auch das Willensleben der Menschen?

Der Steinerne: Enorm! Es wird geschafft werden, den Willen aktiviert gehabt zu haben, die Gier befriedigt gehabt zu haben. Wille ist neutral, Du kannst mit dem Willen gut oder böse gewesen sein. Deine Freiheit entscheidet, wohin der Wille sich gewandt gehabt hat.

Erdgas ist reiner

W.W.: Es gibt auch Länder, in denen viel Erdgas in der Erde ist. Welche Aufgabe hat das Erdgas für die Erde?

Der Steinerne: Das ist in etwa das gleiche, allerdings ist das Erdgas älter. Das Erdgas ist von früheren Perioden gekommen gewesen. Gas ist schön geworden, ist hell, klar und durchsichtig. Dadurch kann im Gas auch Licht transportiert werden. Erdöl ist schwarz, übelriechend und glibberig. Schaue die Materie selbst an, wenn Du beurteilen willst, was ihre Aufgabe ist. Gas hat eine eigene Schönheit. Dadurch hat es eine andere Qualität für den Menschen.

W.W.: Und wenn das Erdgas aus der Erde entnommen wird, ziehen dann gleichermaßen ahrimanische Wesen ein?

Der Steinerne: Es ist ein bißchen anders gewesen. Wo Schönheit gewesen ist, hat Häßlichkeit mehr Probleme gehabt hinzukommen. Erdgasentnahme ist reiner.

W.W.: Aber es entsteht doch auch eine Höhle, ein Vakuum.

Der Steinerne: Es entsteht eine Höhle, diese wird sich gefüllt haben, aber sie kann sich auch mit Zwergen füllen. Bei viel Gier werden natürlich auch ahrimanische Wesen gekommen sein.

W.W.: Welche Aufgabe hat der Schwefel in der Erde?

Der Steinerne: Schwefel ist gelb und stinkt. Die Aufgabe des Schwefels ist es gewesen, die Fäulnisprozesse der Erde umzuwandeln. Nicht umsonst habt Ihr Menschen das Bild geschaffen gehabt, daß der Teufel von Schwefelduft umgeben gewesen sein soll. Schwefel hat mit Prozessen der Wärme zu tun gehabt. Er ist überall dort, wo luziferische Wesen durch die Erde gegangen sind und versucht haben, die Erde schneller aufzulösen.

W.W.: Ist das im Bereich der Vulkane gewesen?

Der Steinerne: Das ist auch bei Vulkanen gewesen. Vielfach ist Schwefel dort gewesen, wo früher einmal Vulkane gewesen gewesen sind. Wenn Du Schwefel beguckst, kannst Du sehen, wo sich die Erde geändert gehabt hat von einer Periode zur anderen.

W.W.: Was sind Vulkane für Bereiche der Erde?

Der Steinerne: Darüber haben wir in unserem Buch „Gespräche mit Müller" viel gesprochen. Vulkane sind Stellen gewesen und werden es noch eine lange Zeit gewesen sein, an denen sich Feuer- und Erdwesen verbunden gehabt haben. Es ist eine Geburtsstelle für Feuerwesen.

W.W.: Wieso spüren Tiere das Herannahen von Erdbeben und anderen Naturkatastrophen früher als Menschen?

Der Steinerne: Das große Tier nimmt uns wahr und teilt es den Tieren mit.

Verena Staël von Holstein: Er hat sich eben wieder fürchterlich gewundert, wie Du eine so dumme Frage stellen kannst.

Kosmische Metalle

W.W.: Kann ich Dich auch zu einigen Metallen befragen?

Der Steinerne: Ich umgebe Metall, bin aber nicht selbst Metall gewesen. Ich kann Dir zu Metall, aber nicht über Metall etwas sagen. – Du hast mich nicht verstanden gehabt.

W.W.: Das ist für mich dasselbe.

Der Steinerne: Oh nein! Metall ist intern anders, und darüber kann ich nicht geredet gehabt haben, weil Metall kosmisch geboren ist. Aber Metall ist gleichzeitig auch an Orten dieser Erde, und da kann ich gewesen sein. Und darüber kann ich Dir etwas gesagt haben.

W.W.: Welche Aufgabe hat das Kupfer in der Erde?

Der Steinerne: Das Kupfer ist neu in diesem Hause. Kupfer ist ein sehr verschlossenes Wesen. Kupfer wird hauptsächlich noch eine Aufgabe gehabt haben. Es leitet die kosmischen Kräfte in die Erde hinein, die die Venus-Erde vorzubereiten geholfen haben.

W.W.: Welche Aufgabe hat das Gold in der Erde?

Der Steinerne: Gold ist die Spur der Anwesenheit des Christuswesens.

W.W.: Und Platin?

Der Steinerne: Platin ist eine Vorausnahme. Platin ist dichter als Gold gewesen und ist eine Vorausnahme des Wesens, das die Jupiter-Erde konfiguriert. Es wird den Seins-Kern der zukünftigen Jupiter-Erde bilden. Gold ist der sichtbare Ausdruck des Seins-Kerns des Christus in der Erde, Platin der sichtbare Ausdruck des Seins-Kerns eines anderen Wesens in der zukünftigen Jupiter-Erde.

W.W.: Was ist das für ein Wesen?

Der Steinerne: Darüber darfst Du mich nicht gefragt gehabt haben. Ich kann Dir viel über Gold und Christus gesagt haben, aber ich werde den Jupiter nicht erreicht gehabt haben. Aber Etschewit und der Große können bestimmt etwas darüber erzählen.

W.W.: Welche Aufgabe hat das Silber in der Erde?

Der Steinerne: Silber trägt die Erinnerungen der Mondenperiode der Erde, und zwar die geistige, nicht die ätherische Erinnerung. Silber leitet die kosmische Wärme der Mondenphase durch die Erde, sozusagen die Mondenliebe. Silber hat viel mit den Urlehrern der Menschheit zu tun. Ihr Anker in der Erde ist Silber gewesen.

W.W.: Welche Aufgabe hat das Blei?

Der Steinerne: Blei ist ganz ganz alt gewesen. Es kommt vom alten Saturn. Einige Wesen des alten Saturn wollten nicht die zukünftigen Planetenverkörperungen durchmachen, und diese zurückgebliebenen Saturnwesen sind das Metall Blei, ihr Ausdruck ist das Blei gewesen auf der Erde. Das ist bei den meisten Metallen so. Dadurch ermöglichen sie dem ihm zugeordneten Planeten bzw. Stern, Wirksamkeiten in die Materie der Erde hineinzubringen.

W.W.: Wie sieht es im Erdinneren aus?

Der Steinerne: Warm. Der Erdkern ist in einem Zustand gewesen, den Ihr Menschen ungefähr richtig als Plasma beschrieben gehabt habt. Dort sind die drei Komponenten Mars, Merkur und Jupiter als Gegenwart, Vergangenheit und Zukunft gemischt und im tatsächlichen Sein vorhanden. Genauso – bloß mit etwas anderen Verteilungen – ist es im Mars und im Merkur gewesen. Die Kräfte dieser drei Planeten stellen die Eckpunkte eines Dreiecks dar.

W.W.: Ist der Erdkern flüssig?

Der Steinerne: Er ist weder flüssig noch gasförmig, sondern in einem Zustand dazwischen.

W.W.: Was würde passieren, wenn man ein Loch in die Erde bohren würde?

Der Steinerne: So tief könnt Ihr nicht gebohrt gehabt haben. Man kann dort nicht hineingebohrt haben. Die Menschen denken so komisch. Wenn die Menschen so etwas getan haben würden, so wäre es sehr schlecht gewesen, aber es geht nicht!

Ahriman möchte nicht gesehen werden

W.W.: Wo wohnt Ahriman?

Der Steinerne: Im Menschen.

W.W.: Nicht in der Erde?

Der Steinerne: Nein.

W.W.: Bist Du sicher?

Der Steinerne: Ganz sicher! Er wohnt im Menschen und in den Höhlen, über die wir schon geredet haben. Sein Anker ist der Mensch. Der Drache wurde auf die Erde herabgestürzt. In die Erde hinein kann er nicht. In die Höhlen kann er schon, aber das ist nicht tief. Der Sitz von Ahriman wechselt, je nachdem wo er vordringlich seine Aufgabe gesehen gehabt hat und gesehen gehabt haben wird. Sein Aufgabenkreis ist auch noch ein zukünftiger gewesen. Seine Zeit ist angebrochen, noch nicht beendet; noch lange nicht, auch in meinen Begriffen nicht. Er zieht umher, weil er *auf* und nicht *in* der Erde ist. Er sitzt aber nicht wie der Alte vom Berge in einer Burg in der Wüste, denn das wäre viel zu auffällig gewesen. Er möchte nicht gesehen werden, und er gibt sich viel Mühe, entweder in Höhlen gelebt zu haben oder umhergezogen gewesen zu sein. Er lebt im – nicht wässerigen – Informationsfluß, im Fluß der Informationstechnologie. Auch jede Deiner Zeitschriften ist ein kleiner Sitzplatz von Ahriman gewesen.

W.W.: Vielen Dank.

Der Steinerne: Bitte. Mit Christus.

Müller, der Hausgeist

W.W.: Hallo Müller, kann ich Dir einige Fragen stellen?

Müller: So viel Du möchtest, Du fragst mich viel zu wenig.

Zweifel

W.W.: Gestern habe ich meinen ersten Vortrag über Euch Naturgeister gehalten, und in der anschließenden Diskussion bemerkte eine Frau kritisch, daß Du 1267 im Bayerischen Wald geboren und 1306 als Balken in der Mühle eingebaut worden bist. Diese ca. 39 Jahre erschienen ihr für den Wuchs einer Eiche als zu knapp, weil sie davon ausging, daß eine Eiche älter sein müsse, wenn man aus ihr Balken für ein Haus gewinnen wolle. Wegen dieser Ungenauigkeit im Detail bekundete sie ihre Zweifel an Euren Aussagen. Was sagst Du dazu?

Müller: Die Jahreszahlen stimmen. Eine etwa 40jährige Eiche ist im besten Mannesalter. Wir müssen üben, uns in den gleichen Zeitbegriffen wie die Menschen auszudrücken. Das ist für uns sehr schwierig. So dünn ist auch eine 39jährige Eiche nicht. Früher fällte man dünnere Eichen. Heutzutage seid Ihr ziemlich dumm, was das Holz angeht. Ihr macht Balken aus dicken Stämmen. Beispielsweise spaltet Ihr einen Eichenstamm in mehrere Balken. So dumm war man damals noch nicht. Wenn man eine dünnere Eiche und den Balken von der Mitte der Eiche aus nimmt, ist dieser Balken viel elastischer.

Friedrich Pfannenschmidt: Man hat lediglich schmale Streifen mit der Schrotsäge am Äußeren des Stammes abgeschnitten, bzw. ihn mit der Axt zugehauen, so daß sich die Kreuzungspunkte der Schnitte außen an der Rinde ergaben und das Mittelstück als Balken übrigblieb. Damit hatte man den geringsten Verschnitt. Außerdem hatte man damit die volle Elastizität des Baumes erhalten. Man beschnitt ihn nur außen, und der Kern blieb vollständig erhalten. Unsinnig ist es, zu dicke Bäume zu nehmen und vier Balken aus dem Inneren zu schneiden. Rein technisch war man damals dazu auch gar nicht in der Lage. Außerdem ließen sich dünnere Bäume viel leichter transportieren als dicke.

Müller: Viele Menschen denken rückblickend so, als hätten die Menschen auch in vergangenen Zeiten die gleichen technischen Möglichkeiten wie heute und als hätten sie auch damals schon so gedacht wie heute. Allein das Fällen einer sehr dicken Eiche war irrsinnig schwierig.

„Wir beachten das Detail"

W.W.: Die meisten Menschen wissen nicht, daß sie einen Hausgeist haben, aber durch das Lesen unserer Bücher bekommen sie eine anfängliche Vorstellung davon. Wie kann sich das Verhältnis zwischen Mensch und Hausgeist verbessern?

Müller: Seid nicht so laut, wir haben empfindliche Ohren. In vielen Häusern ist viel zu viel Krach. Wenn schon das Radio ständig laufen muß, sollte man es wenigstens leiser stellen. Auch der Hausgeist hört mit. Musik mögen wir sehr, aber nicht die Geräusche aus dem Radio. Singt oder summt dem Hausgeist einfach einmal ein Lied vor. Wenn man dem Hausgeist etwas vorsingt, bekommt er gute Laune. Dann wird auch nicht der Boden so schnell dreckig.

Dann mögen wir sehr, wenn man uns hin und wieder etwas Essen hinstellt. Es reicht auch, wenn man uns ein Glas Wasser hinstellt und sagt, daß dies für uns sei. Wir nehmen auch Champagner, denn wir Hausgeister sind keine Antialkoholiker. Natürlich kann man uns auch Schokolade oder anderes Essen hinstellen.

Wir sind relativ empfindlich, was Unordnung betrifft. Wir beachten das Detail. Wenn die Details chaotisch sind, müssen wir viel mehr beachten. Wenn alles immer wieder auf den gleichen Platz gestellt wird, ist das für uns eine große Hilfe. Denn dann müssen wir nicht ständig gucken, wo es sich gerade befindet.

Ich kenne den Platz eines jeden Gegenstandes hier im Haus. Und ich muß ihn kennen, denn sonst könnte dieser Gegenstand nicht dort stehen. Dieses Bewußtsein für die Detailtreue ist für Euch Menschen kaum vorstellbar, aber das ist unser Sein. Und Ihr könnt uns enorm helfen, wenn Ihr Euch in dieser Hinsicht Gewohnheiten vornehmt. Hängt z.B. Eure Autoschlüssel immer an den gleichen Haken.

W.W.: Ich habe sehr viele Bücher, und manchmal muß man Tausende von Büchern umräumen. Sollte man in so einem Fall vorher mit dem Hausgeist sprechen?

Müller: Teile uns einige Stunden, am besten einen Tag, vorher mit, was Du genau planst. Dann kann ich Zeit einplanen, Dir zuzugucken und brauche nicht hinterher durch jedes Buch hindurchkriechen, um zu sehen, wo es jetzt steht. Wenn Ihr die Tapete herunterreißt und eine neue aufzieht, sagt doch bitte einen Tag vorher Bescheid: „Hallo Hausgeist, wir werden Freitag tapezieren.“ Es ist keine große Ansprache nötig.

W.W.: Sollte man dieses laut aussprechen?

Müller: Das muß nicht sein, aber das laute Aussprechen macht Euch den Vorgang bewußter.

Mitteilen, wenn man das Haus verläßt

W.W.: Sollte man den Hausgeist täglich begrüßen?

Müller: Die Begrüßung ist eine Höflichkeit, ist aber nicht sehr wichtig. Viel wichtiger ist es, dem Hausgeist mitzuteilen, wenn man das Haus oder die Wohnung verläßt: „Paß gut auf das Haus auf, ich bin jetzt für einige Stunden oder für drei Tage weg." Schön wäre es auch, wenn Ihr ihm mitteilen könntet, wohin Ihr geht, aber das ist nicht so wichtig.

W.W.: Wenn man Euch Nahrung auf einen Schrank stellt und diese verschimmelt, kann man sie dann wegwerfen?

Müller: Ja, wir saugen die ätherische Substanz aus, und deshalb schimmelt die Nahrung schneller. Etwas anderes ist uns sehr wichtig: Laßt nach dem Essen keine Essensreste auf dem Tisch liegen.

W.W.: Warum ist Euch das so wichtig?

Müller: Die Mutter Erde schenkt Euch die Nahrung, und wenn Ihr sie einfach ignoriert, verletzt Ihr die mütterlichen Gefühle der Mutter Erde. Die Mutter Erde trägt uns alle, und wir mögen es nicht, wenn die Menschen die Mutter Erde verletzen. Denn jeder Hausgeist empfindet den Menschen in seinem Haus als seinen Menschen. Deswegen mögen wir es nicht, wenn unsere Menschen die Gaben der Mutter Erde mißachten. Also, bitte, räumt alle Essensreste weg.

W.W.: Was geschieht mit dem Essen, das auf den Tisch kommt, wenn man ein Tischgebet spricht?

Müller: Es wird gesegnet, und die Qualität des Essens ändert sich. Die Qualität verbessert sich im Feinstofflichen. Der Segen des Gebetes ruht auf dem Essen.

W.W.: Werden Elementarwesen, die in der Nahrung sind, durch das Gebet erlöst?

Müller: Ja, sie erhalten die Möglichkeit, im Guten fortzuziehen.

W.W.: Welche Beziehung hat der Hausgeist zu dem Müll bzw. dem Mülleimer der Wohnung?

Müller: Der Mülleimer ist ein geordneter Ort für den Abfall. Ich habe nichts gegen Mülleimer, aber etwas gegen herumliegenden Müll. Ich gehe jeden Tag durch das Haus, und wenn dann irgendwo ein abgekauter Apfel herumliegt, muß ich mir das immer merken. Außerdem ist es einfach häßlich. Insofern stört uns herumliegender Müll enorm, aber ganz ist er meist nicht zu vermeiden. Je mehr Bewußtsein die Menschen in die Details schicken, desto besser. Wir wissen auch, daß manche Menschen eine Art kreative Unordnung lieben, aber uns Hausgeister stört das. Wenn Ihr alle Gegenstände immer an dieselbe Stelle legt, vereinfacht Ihr unsere Arbeit enorm.

„Wir nehmen technische Geräte wahr“

W.W.: Welche Beziehung haben die Hausgeister zum Fernseher der Wohnung?

Müller: Wir müssen ihn verwalten, der Fernseher ist ein Eingang für allerlei Ungutes. Insofern ist er für uns unbehaglich. Wir können wahrnehmen, was aus dem Fernseher herausströmt; es hat eine gewisse Qualität im Ätherischen, mitunter sogar im Geistigen. Es beeinflußt nämlich den Geist der Menschen.

Wieso denken so viele Menschen, daß wir Hausgeister keine technischen Geräte wahrnehmen können? Wir können sie wahrnehmen, denn sie existieren ja. Und alles, was existiert und was die Menschen anfassen können, können wir auch verstehen. Wir verstehen sogar die letzte Schraube in jedem Gerät, weil sie eine materielle Existenz hat.

W.W.: Sollte man dem Hausgeist mitteilen, wenn man fernsehen will?

Müller: Das ist nicht nötig. Wenn Du jeden Tag um 20.00 Uhr Nachrichten schaust, brauchst Du uns das nicht mitzuteilen. Das merken wir auch ganz von alleine. Aber wenn man vorhat, nachts ein Autorennen zu gucken, solltest Du es dem Hausgeist vorher mitteilen. Es gibt viele Menschen, die nachts Autorennen schauen. Das ist nicht schön für Hausgeister, denn irgendwann wollen sie auch einmal Ruhe haben.

W.W.: Kann man herausbekommen, an welchem Punkt des Hauses der Hausgeist seinen Ruhepol hat?

Müller: Das bemerkst Du durch den Frieden, den dieser Ort ausströmt. Im Regelfall hat dieser Ort auch Schönheit. Die meisten Hausgeister gehen dort hin, wo es für sie am schönsten ist, allerdings nicht unbedingt unter menschlichen Aspekten. Unsere Wehrstube hier, wo wir uns treffen, unser Versammlungsraum, ist unter menschlichen Aspekten nicht unbedingt schön.

W.W.: Gibt es noch irgend etwas, was Du den Menschen mitteilen möchtest?

Müller: Versucht doch bitte alle einmal, ein bißchen zu singen. Das hilft dem Hausgeist sehr. Und versucht bitte größere Renovierungen vorher bekanntzugeben. Das hilft uns am meisten, denn eine große Renovierung ist für uns Streß. Wenn Ihr Balken heraussägt oder gar Wände versetzt, haben wir Hausgeister sehr viel zu tun. Und versucht bitte so wenig wie möglich, Nägel zu benutzen. Nehmt lieber Schrauben.

W.W.: Warum?

Müller: Nägel tun weh.

W.W.: Und warum Schrauben nicht?

Müller: Das ist so. Schrauben drehen sich herein. Und ein Nagel tut so weh, als wenn man Dich mit einer Stecknadel pieksen würde.

W.W.: Trifft das auch für die Nägel zu, die in den Stein hineingehauen werden?

Müller: Natürlich. Ich war Holz, bin aber jetzt das ganze Haus. Und jeder Nagel tut mir weh.

W.W.: Vielen Dank.

Müller: Bitte.

Der Braune

W.W.: Darf ich Dir einige Fragen stellen?

Der Braune: Wenn es sein muß, und es muß wohl sein!

W.W.: Es sind auch nur einige Fragen.

Der Braune: Du kannst mir ruhig viele Fragen stellen, ich bin nur nicht so ein Interviewtyp, wie Du schon bemerkt haben wirst.

„Ihr fragt immer nach dem Warum"

W.W.: Warum können Vögel giftige Beeren essen und sterben nicht daran wie die Menschen?

Der Braune: Weil das so ist. – Aber diese Antwort reicht Dir sicherlich nicht. Ihr Menschen fragt immer nach dem Warum. Warum fragt Ihr Menschen immer nach dem Warum?

W.W.: Weil wir gerne alles wissen wollen.

Der Braune: Es ist so unnütz, alles zu wissen! Vögel haben ein ganz anderes Verdauungssystem. Sie haben eine ganz andere Leber als Du und kaum eine Niere. Weil die Nahrungsmittel nicht wie bei Dir ins Blut übergehen und weil das Blut der Vögel ganz anders ist, können sie auch mit Giften leben. Das Blut wird aus dem Nahrungssystem eigentlich nur mit Energie beliefert. Nicht so wie bei dem Menschen auch noch mit allen anderen Nahrungsstoffen.

W.W.: Warum werden manche Gegenden der Erde von großen Mückenplagen heimgesucht? Besteht hier ein Bezug zu den dort lebenden Menschen?

Der Braune: Nein, es hat mit den dort lebenden Menschen nur sehr wenig zu tun. Es hängt mit der Jahreszeitenperiode zusammen. Mücken sind dort, wo der Sommer kurz ist. Bestimmte Flugwesen können sich nur in warmer Luft zeigen und aufhalten. Diese treten dann verstärkt als Mükken auf. Der nördliche Bereich der Erde ist durch eine viel größere Öffnung gegenüber dem Geist geprägt. Er ist nach oben offen. Dadurch entstehen die Mückensommer. Die Mücken haben keinen Bezug zu den Menschen, sie schützen aber die Gegenden vor den Menschen. Denn Menschen mögen die Mücken nicht.

Mensch und Tier

W.W.: Was geschieht mit der Seele eines Hundes, der in einer liebevollen Beziehung zu einem Menschen gelebt hat, wenn er stirbt? Geschieht mit dieser Seele eines Hundes etwas anderes als mit der Seele eines Hundes, der keine enge Beziehung zu einem Menschen eingegangen ist?

Der Braune: Eine solche Seele eines Hundes ist durch den Menschen verseucht. Wir sehen Eure Ausströmungen nicht unbedingt positiv. Daran solltet Ihr Menschen Euch gewöhnen. Hunde verlieben sich in den Menschen, wenn eine gute Beziehung zwischen Hund und Mensch besteht. Manchmal geschieht dies auch von seiten des Menschen. Wenn ein solches Subwesen des großen Hundes stirbt, kann der große Hund – die Gruppenseele der Hunde – den Liebesbereich des Hundes nicht wieder mit zurücknehmen. Auch in dem Menschen bleibt eine Erinnerung an einen individuellen Hund. Dadurch erfolgt eine Abschnürung von dem großen Hund, und dadurch bleibt ein Teil der Hundeseele erhalten, während sich die anderen Hundeseelen in die große Hundeseele zurückziehen. Der Liebes- und der Erinnerungsanteil bleiben erhalten. Und diesen Anteil können wiederum andere Wesen als ihren Körper nutzen.

W.W.: Was sind das für Wesen?

Der Braune: Das sind Elementarwesen höherer Art, die Ihr mit dem merkwürdigen Begriff harmonische Elementarwesen bezeichnet. Es sind Freundschaftswesen. Sie sind gut für die Erde und assimilieren manche Schlechtigkeiten.

W.W.: Aber dann ist doch eine solche vertrauensvolle Beziehung zwischen einem Menschen und einem Hund etwas Gutes und keine Verseuchung.

Der Braune: Der Mensch kann doch ein schlechter Mensch sein. Und leider entsteht dann auch manchmal eine solche Liebesbeziehung zwischen Tier und Mensch.

W.W.: Wie kommt es, daß die Menschen heute die Natur und die Tiere nicht mehr ehren?

Der Braune: Weil die Egoismen der Menschen zunehmen. Der Mensch muß eine gefühlsmäßige Leistung erbringen, für die er spontan keinen Gegenwert bekommt. Er erhält von den Tieren keinen Dank. Die meisten Menschen sind nicht mehr bereit, ohne Gegenleistung etwas zu tun. Das ist egoistisch.

W.W.: Wie kommt es, daß gerade auch viele Menschen in den südlichen Ländern schlecht mit Tieren umgehen?

Der Braune: Das liegt an dem Fortschreiten des Kulturimpulses. Früher gingen fast alle Menschen wie selbstverständlich mit dem Tier wie mit einem Gebrauchsgegenstand um, den man zwar pflegte, aber nicht individualisierte. Das Individualisieren des Tieres entspricht der Geisteshaltung der mitteleuropäischen Kultur. Menschen früherer Zeiten individualisierten nicht das Tier. Ihnen war es egal, welcher Ochse vor ihrem Pflug stand. Heutzutage haben sehr viele Menschen einen Zugriff auf viele Tiere. Früher war das nicht möglich, weil man sie sich nicht leisten konnte; oft aßen sie einem das Korn weg, das man für das Brot brauchte. Und so machen heute viele Menschen, z.B. alle Pferdehalter, etwas, was früher nur wenige Menschen konnten. Alle Menschen, die reiten, fühlen sich wie ein kleiner König, hoch zu Roß.

Geklonte Tiere

W.W.: Eine Frage zu geklonten Tieren: Jüngst wurden Katzen geklont, und es hätte dabei eine identische Katze herauskommen müssen. Aber – oh Wunder groß – sie war nicht identisch, weil sie z.B. ein völlig anderes Fell bekam. Wie ist so etwas möglich?

Der Braune: Oh, was seid Ihr Menschen dumm! Der Körper eines Wesens wächst nach der Zeugung und bindet beim Heranwachsen die Kräfte des Ortes mit ein. Und wenn eine Katze an einem anderen Ort aufwächst, kann sie auch ein anderes Fell bekommen. Wo ist das Problem? Ein Wesen wächst nicht isoliert auf, sondern ist in allem von dem Ort, an dem es aufwächst, abhängig. Du mußt Dir einen Ort als Ausdruck einer kosmischen Stelle vorstellen. Und nur an dieser Unikatstelle wirken die Kräfte des Kosmos in einer bestimmten Weise ein, an einer anderen Stelle wirken sie wiederum ganz anders.

W.W.: Also würde eine geklonte Katze nur dann identisch aufwachsen, wenn sich beide Katzen am selben Ort befinden würden?

Der Braune: Ja. Aber das Klonen mögen wir überhaupt nicht. Damit strapaziert Ihr die Ätherleiber der Tiere enorm. Denn die geklonten Tiere bekommen keinen eigenen Ätherleib. Darüber habe ich viel in „Gespräche mit Müller" erzählt.

W.W.: Wird man eines Tages Bio-Computer, also Verbindungen zwischen organischem Material und Maschinen, herstellen können?

Der Braune: Ja. Du weißt, daß man über sogenannte neuronale Netze Informationen senden kann. Wenn Du Dich in Deinen Finger kneifst, dann empfindest Du es. Das ist eine Funktion eines echten neuronalen Netzes. Diese Fähigkeit der Übertragung kann man auch auf äußerliche Gegenstände anwenden. Das ist eigentlich kein großes Problem.

W.W.: Aber ist es nicht ein falscher Weg?

Der Braune: Was falsch ist, entscheidet Ihr Menschen.

W.W.: Vielen Dank.

Der Braune: Bitte. Ehret die Tiere.

Das Papierwesen

W.W.: Guten Tag.

Das Papierwesen: Guten Tag.

W.W.: Wie ist geistig ein Entwurf bzw. ein Spickzettel zu bewerten?

Das Papierwesen: Ein Entwurf hat die gleiche Aktualität wie die Fertigstellung eines endgültigen Schriftstücks. Er ist da, und er ist nicht zu löschen.

„Geistig kann man nicht radieren"

W.W.: Was bedeutet das?

Das Papierwesen: Das bedeutet, daß alles, was jemals Entwurf war, weiterhin Entwurf bleibt. Das ist aber nichts Schlimmes. Man muß es sich bloß einmal vorstellen. Geistig gesehen kannst Du nicht radieren. Der geistige Aspekt des Papiers ist Geduld. Die Geduld bewahrt alles. Für Euch ist dies, die Ihr mit Papier so umgeht, als gäbe es unendliche Mengen davon, sicherlich eine schreckliche Vorstellung. Jedes Fitzelchen Papier, auf das man auch etwas gedankenlos kritzelt, bleibt weiterhin als geistige Tatsache bestehen. Auch jedes Herzchen, das Du vielleicht während Deiner Schulzeit irgendwo gemalt hast, schwebt weiterhin als Realität in der geistigen Welt herum. Aber diese Dinge tun nicht weh.

W.W.: Wie wirkt es, wenn man etwas schreibt, das eine Lüge ist?

Das Papierwesen: Sie manifestiert sich. Durch eine gesprochene Lüge entsteht ein Lügendämon. Durch eine geschriebene Lüge entsteht ein größeres Lügenwesen, weil sein Spiegel in der Geduld aufgehoben wird. Einen Lügendämon kann man unter Umständen löschen.

W.W.: Wie denn?

Das Papierwesen: Indem man die Lüge zurücknimmt bzw. sie geradebiegt. Der Mensch kann seine eigenen Lügen durch sein Verhalten wieder rückgängig machen. Aber eine schriftlich fixierte Lüge kann man nicht wieder rückgängig machen. Den zu der schriftlich fixierten Lüge gehörigen Lügendämon kann man allerdings löschen. Aber die Präsenz der Lüge, der schriftlich fixierten Lüge, wird dadurch nicht aufgehoben, weil sie weiterhin auf dem Papier vorhanden ist. Wenn Du das Papier verbrennst, zerreißt oder zerschredderst, bleibt die Lüge trotzdem auf dem geistigen Gegenstück des Papiers vorhanden. Und wenn Du sie verbrennst, schreibt sie sich sogar mit Flammenschrift, also noch deutlicher, in das geistige Sein ein.

W.W.: Sollte man also Papier niemals verbrennen?

Das Papierwesen: Das ist Deine Freiheit. Wenn Du etwas mit Flammenschrift einprägen willst, verbrenne es. Das ist Eure menschliche Entscheidung. Ihr müßt lernen, ein Bewußtsein dafür zu entwickeln, daß alles viel bleibender ist, was Ihr in die Materie einschreibt.

W.W.: Angenommen, man schreibt etwas auf, was falsch ist, was einem aber nicht in der Unrichtigkeit bewußt ist. Wenn man Jahre später erkennt, daß man etwas Falsches geschrieben hat, ist es dann nicht wichtig, daß man den gleichen Sachverhalt in richtiger Weise aufschreibt?

Das Papierwesen: Auf jeden Fall ist das günstig. Unbewußte Lügen sind zwar Lügen, werden aber geistig anders bewertet als bewußte Lügen. Trotzdem sind sie immer bleibend.

Die Entwicklung der jungen Generation wird behindert

W.W.: Wie wirkt geistig ein kitschiger Roman?

Das Papierwesen: So als ob Du einen Gartenzwerg in Deinen Garten stellst. Aber ein solcher Roman ist nichts extrem Schlimmes. Verbreitete

Halbwahrheiten sind allerdings nichts Gutes. Fixierte Halbwahrheiten, vor allem Gewohnheitsmuster und Klischees, z.B. daß die Frau immer Schuhe kauft oder der Mann besser einparkt, sind nichts Gutes.

W.W.: Warum nicht?

Das Papierwesen: Weil es die Entwicklung der jungen Generation behindert. Es behindert auch die Menschen der jungen Generation, die diese Romane nicht lesen. Halbwahrheiten dieser Art bremsen geistig.

W.W.: Kannst Du das bitte etwas konkretisieren?

Das Papierwesen: Solche Klischees und Halbwahrheiten saugen fortschrittliche und fortschreitende Impulse auf. Bildlich saugen sie diese auf wie das Löschpapier die Tinte. – Warum das so ist? Papier fixiert Geistiges im Materiellen. Wenn das Geistige ein Ausdruck einer altertümlichen menschlichen Haltung ist, richtet es eine Schranke für andere geistige Haltungen auf. Und wenn es viele Schranken sind, wird es für die neuen geistigen Haltungen schwierig voranzukommen.

W.W.: Danke schön.

Das Papierwesen: Bitte. Sei geduldig.

Allgemeine Fragen für Etschewit, den Nassen

W.W.: Die nächsten Fragen sind allgemeiner Natur, teilweise schon einmal gestellt und größtenteils von meinem Kollegen, Klaus-Dieter Neumann, vorbereitet. – Es gibt Menschen, die damit Probleme haben, daß Naturwesen Antworten auf menschliche Fragen geben. Andere glauben unmittelbar alles. Was sagt Ihr selbst, wie die Menschen mit Euren Antworten umgehen sollen?

„Ihr fragt zu allgemein"

Der Nasse: Es ist wie folgt: Die Menschen, die sowieso nicht an uns glauben, brauchen wir jetzt wahrscheinlich nicht zu besprechen. Wichtig ist die Zielrichtung der Frage. Wir beantworten zielrichtungsgenau. Ihr Menschen macht bei Euren Fragen oft einen Fehler, da Ihr viel zu allgemein fragt. Denn Ihr fragt mit menschlichen Höflichkeitsformeln, die Euch anerzogen worden sind. Ihr wollt keinem auf die Füße treten. Wir wollen aber auf die Füße getreten werden. Deswegen fragt bitte genau das, was Ihr wissen wollt, und nicht von hintenherum oder schräg daneben. Wenn Ihr ungenau fragt, geben wir Euch oft Antworten, die Ihr nicht hören wollt.

Zweitens: Wir sind weder gut noch böse. Wir sind dem aufsteigenden Ast der Schöpfung verbunden, aber wir sind nicht im menschlichen Sinne gut oder böse. Versucht das bei der Beurteilung unserer Antworten wirklich *immer* im Kopf zu behalten. Die Moral fügt *Ihr* zu unseren Informationen hinzu!

Drittens: Es ist ganz wichtig zu schauen, *wer* eine Antwort gibt. Ein Feuerwesen antwortet auf die gleiche Frage ganz anders als ein Wasserwesen, ein Erdwesen oder ein Luftwesen. Wenn man nur von den vier Elementarwesen ausgeht, sind es bereits vier vollkommen verschiedene Blickrichtungen. Wenn ich auf eine Frage antworte, schaue ich aus dem Wasser und aus dem Lebensbereich. Wenn Kapuwu antwortet, schaut er aus dem Todesbereich, aus der Materie heraus, und er sieht es ganz genau aus der entgegengesetzten Richtung. Deshalb dürft Ihr nicht sagen, wir widersprächen uns, denn wir haben teilweise erheblich verschiedene Ansichten von demselben Ding. Alle zusammen bilden wir die perfekte Kugel.

Ich gebe nur ein Beispiel: Ich persönlich finde ein Feuer im Wasser nicht erstrebenswert, denn es würde viele meiner Undinen auf eine sehr unangenehme Art zwingen, sich umzuwandeln und aufzusteigen. Echnaton aber findet ein Feuer richtig. Es gibt allerdings Verbindungsstellen zwischen den Elementen wie Vulkane, Staubwolken oder Nebel, und darinnen gibt es eigene Wesen, die aus zwei Elementen bestehen. Ansonsten müßt Ihr immer schauen, wer antwortet. Das ist vielleicht manchmal verwirrend.

„Ihr müßt lernen, uns nichts zu fragen“

W.W.: Die meisten Menschen haben heute keine hellseherischen Fähigkeiten mehr, bzw. noch nicht wieder, und deshalb auch keinen Kontakt zu den Naturgeistern. Was kann ein solcher Mensch heute tun, um dennoch aufmerksam auf sie zu werden und in einen Austausch mit ihnen einzutreten? Wie kann man sich für den Umgang mit Naturgeistern sensibilisieren?

Der Nasse: Er sollte die Nebenübungen von Rudolf Steiner durchführen. Das wird jetzt wieder diejenigen, die keine Anthroposophen sind, verwirren. Ihr Menschen hier habt alle anthroposophische Begriffe, und die nutzen wir, um uns auszudrücken. Bisher haben noch keine Nichtanthroposophen mit uns gesprochen. Insofern ist unser Wortgehalt teilweise der anthroposophischen Gedankenwelt entnommen. Wenn ein Mensch mit buddhistischen Gedankenbegriffen zu uns käme, würden wir seine

Begriffe benutzen, käme einer mit technischen Begriffen und spräche mit uns, so würden wir technische Begriffe benutzen.

Geduld muß immer dabei sein. Es geht nie schnell. Außerdem müßt Ihr lernen, uns eben nichts fragen zu wollen. Durch diesen Freiraum, wenn Ihr Euch zurücknehmt, entsteht der Raum, durch den wir uns Euch nähern können. Zwar sollt Ihr den Kontakt zu uns suchen, aber in der Kontaktaufnahme solltet Ihr Freiraum schaffen, uns Raum geben, Euch kennenzulernen. Sehen werdet Ihr uns erst dann können, wenn wir Euch kennengelernt haben. Dann entsteht durch unser Wissen über Euch bei Euch die Fähigkeit, daß wir uns Euch zeigen können.

W.W.: Kannst Du weitere praktische Ratschläge geben? Sollten die Menschen auch verschiedene Übungen in der Natur machen, um sich für Euch zu sensibilisieren?

Der Nasse: Es kommt immer darauf an, wen Ihr kennenlernen wollt. Wenn Ihr ein Wasserwesen kennenlernen wollt, begebt Euch ans Wasser, nicht unbedingt ins Wasser. Wollt Ihr den Kontakt zu einem Feuerwesen aufnehmen, solltet Ihr Euch mit einer Kerze beschäftigen. Wenn es Euch gelingt, die Flamme einer Kerze in Euch hineinzunehmen, dann habt Ihr das Feuerwesen in Euch und könnt mit ihm sprechen. Mit dem Wasser ist das viel schwerer.

W.W.: Was macht man mit dem Wasser? Sollte man das Wasser still beobachten?

Der Nasse: Ihr solltet das Wasser anschauen und ganz ruhig sein. Dann solltet Ihr Euch selbst hintenanstellen und in den entstehenden Freiraum das Wasser hineinnehmen. In dem Moment sprecht Ihr mit dem Wasser. Das ist aber schwerer, als es sich jetzt anhört. Am schwersten haben es die meisten Menschen mit der Luft, weil sie am wenigsten wahrzunehmen ist. Luft ist ein anderer Aspekt des Lichts. Über den Lichtweg schaffen es die Leute eher. Kinder nehmen uns noch wahr, spielen mit uns, aber reden nicht mit uns. Es ist eher wie eine selbstverständliche Begegnung. Sie sagen vielleicht: „Du bist lieb, ich mag Dich“, und sie geben uns ein Stück Schokolade. Das ist sehr schön für uns, und davon werden wir dick und rund. Aber die Kinder sind kein bewußtes Gegenüber so wie Du.

Der Ort ist wichtig

W.W.: Hat in diesem Zusammenhang auch das intensive Miterleben des Jahreslaufs in der Natur eine Bedeutung?

Der Nasse: Eine ganz wichtige. Genauso wichtig ist der Ort, an dem Du Dich befindest. Du mußt Dir immer dessen bewußt sein, an welchem Ort der Erde Du Dich befindest. Auf jeden Fall solltest Du Dich an diesem Ort wohlfühlen. Du wirst uns niemals an einem Ort wahrnehmen, vor dem Du Dich verschließt oder wo Du Dich innerlich schüttelst. An Orten, an denen schwere elektrische Störungen sind, kann man mit uns kaum Kontakt aufnehmen. In einer Moorlandschaft, weit weg von jeglicher Zivilisation, ist es dagegen sehr leicht. Deshalb sollten aber jetzt nicht alle Menschen ins Moor rennen.

W.W.: Ist es wichtig, daß sich der Mensch eine Vorstellung von den Elementargeistern macht, oder ist diese eher hinderlich?

Der Nasse: Sie ist eher hinderlich. Wer sich von mir konkrete Vorstellungen macht, wird sich dann schwertun, mich zu schauen. Denn ich bin mit Sicherheit anders als die Vorstellungen der einzelnen Menschen. Viele Menschen erstarren vor Schreck bei dem Erstkontakt mit einem Naturgeist und verschließen sich sofort durch eine Abstandsbewegung, durch eine Unbehagensgeste. Das empfinden wir dann als Ausladung und verschwinden.

W.W.: Aber wenn Ihr wißt, daß der Mensch im ersten Moment erschrickt, könntet Ihr das doch einordnen.

Der Nasse: Ja, aber wir können es nicht gut aushalten.

„Er wird eine Antwort bekommen"

W.W.: Wie kann sich ein Mensch, z.B. während eines Spaziergangs, auf die Naturgeister besinnen? Könnt Ihr das einmal möglichst konkret schildern?

Der Nasse: Betrachtet auf Eurem Spaziergang etwas in der Natur ganz genau. Betrachtet z.B. einen Baumstumpf, einen Baum oder eine Pflanze und nehmt sie ganz in Euch auf. Und später nehmt Ihr sie innerlich ein Stück mit Euch mit. Das wäre ein guter Anfang.

W.W.: Also lieber wenige Dinge intensiv betrachten ...

Der Nasse: ... als ständig überall hinzuschauen.

W.W.: Kann man eigentlich davon ausgehen, daß einen in der Natur immer Elementarwesen umgeben, daß sie immer anwesend sind?

Der Nasse: Sonst wäre die Natur überhaupt nicht.

W.W.: Sollte dieser Mensch auf dem Spaziergang auch innerlich Fragen an die Naturgeister stellen?

Der Nasse: Gerne. Er wird eine Antwort bekommen. Das Problem wird sein, daß er sie zuerst nicht verstehen wird, aber wir werden uns bemühen, die Antwort so zu geben, daß er sie irgendwie mitbekommt.

W.W.: Welche Fragen empfehlen sich seitens des Menschen für diesen Erstkontakt?

Der Nasse: Es sollten möglichst keine Fragen sein, die sein Seelenleben betreffen. Dazu neigt Ihr Menschen leider. Ihr wollt immer Antworten auf Eure Seelenregungen haben. Die können wir aber erst nach langem Zwiegespräch anfänglich geben. Geeignet sind statt dessen Fragen nach dem Wesen eines Baches, dem Wesen eines Steines, dem Wesen eines Baumes usw. Möglichst sollten diese Fragen auf die Naturwesen bezogen sein. Ich weiß, daß das für Euch Menschen schwierig ist. Denn meistens stellt Ihr Fragen, die Euch selbst betreffen.

W.W.: Kann trotzdem ein Mensch ein Naturwesen um Hilfe bitten?

Der Nasse: So etwas ist immer möglich, soweit diese Bitte um Hilfe nicht egoistisch ist. Es wird nicht viel nützen, wenn ein Bauer die Bodengeister des Ackers bittet, daß er viel Ertrag bekomme. So eine Bitte führt in die falsche Richtung. So etwas könnte sich sogar als Bumerang erweisen. Wenn er aber sagt, daß er Nahrung für die Menschen anbaue, und darum bittet, daß es so gut wie möglich gedeihe, dann ist das der bessere Ansatz.

W.W.: Wie sollte ein Mensch innerlich seelisch gestimmt sein, wenn er den Naturwesen Fragen stellt?

Der Nasse: Er sollte möglichst freundlich sein. Ihr Menschen habt manchmal so fürchterliche Massen von seelischen Unfreundlichkeiten. Ihr trauert oder sorgt Euch, aber das sind für uns alles Lasten. Vor allem der Erstkontakt sollte in freundlicher Seelenstimmung erfolgen, und der Mensch sollte jeglichen Kummer samt seinen Alltagsgedanken draußen vor lassen. Diese Seelenstimmungen belasten uns sehr. Werdet wie bewußte Kinder!

„Wir sind Persönlichkeiten"

W.W.: Welche Übungen empfiehlt Ihr einem Menschen weiterhin, der Schritt für Schritt den Elementarwesen näherkommen will? Nehmen wir an, er sitzt am Wasser und hat vielleicht einen Erstkontakt hergestellt; was sollte er weiterhin bedenken?

Der Nasse: Ein solcher Mensch braucht viel Zeit. Es ist bisher keinem mir bekannten Menschen gelungen, bei einem ersten Kontakt zur Antwort durchzudringen, was das Wasser im Innersten zusammenhält. So etwas geht nur langsam. Wichtig ist, daß man sich auf die Qualität des jeweiligen Elementes einstellt, gleich ob es ein Fluß, ein Bach, ein Tümpel oder eine Pfütze ist. Zuerst sollte man das Wasser im allgemeinen erleben, dann die Qualität des jeweiligen Wasserbereichs. Das wäre der zweite Schritt. Wir Wasserwesen sind alles Persönlichkeiten – keine Ich-Individualitäten –, die im Regelfall ortsabhängig sind. Ein Bach in Asien hat eine andere Qualität als einer in Irland. Diese Qualität gilt es als nächstes zu ergründen, wenn man das Wasserwesen zu fassen hat. Es geht nicht darum, was das Wesen ist, sondern wer es ist. Vom Was zum Wer, vom Wahrnehmen zur Persönlichkeit.

Wie lernst Du einen anderen Menschen kennen? Zuerst schaust Du, ob es ein Mann oder eine Frau ist, dann ob er blond oder braunhaarig ist und ob er hübsche Augen hat, und dann geht es darum, ob Du ihn riechen kannst. Geht doch mit uns genauso vor. Und irgendwann wird man miteinander intim, dann kann man auch Fragen intimerer Art stellen. Wasser ist Leben, und wenn Du ein Wasserwesen suchst, mußt Du den Lebensaspekt dabei vor Augen haben.

W.W.: Mit welchen Wesen kann ein Mensch am ehesten Kontakt aufnehmen?

Der Nasse: Mit Baumwesen. Manche Menschen, besonders im handwerklichen Bereich, können auch eher Kontakte zu Zwergen aufnehmen. Für den normalen Durchschnittsmenschen ist der Kontakt zu den Baumwesen aber der einfachste.

„Wir erfahren alles über Dich“

W.W.: Was bedeutet es, wenn Rudolf Steiner sagt, der Mensch müsse dahin kommen, „die Natur um sich herum zu empfinden wie die eigene Wesenheit“? (GA 223/28.09.1923/S.121)

Der Nasse: Das ist im Prinzip eine Verallgemeinerung dessen, was ich soeben gesagt habe. Du erreichst die Natur nur dann, wenn Du Dein eigenes Sein ausdehnst. In dem Moment, in dem Du Kontakt zu Elementarwesen hast, hast Du auch Kontakt zur gesamten Welt. Wir sind alle miteinander verknüpft. Und dabei mußt Du akzeptieren, daß sich Deine Grenzen öffnen, die Grenzen Deiner Persönlichkeit. Wir erfahren auch das über Dich, von dem Du nicht möchtest, daß es jemand erfährt. Anders geht es nicht. Auch das ist ein Punkt, an dem viele Menschen zurückschrecken. Geistige Kontakte sind immer Totalkontakte.

Anschließend müssen die Begriffe gefunden werden, um zu begreifen, was man geschaut hat. Und das ist ein langer mühsamer Prozeß. Ein Elementarwesen sieht auch alle Deine Lügen, sogar Deine zukünftigen Lügen.

W.W.: Aber die unterliegen doch der menschlichen Freiheit.

Der Nasse: Richtig, und deswegen teilen sich diese Lügen ständig. Wir sehen die möglichen Lügen. Mit jedem Schritt, den Du älter wirst, verkürzt sich Deine Lebensspanne. Und das bedeutet, daß sich auch Deine Möglichkeiten verkürzen. Mit fünf Jahren hast Du noch viel mehr Möglichkeiten, Dich zu ändern oder andere Wege zu beschreiten, als mit 70. Je älter man wird, desto eingeengter werden die Perspektiven; das liegt eigentlich offen auf der Hand.

W.W.: Was bedeutet das Pauluswort, der Mensch müsse die Natur an Kindesstatt annehmen?

Der Nasse: Wenn der Mensch Dein Nächster ist – liebe Deinen Nächsten wie Dich selbst –, dann bedingt das, daß die Natur in Deine Verantwortung übergeht wie ein unmündiger Mensch, wie ein Kind. Ein Kind ist Dein unmündiger, noch nicht zur Freiheit fähiger Nächster. Und die Wesen in der Natur sind diejenigen, die Dir in den zukünftigen Verkörperungen der Erde – dem Jupiter und der Venus – folgen werden.

W.W.: Damit sprichst Du auch an, daß bisher die Engel Eure Herren waren und daß dies in Zukunft von den Menschen übernommen werden soll?

Der Nasse: Genau. Soweit sollten die Menschen jetzt bald geistig sein.

„Manche Gedanken sind wie Sterne"

W.W.: Haben Elementarwesen daran Anteil, was sich ein Mensch geistig erarbeitet und was er denkt? Ernähren sie sich gewissermaßen davon?

Der Nasse: Die Gedanken laufen in der elementarischen Welt herum, aber es sind nicht nur gute Gedanken. Die Gedanken der Menschen habe viele Aspekte. Manche reichen nicht bis in unsere Welt hinein. Eine mathematische Formel sitzt nicht in unserer Welt als Blume. Aber die meisten Eurer Gedanken sind relativ irdisch, und wir können sie hier anfassen. Aber bei vielen Gedanken lohnt es nicht, sie anzufassen, da sie zu alltäglich sind.

W.W.: Welche Formen haben Gedanken für Euch?

Der Nasse: Das ist ganz verschieden, je nachdem, was Du denkst.

W.W.: Kannst Du mal einige Beispiele nennen?

Der Nasse: Es gibt Gedanken, die wie fliegende Dreiecke aussehen, und oft haben die Gedanken einen eichhörnchenhaften Charakter.

W.W.: Was sind das denn für Gedanken?

Der Nasse: Das sind die flüchtigen Gedanken der Menschen, z.B. wenn ein Mensch Appetit hat und darüber nachdenkt, woher er den nächsten Mars-Riegel bekommt. – Du lachst, aber wir müssen uns mit diesen Gedanken beschäftigen. Ihr mutet uns alle diese Gedanken zu! Aber dann gibt es natürlich auch Gedanken, die so hoch wie Bäume oder Berge sind. Und dann gibt es Gedanken, die rein geistiger Art sind. Aber das sind nicht sehr viele. Diese Gedanken sind für uns wie Sterne. Wie Euch die Sterne am Himmel erscheinen, so sehen wir die rein geistigen Gedanken der Menschen. Und wenn diese Gedanken richtig hell leuchten, so können sie unsere Führer sein. Wir arbeiten daran, daß Eure guten Gedanken zu unseren Führern werden. Darum geht es in Zukunft, daß Ihr die Herrschaft für unsere Welt übernehmt. Ihr müßt uns mit Euren guten Gedanken führen.

W.W.: Wie wirkt die moralische Qualität des Menschen auf Euch?

Der Nasse: Eure Moral ist die Erziehung für uns. Eure Moral wird der Naturzustand der nächsten Erdenverkörperung sein.

W.W.: Ist es für die Naturgeister wichtig, ob ein Mensch eine Beziehung zum Christuswesen hat?

Der Nasse: Ja.

W.W.: Was ist bei einem solchen Menschen anders?

Der Nasse: Sie sind durchlichtet, durchchristet, durchwärmt. Es sind einfach andere Menschen. Sogar ihre Materie ist anders. Das ist in Eurer Sprache sehr schwer auszudrücken. Diese Menschen haben ein Ziel. Das trifft es vielleicht am besten.

Jedes Ich ist anders

W.W.: Nun kommt eine ganz leichte und zugleich schwere Frage. Manchmal stelle ich stellvertretend für andere Menschen eine Frage, deren Antwort ich aber schon kenne. Eine solche Frage kommt jetzt: Könnt Ihr einmal den Leserinnen und Lesern beschreiben, wie Ihr den Menschen seht? Stell Dir vor, ein Mensch betritt diesen Raum und bittet Dich: Beschreibe mir, wie Du mich siehst. Was würdest Du ihm antworten?

Der Nasse: Ich würde ihm sagen, daß ich alles von ihm sehe, bis auf den Kern seines Ich.

W.W.: Und wie sieht das im einzelnen aus?

Der Nasse: Das ist sehr schwierig. Zum einen sehen wir seinen physischen Körper. Wir können das Physische erblicken, denn sonst könnte das Physisch-Materielle nicht sein. Dann sehen wir seine Lebenskräfte. Seine Lebenskräfte sehen aus wie Farben in einem Aquarell. Wenn Du malen würdest, wie Du Dich körperlich fühlst, dann käme das dem ziemlich gleich, wie wir Euer ätherisches Sein sehen.

Wenn Du malen würdest, wie Du Dich geistig fühlst, und zwar nicht als Aquarell, sondern klarer konturiert als Zeichnung, dann wäre es so, wie wir Dein Seelisches schauen. Und dann sehen wir noch die äußere Form Deines Ich. Und die Iche sind so verschieden, wie die Menschen verschieden sind. Einer hat ein rundes, ein anderer ein dreieckiges, ein nächster ein viereckiges Ich.

W.W.: Kannst Du diese Iche noch ein wenig klassifizieren? Welche Menschentypen haben welche Ich-Formen? Haben kluge Menschen ein anderes Ich, oder haben diejenigen, die öfter inkarniert waren, ein ausgestalteteres Ich?

Der Nasse: Das letzte trifft es am besten. Die Iche der Menschen unterscheiden sich nicht ob ihrer Dummheit oder Klugheit, sondern die Ich-Form wird schärfer bzw. detailreicher, je nachdem, wie oft ein Mensch auf der Erde inkarniert war. Das gleicht einer immer weiter ausgearbeiteten Statue. Verstehe das bitte als Bild. Am Anfang der Inkarnationenreihe ist das Ich ein Holzklotz, und je öfter ein Mensch auf der Erde ist und je öfter er sich seiner selbst bewußt wird, desto detailreicher wird die Figur aus dem Holzklotz. Es können aber auch immer wieder Phasen kommen, in denen verschiedene Schnörkel wieder verschwinden. Das geht soweit, bis der Holzklotz ein Kunstwerk in Schönheit wird. So viele verschiedene Statuen, wie Du Dir eben vorgestellt hast, und das ganze noch einmal hoch zwölf – so viele verschiedene Ich-Formen gibt es. Wie viele Milliarden Menschen gibt es? Und jeder ist anders.

W.W.: Ist diese Verschiedenheit für Euch spannend?

Der Nasse: Ja, aber auch sehr mühsam.

W.W.: Kann und sollte man die Naturgeister in das eigene Gebet mit einschließen?

Der Nasse: Gerne. Das gibt uns Kraft.

W.W.: Wie macht man das am besten?

Der Nasse: Man kann allgemein sagen „Gott schütze die Naturgeister". Man kann sich aber auch einen speziellen Naturgeist aussuchen, der besonders gut betreut werden soll.

W.W.: Und an wen sollte man dieses Gebet schicken?

Der Nasse: An wen schickst Du Deine Gebete? An den Christus oder an Engel. Es gibt spezielle Engel, die auch den Elementen namentlich zugeordnet werden.

W.W.: Wenn ich für einen Menschen bete, wende ich mich an den Engel eines bestimmten Menschen. Gibt es solche Engel also auch für die Naturgeister?

Der Nasse: Ja. Sie gehören verschiedenen Hierarchien an. Und Du brauchst nur an die Apokalypse des Johannes zu denken, denn dort wird einer direkt angesprochen: der Engel der Gewässer. Es gibt aber auch den Engel des Feuers, den Engel des Lichts und viele mehr.

W.W.: Vielen Dank.

Der Nasse: Bitte.

Krone, der Baumhirte

W.W.: Verfolgst Du die Gedanken der Menschen?

Krone: Ich kann die Gedanken aller Menschen lesen, aber meist tue ich es nicht. Aber die Menschen dieses Projekts begleite ich, denn wir sind von hohen Stellen gebeten worden, für dieses Projekt zusammenzuarbeiten. Es ist nötig, um die Welt in der Zukunft ein wenig schöner zu gestalten.

W.W.: Ich habe Deinen Rat befolgt und mich eine halbe Stunde in den Wald gesetzt und versucht, nur den Wald wahrzunehmen.

Krone: Tue es wieder. Einmal im Monat.

Buchen sind sehr alte Bäume

W.W.: Was sind die Buchen für Bäume?

Krone: Das sind alte Bäume, die hier in die Gegend gehören. Buchen gibt es schon sehr lange. Die Buche ist ein Baum, der die Tiere des Waldes nährt, da seine Bucheckern eine große Nahrungsquelle für viele Tiere sind. Die Buche dient also dazu, die Ökologie des Waldes aufrechtzuerhalten. Gleichzeitig hat die Buche eine hohe Standfestigkeit und verleiht dem Wald Dauer. Sie hat auch viel mit der Verteilung des Wassers im Wesen

Wald zu tun; sie zirkuliert sehr gut. Vor allem verteilt sie im Innenraum des Waldes Wasser.

W.W.: Was muß man tun, um mit einem Baum Freundschaft zu schließen?

Krone: Suche Dir einen Baum aus, und wenn Du ihn regelmäßig besuchst, stelle Dich bereits auf dem Weg zu ihm auf ihn ein. Wenn Du beim Baum bist, solltest Du Dich wenigstens fünf Minuten nur mit dem Baum beschäftigen. Sei nett zu ihm, und zwar so, als wenn Du jemanden im Krankenhaus besuchen würdest.

W.W.: Was haben die verschiedenen Weiden für eine Aufgabe?

Krone: Die Weide ist ein Baum, der viel Wasser aus dem Boden saugt. Wenn Du feuchte Gebiete hast, solltest Du Weiden pflanzen. Gleichzeitig ist die Weide ein abgrenzender Baum und bildet gute Hecken. Flächen, die von Weiden umstellt sind, sind geschützte Flächen. Die Weide ist ein Baum, der viel zu wenig genutzt wird. Früher wurde die Weide viel mehr genutzt, z.B. zum Körbeflechten, was dem Wesen der Weide sehr gut tat. Bäume sind gerne nützlich.

W.W.: Welche Bedeutung haben die Nußbäume, also der Haselnuß- und der Walnußbaum?

Krone: Sie sind Ölgeber. Die Nuß konzentriert die Sonne und die Wärme. Öl hat etwas Sonnenhaftes, und deshalb ist es für den Menschen sehr günstig, wenn er seine Haut mit Öl einreibt. Nüsse konzentrieren die Liebesenergie der Sonne und sind für die menschliche Nahrung sehr wichtig. Nußbäume sind also Sonnenkonzentratoren. Die Walnuß ist für den Kopf, die Haselnuß mehr für den gesamten Körper gut, während die Mandel, die etwas andere Nuß, eine bestimmte mittefindende Funktion hat.

Alle Jahreszeiten sollte es blühen

W.W.: Wie gestaltet ein Mensch eine Landschaft so, daß sie in sich harmonisch ist?

Krone: Daß die Landschaft schön ist oder daß sie harmonischen Elementarwesen entspricht?

W.W.: Das zweite.

Krone: Man muß versuchen sie so zu gestalten, daß sich die Bäume vertragen. Denn es gibt auch Bäume, die sich nicht mögen. Bäume sollten möglichst auf ihren Standorten belassen werden, und man sollte nicht wahllos alte Baumbestände wegnehmen. Denn im Regelfall hat es einen Grund, daß sie an dem Ort stehen, wo sie gewachsen sind. Es ist ein gutes Zeichen, wenn der Mensch in der Landschaft das Gefühl hat, daß sie harmonisch ist. Wenn er das Gefühl hat, daß die Landschaft künstlich ist, hat er irgend etwas falsch gemacht. Wenn der Mensch aber das Gefühl hat, daß eine Landschaft künstlerisch gestaltet ist, ist es ein gutes Zeichen.

Wichtig ist auch, daß in jeder Höhe Leben vorhanden ist, und zwar nicht nur Bäume, sondern auch Büsche und Stauden. Ein weiteres wichtiges Element ist es, daß zu allen Jahreszeiten etwas blüht, also man sollte nicht eine reine Frühlings- oder eine reine Sommerblüte anpflanzen. Und außerdem gehören die Obstbäume in so eine Landschaft, möglichst in ihren Urformen, also Wildkirsche, Wildapfel usw.

W.W.: Welche negativen Einflüsse gelangen zu den Menschen, der Natur und den Elementarwesen durch eine industrialisierte Landwirtschaft, also durch Agrarwüsten, Monokulturen und Massentierhaltung?

Krone: Dadurch wird die umliegende Landschaft verödet, und viele Wesen werden abgetötet. Dadurch werden andere Wesen übermächtig. Und wenn der Mensch degenerierte Nahrung ißt, schadet er sich. Das Gefüge seines Körpers wird dadurch nur erhalten, aber nicht gestärkt.

W.W.: Wie gebietet man dem Sterben der Artenvielfalt Einhalt?

Krone: Es ist nicht unbedingt schlimm, wenn einmal eine Tierart ausstirbt. Es sollten aber nicht zu viele sein. Es sind immer wieder Tierarten ausgestorben, weil sich keine Wesen mehr gefunden haben, die diese Tierart benötigten.

Sich der Natur bewußt werden

W.W.: Wie gestaltet man ein Gleichgewicht zwischen Industrialisierung und der Natur?

Krone: Sehr wünschenswert ist es, daß alte Bäume stehenbleiben, wenn in der Nähe eine Anlage von Häusern gebaut wird. Sofern möglich, ist es auch wichtig, daß Wasser integriert wird. Wasser ist Leben für Mensch und Natur. Ein weiterer Punkt ist, daß keine reinen Monokulturen entstehen sollten, auch beim Menschen nicht. Eine Gegend von Häusern, die ausschließlich reines Wohngebiet ist, bringt kein gutes Klima hervor. Viel wichtiger ist es, wenn sich die menschlichen Daseinsformen mischen und verschiedene Gewerbe integriert werden. Denn Orte des Gewerbes sind auch Orte der Begegnung.

W.W.: Wie wirkt chemischer Dünger auf den Erdorganismus und die Naturwesen?

Krone: Er kultiviert einseitige Kräfte und läßt den mineralischen Anteil in den Pflanzen in die Höhe schnellen. Auf Dauer gesehen überfordert er damit die Lebenskräfte der Pflanzen, und sie werden im Lebensbereich immer schwächer. Mineraldünger zwingt sie zur Sklerotisierung.

W.W.: Wie kann der Mensch erneut in den Zustand gelangen, für alltägliche Verrichtungen, z.B. Straßen- und Häuserbau, im Einklang mit der göttlichen Weltenordnung und den Naturwesen zu handeln?

Krone: Er muß sich der Natur bewußter werden, er muß versuchen, Bewußtsein für die Wesen der Natur zu entwickeln; vor allem auch ein Bewußtsein für die Schönheit der Natur. In dem Moment, in dem Schönheit entsteht, kommt Harmonie.

W.W.: Wenn ein Mensch einen Baum wahrnimmt und sich geistig näher mit ihm beschäftigt, bekommt dann dieser Baum mehr Existenz oder Sein bzw. schärfere ätherische Konturen?

Krone: Wenn ein Mensch einen Baum wahrnimmt, nimmt er einige Wesen bzw. Aspekte des Baumes in sich auf und nimmt sie nach seinem Tod mit in die geistige Welt. Dadurch werden sie in einer gewissen Weise erlöst. Dadurch wird der großen Pflanze eine Möglichkeit für eine geistige Entwicklung gegeben.

W.W.: Ändert sich auch für Dich etwas, wenn wir jetzt hier miteinander sprechen?

Krone: Ich bekomme Worte, Begriffe und Vorstellungen von den Herren der Welt. Aber – bitte – überbewerte diesen Begriff nicht, denn Ihr seid noch weit davon entfernt, wirkliche Herren der Welt zu werden. Ihr könnt die Erde zerstören oder sie erhalten. Das ist in Eure Freiheit gestellt. Es wird sich zeigen, was geschieht. Ich erübe an und mit Euch die Fähigkeit, menschliche Worte zu verstehen.

W.W.: Vielen Dank.

Krone: Bitte. Gerne wieder.

Kunst und Schönheit

W.W.: Nehmen Elementarwesen vom Menschen geschaffene Kunst wahr?

Der Steinerne: Natürlich haben wir Kunst wahrgenommen. Viele Arten von Kunst sind gestaltete Materie gewesen. Es ist von tiefster Bedeutung für die Erde, wenn die Materie umgestaltet wird, um für die Schönheit durchlässig zu werden. Das können wir gut wahrnehmen. Schwierig wird es mit den neuen Formen der Kunst gewesen sein, die sich nicht mehr auf die irdische Wirklichkeit bezogen haben werden.

W.W.: Nehmt Ihr die abstrakte Kunst nicht wahr?

Der Steinerne: Wir können sie wahrgenommen haben, aber anders.

W.W.: Kannst Du den Unterschied bitte erklären?

Der Steinerne: Die eine Kunst formt Materie, die andere Art von Kunst formt den Geist. Über diese Geistformung wird die zukünftige Stofflichkeit des neuen Planeten beeinflußt gewesen worden sein.

Die Luftwesen als Kunstsachverständige

W.W.: Gibt es unter den Elementarwesen solche, die eher die Kunst wahrnehmen oder sich für sie interessieren als andere Wesen?

Der Luftige: Wir Luftwesen als Träger der Schönheit sind in einer gewissen Weise die Kunstsachverständigen der Naturwesen. Dadurch, daß das Licht eine andere Ausdrucksform der Schönheit ist, ist der menschliche Versuch, Schönheit zu erzeugen, für uns von ganz besonderer Wichtigkeit. Die Materie fühlt die Veränderung, das Wasser fühlt die Belebung des Ätherischen durch die Erzeugung der Schönheit. Das Feuer hat ohnehin eine ganz eigene Art, mit der Schönheit umzugehen, und wir Luftigen leben in der Schönheit. Denn nur durch unser Sein kann das Licht bewegt werden, und nur deshalb könnt Ihr im Außenraum Schönheit wahrnehmen.

Eine andere Qualität ist es, wenn Ihr Schönheit im Innenraum erzeugt. Die Schönheit im Sozialen ist z.B. eine Innenraum-Schönheit. Und für die Innenraum-Schönheit sind die Feuerwesen zuständig.

W.W.: Werden Künstler, wenn sie ein Kunstwerk gestalten, auch von Elementarwesen beeinflußt, sowohl im Guten wie im Schlechten?

Der Luftige: Es gibt eine spezielle Sorte von Wesen, die wir vor langer Zeit schon einmal besprochen haben, nämlich die Wesen der Häßlichkeit. Solche häßlichen Wesen umschwirren ein Kunstwerk, kleben an ihm. Je schöner ein Kunstwerk ist, desto mehr umschwirren es häßliche Wesen. Wir selbst sind auch in dem Künstler drinnen, denn ein bildschaffender Künstler hat einen erhöhten Anteil von Lichtwesen.

W.W.: Sind die Luftwesen und andere Elementarwesen daran interessiert, daß Künstler mit ihnen zusammenarbeiten?

Der Luftige: Sehr. Eine bewußte Zusammenarbeit kann sehr viel mehr schaffen als eine unbewußte, wie es zur Zeit meist noch üblich ist. Wenn Künstler bewußt etwas mit uns zusammen gestalten würden, käme durch ihre Werke mehr Schönheit heraus.

W.W.: Wie kann diese Zusammenarbeit praktisch verlaufen?

Der Luftige: Die Künstler sollten sich mehr auf ihr Gespür verlassen. Für die Schönheit muß der ästhetische Sinn ausgeprägter werden, denn es gibt einen Sinn für Schönheit. Und diesen Sinn für Schönheit kann man erüben. Schulen kann man diesen Sinn an Kunstwerken.

Schönheit

W.W.: Was ist eigentlich Schönheit?

Der Luftige: Schönheit ist das Sein des Lichtes. Schönheit ist eine Fähigkeit, Licht auch von der anderen Seite wahrzunehmen. Wenn Du hinter den Raum gehst, befindest Du Dich nicht mehr im Licht, sondern in der Schönheit. Schönheit ist der Zustand des Lichtraumes. Das ist sehr schwer, in menschliche Worte zu fassen.

W.W.: Ist das eine objektive Schönheit im geistigen Sein?

Der Luftige: Dieses Sein ist nicht rein geistig. Jeder Aspekt des Seins enthält einen Schönheitsanteil. Begrifflich findest Du den Begriff der Schönheit im Geistigen, im Materiellen dagegen im Bergkristall.

W.W.: In Gesprächen mit Euch hieß es immer wieder, daß wir etwas schön gestalten sollten, z.B. ein Haus, eine Wohnung oder auch eine Maschine. Nun ist es aber so, daß jeder Mensch etwas anderes schön findet.

Der Luftige: Nein.

W.W.: Doch. Der Geschmack der Menschen ist verschieden, also finden sie auch andere Dinge schön. Was der eine schön findet, findet ein anderer häßlich.

Der Luftige: Das gilt nur für Details. Das Empfinden der Schönheit ist eigentlich bei jedem Menschen gleich, es richtet sich nur auf andere Gegenstände. Die Befähigung, etwas schön zu finden, mußt Du vom Objekt lösen. Ein Mensch findet beispielsweise einen Gegenstand schön, aber er muß ihn zuerst empfinden, um ihn schön zu finden. Und bei diesem Vorgang ist die Qualität der Schönheit nicht primär im Gegenstand, sondern in der Wahrnehmung und der Empfindung.

Damit im Seelischen des Menschen Schönheit entstehen kann, muß aber auch Schönheit im Außenraum vorhanden sein. In Zukunft wird sich die Schönheit immer mehr in den Innenraum des Menschen verlagern.

W.W.: Und wer im Inneren keine Schönheit hat, kann auch im Äußeren keine Schönheit wahrnehmen?

Der Luftige: Ja.

W.W.: Wird ein solcher Mensch einen äußerlich häßlichen Gegenstand als schön bezeichnen, weil er in sich keine Schönheit hat?

Der Luftige: Ein solcher Mensch hat sein Menschsein aufgegeben. Schönheit zu empfinden ist eine Qualität des Menschseins, eine Vorstufe zur Freiheit.

Die Maschinen werden erwachen

W.W.: Wann ist eine Maschine schön?

Der Luftige: Wenn sie ihre Bestimmung reibungslos erfüllt und gleichzeitig äußerlich schön gestaltet ist. Schau Dir ein Windrad an, es ist in sich schön und gleichzeitig ein guter Stromproduzent. Schöne Maschinen gestalten die Zukunft, vergeßt das bitte nicht. Die Maschinen werden in Zukunft erwachen. Und häßliche Maschinen erwachen häßlich.

W.W.: Ist Schönheit auch ein Zustand der Harmonie?

Der Luftige: Ja und nein. Das ist eine sehr schwierige Frage. Harmonie ist ein bestimmter Aspekt der Schönheit.

W.W.: Kannst Du das etwas genauer erklären?

Der Luftige: Harmonie ist das Gleichgewicht, die Mittellage einer Waage. Aus der Mittellage heraus ist das Schönheitszentrum offen. Aus Extremlagen entsteht etwas Schiefes, Verzerrtes. Viele der heute lebenden Künstler nehmen Extrempositionen ein, wodurch ihre meist sehr individuelle Kunst entsteht. Diese Kunst ist außerhalb der Harmonie. Das *kann* schön sein, aber erst im Prozeß des Begreifens der Extremposition. Disharmonie *kann* schön sein. Aber ein derartiger Schönheitszustand ist viel schwieriger zu erreichen.

W.W.: Würdet Ihr Dämonen als häßlich bezeichnen?

Der Luftige: Ja und nein. Es gibt viele häßliche Dämonen, aber es gibt auch sehr schöne.

W.W.: Nehmen wir einen häßlichen Dämon. Wenn jetzt ein Künstler einen häßlichen Dämon als eine Holzfigur schnitzt, ist dann diese Figur schön und harmonisch, weil sie einen häßlichen Dämon wahrheitsgetreu abbildet?

Der Luftige: Was für eine menschliche Frage! Wenn der Prozeß der Erzeugung dieser Figur in Schönheit war, wenn die Bearbeitung und Ausformung ein schöner Prozeß ist, kann die Gesamtheit der Figur ein Aspekt des Häßlichen sein und trotzdem hinter der Schönheit stehen. Schönheit und Häßlichkeit sind zwei Seiten eines großen Pfeilers des Seins, des allumfassenden Seins.

Die Schönheit von Christus und Luzifer

W.W.: Ist Christus schön?

Der Luftige: Ja. Aber er ist anders schön. Luzifer ist im ersten Moment schöner.

W.W.: Welcher Unterschied besteht zwischen beiden?

Der Luftige: Luzifer hat äußere Schönheit, Christus ist ganz Wärme. Luzifer besitzt kalte Schönheit, schwarzes Licht. Du stellst schwere Fragen. Es ist für mich als Wesen der Luft und des Lichtes sehr schwierig, über das schwarze Licht zu sprechen. Wir sind so geschaffen, daß wir dieses Licht in dem Moment sein müssen, in dem wir darüber sprechen, denn sonst würden wir uns selbst auslöschen.

W.W.: Vielen Dank.

Der Luftige: Bitte. Halte Dein Licht rein!

Westlicher Schamanismus

W.W.: Wer oder was wirkt in den heute immer noch wachsenden, durch die Sehnsucht nach Naturspiritualität hervorgerufenen Naturheiltendenzen und dem importierten Schamanismus?

Der Nasse: Das ist die Suche nach Geist. Viele Menschen spüren in ihrem normalen Alltagsleben keinen Geist mehr. Er fehlt ja auch vielfach. Und dann wird an vielen Stellen, so wie die Menschen halt sind, ameisenhaft nach Geist gesucht. Im Schamanismus steckt noch Geist bzw. steckte Geist.

Es gibt heute noch gute Schamanen. Nur sind die Seelenkonfigurationen der Schamanen nicht unmittelbar auf einen Angehörigen der mitteleuropäischen Kultur zu übertragen. Man kann nicht einen Kittel anziehen und gleichzeitig glauben, daß man Schamane ist. Nicht umsonst ist es Tradition bei den nordischen Schamanen, ihr Wissen lediglich an einen Schüler weiterzugeben. Denn sonst würden ihre Fähigkeiten an Kraft verlieren.

TECHNIK

W.W.: Wir haben schon über die Technik gesprochen. Müller, kannst Du noch einmal genau sagen, wie die Naturgeister technische Geräte wahrnehmen?

Müller: Wir nehmen die äußeren Gerätschaften wahr. Wir nehmen wahr, wie sie im Menschen wirken und auch, welche Wesen in den technischen Dingen stecken. Teilweise nehmen wir diese Wesen sehr schmerzhaft wahr, denn sie sind eine Änderung in unserer Welt. Aber diese Welt ist vorhanden. Wir finden uns mit ihr ab.

„Ihr seid die Schöpfer der Autogeister"

W.W.: Kannst Du die Wesen von technischen Gerätschaften ein wenig schildern; ich nenne einmal drei Dinge: Auto, Telefon, Rakete.

Müller: Für Raketen bin ich nicht zuständig, denn ich habe noch nie eine Rakete gesehen. Im Auto sitzt ein Autowesen. Das ist ein Wesen, das entstanden ist, als die Menschen im Theoretischen wie im Praktischen dieses Auto konstruiert haben. So wie es Hausgeister gibt, gibt es auch Autogeister. Diese Autogeister sind in Eurer Verantwortung, weil Ihr sie geschaffen habt. Ihr seid die Schöpfer der Autogeister. Und so ist es auch mit den Wesen aller anderen technischen Gerätschaften.

Im Telefon sitzt eine andere Art von Wesen. Dieses Wesen ist nicht allein, denn es ist ständig in Bereitschaft zu klingeln. Ein Telefon existiert auf zwei Ebenen; zum einen auf der physischen Ebene als ein Gerät aus Plastik und Metall, und gleichzeitig in Verknüpfung mit der gesamten Kommunikationsebene, die mit dem Telefon verbunden ist. Dem Telefonwesen ist es bewußt, daß es mit der ganzen Welt verbunden sein kann. Das ist genauso wie zwischen mir und meinem Haus, über das sich auch mein Bewußtsein ausdehnt. Ich nehme auch das Telefon in meinem Haus wahr, genauso das Eindringen der Außenwelt in das Haus durch das Telefon. Das ist in gewisser Weise so, als wenn Du aus Deinem Bauch einen Schlauch herausragen hättest, der in den Bauch eines anderen Menschen hineinwächst.

Menschliche Kommunikation findet auf vielen Ebenen statt und umschließt die Welt immer dichter.

Das Wesen der Rakete

W.W.: Auch wenn Du für Raketen nicht zuständig bist, habe ich doch eine Frage dazu: Wenn eine Rakete abgeschossen wird, oder wenn ein Gewehr eine Kugel abschießt, fliegen dann mit der Rakete und mit der Kugel Wesen mit?

Müller: Ja, Feuerwesen und Metallwesen. Jeder physische Körper muß Wesen in sich haben, um existieren zu können. In einer Rakete sitzt natürlich ein sehr großes Wesen, weil mit ihr eine sehr hohe Energie verbunden ist. Noch sind die Feuerwesen nicht frei, aber vielleicht werden sich die Feuerwesen, speziell auch die, die in den Raketen sitzen, irgendwann ihre Freiheit nehmen; und das wird den Menschen wahrscheinlich sehr weh tun. Hinzu kommt noch ein Wesen mit eiskaltem Intellekt, das die Rakete steuert. Sie fühlen sich für uns so an, wie Ihr Menschen Euch fühlen würdet, wenn wir Euch in flüssigen Stickstoff tauchen würden. Diese Wesen sind ungeheuer kalt. Sie gehören zu den ahrimanischen Wesen.

Fernsehen behindert die Phantasie

W.W.: Was macht der Bildschirm des Fernsehers mit den Augen und dem Gehirn des Menschen?

Müller: Der Fernseher hat kein kontinuierliches Bild, sondern ein gepulstes Bild. Das bewirkt, daß die Wahrnehmungsschwelle in Eurem Gehirn so verändert wird, daß das Bild eigentlich erst in Eurem Gehirn entsteht und nicht dort, wo Ihr es seht. Das Fernsehbild ist eine Austricksung Eures Gehirns. Dafür belegt es aber Stellen im Gehirn, die ansonsten für andere Bilder zuständig sind, und brennt sich dort ein. Wir Elementarwesen nehmen eher den Informationsgehalt des Fernsehens auf, nicht das konkrete Bild. Wir nehmen den geistigen Hintergrund eines Films wahr.

W.W.: Könnt Ihr diesen geistigen Hintergrund eines Films auch wahrnehmen, wenn kein Mensch vor dem Fernseher sitzt und den Film sieht und mitdenkt?

Müller: Ja, das können wir. Aber wenn Menschen fernsehen und mitdenken, nehmen wir den geistigen Gehalt eines Films noch leichter wahr.

W.W.: Wie wirkt das Fernsehen auf den kindlichen Leib?

Müller: Das Fernsehen verändert das Wahrnehmungsverhalten des Kindes so sehr, daß es seine eigenen Bilder – und die Phantasiebilder sind realer, als Ihr wißt – nicht mehr lebendig schaffen kann. Sie werden von den Fernsehbildern überlagert, und die Fähigkeit, Phantasiebilder zu erzeugen, wird dadurch behindert. Hinzu kommt, daß das Kind vom Fernseher gebannt wird und sich nicht mehr bewegt. Das Kind vergißt in diesem Moment sein Sein.

W.W.: Wie wirkt der Fernseher auf den Ätherleib des Menschen?

Müller: Kräftezehrend. Fernsehen macht müde.

W.W.: Welche Wesen schlüpfen in den Menschen hinein, wenn er fernsieht?

Müller: Informationswesen. Dir wachsen sozusagen kleine Spinnen im Kopf, wenn Du fernsiehst.

W.W.: Was hat es für Euch Naturgeister für eine Wirkung, wenn in einem Haus ständig alle Menschen vor dem Fernseher sitzen?

Müller: Zuerst hat es Auswirkungen auf das Haus. Das Haus wird nicht mehr in seiner schützenden Funktion wahrgenommen, und es gibt keinen Raum in diesem Haus mehr, in dem Begegnungen zwischen Menschen und zwischen Menschen und Hausgeist stattfinden können. Das Haus wird dann zu einer Scheune, in der belanglose Gegenstände aufbewahrt werden. In dem Moment, in dem alle Menschen im Haus fernsehen, wird das Haus zu einer Aufbewahrungsstätte für menschliche Körper. Ihr seid dann in der Fernsehrealität, nicht mehr in der Hausrealität. Dadurch wird meine Qualität als Hausgeist herabgedämpft, denn es gibt kein Wesen mehr, das mit mir in Harmonie verkehrt. Dadurch verliere ich den Zugang zu den Menschen. Und das kannst Du auf den Familiengeist, den Ehegeist und alle anderen Geister ausdehnen. Wir verlieren unsere Nahrung, da wir von den Menschen keine Reaktionen mehr erfahren.

W.W.: Wie erlebt man nach dem Tod im Rückblick die Zeit, die man vor dem Fernseher gesessen hat?

Müller: Als vertane Lebenszeit. Als Geschenk und als Kräftigung für die ahrimanischen Mächte.

W.W.: Vielen Dank Euch allen.

Müller: Bitte, komm wieder!

Die Antworten der Naturgeister

auf Fragen von Leserinnen und Lesern

Kontakt mit den Naturwesen

Frage: Wo nehmen Sie die Naturgeister wahr? In der Außenwelt, in der Innenwelt, in einer „Zwischenwelt" zwischen beiden? Manche Menschen, die Naturgeister wahrnehmen, sprechen von einem „Glotzen", einem Blick in die Natur, auf die Natur, der nicht scharf fixierend ist wie beim Wahrnehmen mit dem normalen Gegenstandsbewußtsein, sondern sozusagen träumend ein Stück Innenwelt in das Sehen mit hineinnimmt. Auf diese Weise wird die scharfe Trennung zwischen Innen- und Außenwelt ein Stück zurückgenommen.

Verena Staël von Holstein: Ich nehme sie in allen drei Welten wahr. Dieses Wahrnehmen ist ein Entwicklungsprozeß gewesen. Als Kind habe ich mit ihnen gespielt, so wie andere Kinder mit ihresgleichen spielen. Als Jugendliche habe ich sie in der Gefühlswelt gefühlt. Dann habe ich sie durch die äußere Welt laufen sehen, so wie auch Menschen. Zur Zeit, nach viel Übung, kann ich bei vielen steuern, wo ich sie wahrnehme.

Frage: Wie sprechen die Naturgeister mit Ihnen? Handelt es sich um Gedankenimpulse, die von ihnen kommen, oder sehen/empfinden Sie Gebärdenhaftes?

V. Staël von Holstein: Der Vorgang ist zu komplex, um in diesem Rahmen erschöpfend beantwortet zu werden.

Ich habe begonnen, mit ihrer Hilfe fließend „Ätherisch" zu lernen, so daß ich nicht über „Vokabeln" nachdenken muß. Begonnen hat das durch eine Gebärdensprache, die durch eine begriffliche Sprache ersetzt wurde. Es ist wirklich wie Sprechen. Manchmal, speziell in Alltagssituationen, antworte ich den Naturgeistern auch laut, in Deutsch.

Wie bei allen Übersetzungen, gibt es Momente, wo man Probleme hat, entsprechende Ausdrücke zu finden. Das ist speziell bei geisteswissenschaftlichen Themen oft ein Ringen um das richtige deutsche Wort. „Ätherisch" ist für dieses Thema viel kompakter. Ich hoffe, Sie verstehen, was ich meine.

Frage: Inwiefern spielt bei der Antwort eine Rolle, *wer* gefragt hat? In der imaginativen Welt spielt das ja eine große Rolle, da sich die Mitteilungen aus der geistigen Welt in den Erfahrungs- und Vorstellungsschatz des Fragenden kleiden müssen.

V. Staël von Holstein: Ganz verstehe ich Ihre Frage nicht. Konkret, vor Ort, frage immer ich. Deswegen muß ich auch verstehen, was der Fragende will. Allerdings verbinden sich die Naturwesen mit dem tatsächlichen Frager und seinem irdischen Ort. Die Frage hängt mit dem Ort zusammen, mit welchem er sich verbunden fühlt.

Anfänglich haben mir die Naturwesen die geistige Persönlichkeit des Fragenden gleichsam auf den Schoß gesetzt. Das war sehr anstrengend. Wir konnten das Problem lösen. Jetzt bekomme ich ein Aurabild mit Kommentaren. Das ist viel leichter zu ertragen.

Den Naturwesen helfen

Frage: Könnt Ihr guten Naturwesen uns Menschen noch genauer sagen, wie wir Euch besser helfen können? Wie ist es mit bestimmten Sprüchen? (Z.B. alte irische Sagen, oder könnt Ihr etwas anderes nennen?) Brauchen verschiedene Wesen in Wald oder am Meer eine andere Gedankenart? In den Ferien versuche ich, die Wesen dort zu begrüßen, und bitte sie, uns an ihrem Ort aufzunehmen. Ist das zu pauschal? Es ist wie ein Tappen im Dunkeln für mich, obwohl ich Euch gerne öfter auf eine für Euch gute Art und Weise mit einbeziehen würde.

Der Nasse: Es ist richtig, verschiedene Wesen unserer Art benötigen verschiedene Gedanken von Euch. Diese Gedanken entstehen aber, wenn man die Dinge oder Wesen liebevoll aufmerksam betrachtet. Es ist für uns sehr hilfreich, wenn die Dinge, um die wir uns kümmern oder die wir beschützen, in Ruhe liebevoll betrachtet werden, und zwar immer wieder das gleiche mit der gleichen Aufmerksamkeit. So betrachtet, haben wir es dann leicht, aus den Dingen herauszutreten.

Worte, Verse, und Sinnsprüche, die uns zugedacht sind, sollten, wenn immer möglich, in der Gegend entstanden sein oder zumindest aus der Sprache stammen, welche zu der Gegend gehören und nicht aus anderen Ländern! Wir haben eine sehr starke Ortsbindung, von den großen Winden einmal abgesehen. – Es ist immer gut, Wesen an neuen Orten zu begrüßen. Das geht an sich nur pauschal, da man sich noch nicht kennt.

(Als Beispiel für einen schönen Sinnspruch:
„Habt Dank für die Gaben, Erde, Wasser, Feuer und Licht.
Wir werden uns dran laben und vergessen Euch nicht!“)

Tischgebet

Frage: Seit Jahren spreche ich dreimal täglich nach dem Tischgebet: „Den Elementarwesen in Norden, Süden, Ost und Westen und hier sei Dank, Kraft, Christus-Liebe-Licht." Kommt das an?

Der Nasse: Das kommt sehr gut an. Du glaubst gar nicht, wie viele Elementarwesen Du damit glücklich machst. Es ist eine große Quelle der Kraft für uns, speziell wenn es regelmäßig getan wird. Eine kleine Bitte: Da Du wahrscheinlich nichts gegen die Elementarwesen oberhalb und unterhalb von Dir hast, füge sie doch mit den Worten „Oben und Unten" ein. Ich hoffe, das ist nicht zu unbescheiden. – Es grüßen Dich alle Freunde hier. Wir vergessen Dich nicht!

„Sprecht mit uns!"

Frage: Ich möchte gerne mit dem Großen mehr in Kontakt treten. Wie kann ich das tun, bzw. wie kann ich der Natur, die mir sehr am Herzen liegt, helfen?

Der Nasse: Statt eines Engelwesens antwortet Dir ein Naturwesen, da Du nach der Natur fragst. Es gibt viele Wege, der Natur zu helfen. Alle schränken aber etwas Deine persönliche Gemütlichkeit ein. Eine wichtige Hilfe ist es: Fahre so wenig Auto wie möglich! Die Ernährung mit biologisch-dynamisch erzeugten Lebensmitteln hilft uns auch, da diese Bauern sorgfältig und behutsam mit uns umgehen (meistens zumindest). Eine Hilfe anderer Art ist es, wenn Du uns ansprichst. Gehe hin, sage uns, wie Du uns empfindest. Erzähle dem Baum, dem Stein, dem Teich, daß Du ihn wahrgenommen hast. Mit der Zeit wirst Du die Antworten verstehen. Du mußt aber Geduld haben! Wir warten auf Dich!

Frage: Was kann ich tun, um die Elementarwesen und Naturgeister zu unterstützen, zu stärken und mit ihnen in Kontakt zu treten?

Wir habe ein Haus inmitten eines 3.000 m^2 großen Gartens, den ich neben meiner Tätigkeit als Heilpraktikerin ähnlich behandle wie meine Patienten: mit Achtsamkeit, Respekt und Liebe. Da ich die Wesen nicht schauen kann, mich aber sehr mit ihnen verbunden fühle, handle ich nach meinem tiefen Empfinden und innersten Gefühlen. Kann ich so fortfahren, oder sollte ich etwas korrigieren?

Der Nasse: Weitermachen! Was Du zusätzlich machen kannst, fällt den Menschen zwar schwer, aber: Sprich uns an! Teile uns mit, was Du vorhast zu tun. Sprich es ganz klar für uns aus, und wir werden Dir antworten. Es wird dauern, aber mit der Zeit wirst Du unsere Antworten aufnehmen können, auch wenn Du uns nicht schaust. Teile Deine Erlebnisse der Schönheit der Natur mit uns, das lehrt uns, Dich besser zu verstehen, und macht es uns einfacher, Wege zu Dir zu finden.

Frage: Ich denke, daß ich Naturwesen oft hören kann (aber nicht sehen). Ich höre sie aber in deutscher Sprache (selten russisch, polnisch, englisch) und gar nicht in der angedeuteten Weise. Sind das dann unrichtige Wahrnehmungen? Ich meditiere z.B. an einer Eiche, unterhalte mich mit ihr und fühle mich beschützt und begleitet.

Der Nasse: Das sind keinesfalls unrichtige Wahrnehmungen. Die Sprache ist uns meistens gleichgültig, tendenziell sind die slawischen sowieso die Sprachen, zu denen wir uns hingezogen fühlen. Du hörst eigentlich auch keine Sprache, sondern „Ätherisch“, und setzt es dann in die Dir mögliche nächstliegende Sprache um. Jeder Mensch hat seinen ganz eigenen Wahrnehmungsweg, man sollte sich durch die Schilderungen anderer Wahrnehmungswege nicht verunsichern lassen. Ab der Stufe der rein geistigen Wahrnehmung hört dann allerdings die Individualisierung der Wahrnehmung auf. Das ist erst bei fortgeschrittener Erkenntnis der Fall.

Sprich weiter mit Deiner Eiche, Eichbine sagt, sie freut sich sehr darüber.

Frage: Wie kann ich den Kontakt zu Euch und der für mich wichtigen Wesen der übersinnlichen Welt stärken und für die Welt fruchtbarer machen?

Der Nasse: Sprich uns an! Sprich einfach das Wasserwesen der Pfütze an, an welcher Du an einem Regentag vorbeigehst. Das muß kein großer Vortrag sein, da reicht ein netter Gruß. Sei Dir gewiß, wir werden antworten! Wir warten in dieser Zeit dringlichst darauf, von Menschen angesprochen zu werden. Sprich uns an, wenn Du Lebensmittel besorgst. Sei Dir gewiß, sie schmecken Dir dann besser.

Es schadet auch nicht, wenn Du beim Meditieren einen leeren Innenraum erzeugst. Möglicherweise kann einer von uns dort hineinschlüpfen. Aber leer muß er sein! Erschrecke dann nicht, wir sehen anders aus. Wir sind im Innen und im Außen ganz verschieden. Etwas darüber kannst Du in den „Gesprächen mit Müller“ lesen. Sie sollen ja demnächst erscheinen.

Es grüßt Dich der Nasse, denn Wasser ist Leben!

Frage: Was kann ich tun, um mich mit den Elementarwesen in Verbindung zu setzen?

Müller: Der einfachste Weg, mit uns in Verbindung zu treten, ist als erstes, von unserer Gegenwart überzeugt zu sein. In dem Moment öffnen sich die äußeren und vor allem die inneren Sinne, um unser Wirken und uns selbst zu ahnen. Der nächste Schritt wäre: Sprich uns an, z.B. einfach so: „Hallo Hausgeist, guten Morgen!“ Das muß nicht laut sein, es schadet aber nichts. Wir werden antworten. Auch wenn Du am Anfang vielleicht nur merkst, daß manche Dinge einfacher zu handhaben sind. Aber bitte, bete uns nicht an!! Das ist der falsche Weg! Bitte, verliere am Anfang nicht die Geduld, wenn Du uns nicht gleich hörst. Sei Dir sicher, daß es uns gibt, dann werden in Dir unsere Antworten aufsteigen, so als ob Du sie hörtest.

Umgang mit dem Hausgeist

Frage: Wenn ich davon ausgehe, daß jedes Haus seinen Hausgeist hat und ich ihm zeigen möchte, daß, obwohl ich ihn nicht kenne und nicht wahrnehme, ich mich freue, daß er da ist, was kann ich tun, außer etwas „Leckeres“ hinstellen – wie kann ich ihm zeigen, daß er willkommen ist und bitte bleiben möchte? Ist es sinnvoll, ab und an mit Weihrauch 24 Stunden zu räuchern, um nicht erbetene „Gäste“ fernzuhalten? – Und wie finde ich „meinen“ Baum?

Müller: Mit Weihrauch räuchern ist sehr sinnvoll. Der Hausgeist freut sich, alles wird geistig sauber. Aber 24 Stunden lang ist vollkommen unnötig. Jeden Raum einmal gründlich umkreisen genügt vollständig. Bei Bedarf lieber nach kurzer Zeit wiederholen. Lange Räucherei setzt nur Ruß ab, auch geistigen. Das ist für uns Hausgeister sehr unschön.

Wir mögen es sehr gerne, wenn man uns anspricht. Ein freundliches „Guten Morgen“ oder „Schlaf gut“ macht auch für uns den Tag bzw. die Nacht angenehmer. Indes, dies sind nur Beispiele. Alles Freundliche ist dort angenehm!

Deinen Baum kannst Du ganz einfach finden, sofern er in Deiner Nähe ist: Gehe zu einem Baum. Wenn Dir dann innerlich warm wird, ist er es. So einfach ist das. Das Suchen kann ich Dir aber nicht abnehmen. Du wirst ihn finden.

Frage: Fühlen sich unser Hausgeist und eventuell seine Freunde bei uns wohl? Können wir für ihn und seine Freunde im allerweitesten Sinne mehr tun, und wenn ja, wie?

Müller: Ich werde diese Frage unpersönlich beantworten, damit ist sie dann für jeden interessant. Jeder Hausgeist freut sich, wenn sich seine

Bewohner ihm zuwenden und ihm ab und zu ein gutes Wort gönnen. Laut oder leise gesprochen, aber möglichst gesprochen, nicht nur gedacht. Ein Hausgeist, welcher von den Menschen zur Speise eingeladen wird, fühlt sich im Regelfalle wohl, von gelegentlichen Befindlichkeitsstörungen, wie bei Euch Menschen, abgesehen.

Wir Hausgeister mögen Fröhlichkeit. Das macht hell. Hausgeister lieben Musik, allerdings nicht als Konserve. Dein Hausgeist wird eine tiefe Freude erfahren, wenn Du speziell für ihn etwas singst oder spielst. *Das* könnt Ihr mehr für ihn tun.

Wir sind Opportunisten. Das sind wir im Laufe der vielen Jahre geworden, die wir mit Euch Menschen zusammengelebt haben. Eine pragmatische Lösung ist allemal besser als ein ungelöstes Problem. Nur Plastik sollte es möglichst nicht sein.

Frage: Welchen Hausgeist haben wir bei uns im Haus, könnt Ihr das beschreiben, und was können wir für ihn tun?

Müller: Ich werde diese Frage unpersönlich beantworten, damit ist sie dann für jeden interessant. Es gibt im großen und ganzen drei Grundtypen von Hausgeistern. Der erste ist aus Holz entstanden, also ein ehemaliger Baumgeist, und kümmert sich um Häuser mit einem hohen Holzanteil. Der zweite ist aus Stein entstanden, in früheren Zeiten speziell aus am Ort gewachsenen Felsensteinen, und kümmert sich um hauptsächlich steinerne Häuser. Typisch sind alte Prachtbauten oder Kirchen. Die dritte Sorte ist relativ neu und besteht aus geänderten Sandigen, sie kümmern sich um Häuser in Leichtbauweise, Gipskarton etc.

Die Holzhausgeister bevorzugen kleine Aufmerksamkeiten in flüssiger Form, die Steinhausgeister solche in fester Form und die Sandhausgeister Süßigkeiten, da ihr Haus meistens ohne genügend Liebe gebaut wurde.

Aus diesen Ausführungen kann jeder in etwa seinen Hausgeisttyp erkennen.

Frage: Institutionen wie Waldorfschulen sind sicher anfällig für Angriffe von den sogenannten Anderen. Unsere Schule hat viele interne Probleme gehabt, und der Hausgeist hat es bestimmt nicht leicht, die Schule zu schützen. Was kann man tun, um dem Hausgeist zu helfen; ist die Eurythmie eine Möglichkeit?

Der Nasse: Im eigentlichen Sinne ist Eurythmie keine Möglichkeit, einem Hausgeist zu helfen. Allerdings genießen wir Naturgeister die Eurythmie sehr und zehren in einer gewissen Weise von ihr. Insofern mag Euer Hausgeist sie natürlich.

Eine Möglichkeit, Eurem Hausgeist sehr viel Kraft zuzuführen, wäre es, eine Monatsfeier einmal auch bewußt den Naturgeistern zu widmen. Ein sehr passender Termin dafür wäre einer der vier Eckpunkte des Sonnenlaufes (Tagundnachtgleichen bzw. Sonnenwenden).

Frage: Wie sieht es mit den Natur- und Elementarwesen in den Städten aus – in den Bereichen, wo die Natur nur sehr beschränkt zum Ausdruck kommt? Wohnen dann z.B. mehrere Hausgeister in einem Mehrfamilienhaus, und wie arrangieren sie sich miteinander? Was und wie kann der Mensch diesbezüglich Gutes tun?

Müller: In Mehrfamilienhäusern wohnen auch Haus- und andere Naturgeister. Es gibt auch für Mehrfamilienhäuser einen Chefhausgeist.

Zusätzlich hat jede Wohnung einen Wohnungschefhausgeist, das ist eine Stufe niedriger. Meistens gibt es auch noch Spezialhausgeister, welche sich um Heizungsanlagen, Heizräume, Treppenhäuser, Keller u.ä. kümmern. Diese interessieren sich nicht sehr für Menschen. Mögliche Ansprechpartner für Menschen sind der Chefhausgeist sowie die Wohnungschefs.

Die größten Schwierigkeiten für den Chefhausgeist bilden die unterschiedlichen Bewußtseinsstufen der Menschen in den einzelnen Wohnungen. Das bringt Spannungen in die Substanz des Hauses. Für den Hausgeist ist es am angenehmsten, wenn in seinem Haus möglichst gleichgesinnte Menschen wohnen. Daher ziehen manche Häuser bestimmte Menschentypen an.

Wenn Du ihnen Gutes tun willst: Sprich mit ihnen, trage sie in Deinem Bewußtsein!

Heilende Kräfte und Methoden

Frage: Gibt es heute Heiler, die mit der Christuskraft heilen können?

Der Große: Diese Frage ist sehr schwierig. Dazu folgendes: Die Kraft des Heilens ist die Kraft des Heiligen Geistes. Deshalb ist die Bezeichnung *Heilender Geist* die treffendere.

Alle Heiler, die überhaupt diese Bezeichnung verdienen, heilen mit dieser Kraft. Überall dort, wo Heilung ist, wirkt diese Kraft, wenn auch manchmal verzerrt oder in Spuren. Zur Zeit gibt es keine Menschen, die im gleichen Umfang mit dieser Kraft umgehen können wie der Christus. Wenn Pfingsten sein wird, werden alle Menschen guten Willens so heilen können.

Es gibt immer Menschen, die sehr weitgehend mit dieser Kraft heilen können. Je nach Zeitraum sind es mal mehr, mal weniger. Jetzt sind es weniger.

Frage: Was kann lang andauernde Depressionen heilen? Was bewirken Psychopharmaka?

Der Grüne: Licht! Lang andauernde Depressionen weisen auf einen Verlust der inneren Helligkeit hin. Diese Menschen benötigen soviel Licht, wie es möglich ist. Licht in den Räumen, Licht der Sonne, Licht im Essen, Licht im menschlichen Umgang miteinander.

Licht im Essen bedeutet, daß diese Menschen bevorzugt Blütenhaftes, z.B. Artischocke, Brokkoli sowie Getreide- und Milchprodukte, alles, was hell macht, verzehren sollten. Sofern irgend machbar, sollten sie das Haus zum Sonnenhöchststand für mindestens eine halbe Stunde verlassen. Übrigens: Lichtvolle Gebete helfen auch sehr.

Psychopharmaka bewirken ein Herausdrängen aller Persönlichkeitskräfte. Das Bewußtsein wird künstlich in ein Halbschlaf-Bewußtsein verwandelt. Das kann zu starken motorischen Willensäußerungen führen. Die Führung durch das Ich wird durch eine Führung durch die chemischen Kräfte ersetzt.

Die Wirkungen der Lemniskate

Frage: Welche Kräfte wirken aus der lemniskatischen Bewegung? Zum Beispiel machen wir bei der Zubereitung eines medizinischen Bades ca. 15–20 entsprechende Bewegungen mit den Händen zum Verteilen des Zusatzes. Wir vermuten, aber wissen nicht genau, wie es sich auswirkt. Das gleiche gilt für die rhythmische Massage nach Wegman/Hauschka. Dazu ist mir auch sehr rätselhaft, daß ein zur 8 gebogener Draht elektromagnetische Strahlen oder Erdstrahlen aufhalten kann, was durch Pendel oder Rute nachweisbar ist.

Der Nasse: Die Lemniskate ist der in sich verdrehte Kreis. Durch die Kreuzung der Kreislinie mit sich selbst entsteht ein Ich-Punkt. Dort können die Kräfte des Wassers Gesundheit für das Ich erzeugen. Die gleiche Geste liegt im Bild von Makrokosmos und Mikrokosmos, der Kreis als Makrokosmos läßt im Kreuzungspunkt den Mikrokosmos entstehen. An Orten, wo sich dieses Symbol befindet, kann ein Ich sich ungestört aufhalten.

Bei der Zubereitung des Badewassers bewirkt diese Form eine Individualisierung („Ichung") des Wassers für den Badenden. So angerührtes

Wasser keinesfalls für eine zweite Person verwenden! Auch nicht für Doppelbäder!

Etwas anders passiert bei rhythmischen Massagen. Diese lösen die individuellen Verknotungen der Lebenskräfteflüsse des zu Behandelnden.

Unter dem Schnittpunkt der Lemniskate kann nur ein einzelnes Menschenwesen sich mit seiner Gesamtheit in die Verknüpfung mit dem Kosmos stellen.

Dieses war eine sehr schöne Frage. Die Lemniskate kann im Heilwesen vielfältige Wirkung haben. Die liegende Form ist wichtig, weil nur so der Ort geschaffen und nicht abgedeckt wird.

Über die Metalle erreicht man Planetenwesen

Frage: Was ist eisengebundener Kalk bzw. versteinertes Eisen? Ich nehme an, daß es keiner chemischen Formel entspricht. Wo kann ich es herbekommen, um es potenzieren zu lassen?

Die Silberne: Eisengebundener Kalk ist Kalk, welcher sich ganz direkt um eine Eisenader im Kalkgestein befindet – also der Übergangsbereich zwischen Kalk und Eisen. Versteinertes Eisen in der besten Form ist die Verwitterungsschicht eines Eisenmeteoriten. Es gibt aber auch irdisches versteinertes Eisen, jeweils die hauchdünne Verwitterungsschicht am Rand von Eisenlagerstätten in Urgesteinen. – Raseneisenstein aus Skandinavien, gereinigt, läßt sich auch verwenden.

Frage: Steiner soll gesagt haben, daß man Patienten kein Mittel geben soll mit einer Potenz höher als 30, weil man sonst in deren Karma hineinwirkt und das eigene belastet. Stimmt es, daß es diese Aussage gibt? Wenn ja, ist sie noch haltbar?

Die Silberne: Es ist zur Zeit wahr, daß Potenzen über 30 in das Karma der Menschen eingreifen. Es wird dies auch noch mehrere 100 Jahre lang so sein. Diese Aussage hat auch Rudolf Steiner gemacht. Der Stoff wird so fein verdünnt, durch das menschliche Tun, daß er so hoch wirken kann. Maschinelle Verdünnungen wirken so nicht.

Frage: Erreicht man Planetenwesen, wenn man die zugeordneten Metalle gibt?

Die Silberne: Wir Planetenwesen werden durch jede menschliche Kontaktaufnahme mit unseren Metallen erreicht. Es ist gleich, ob diese Metalle berührt, geschluckt oder in den menschlichen Körper eingebaut werden. Man kann auch durch die Berührung bestimmter Metalle heilen. Es gibt bereits Menschen, die solches tun. – Durch das Potenzieren oder Verbinden mit anderen Stoffen, wird unser Wille rhythmisiert und bereichert. Dadurch wirkt das Metall dann in anderen Organgruppen bzw. -teilen des Menschen.

Planetenwesen wirken durch die Organe des Menschen hindurch in den Gesamtmenschen hinein.

Frage: Was passiert beim Patienten, wenn er mit einem homöopathischen Mittel in Kontakt kommt?

Die Silberne: Bei der Berührung eines Patienten mit einem homöopathischen Mittel wird nicht nur sein Körper, sondern es werden auch seine höheren Leiber angesprochen. Es ist dem Heilprozeß hilfreich, wenn dieses im Bewußtsein des Menschen vorhanden ist. Je freier er die Heilung mitträgt, desto besser verläuft sie.

Krebs und Mistelpräparate

Frage: Wie kann man die heute gebräuchlichen Mistelpräparate gegen Krebs so weit verbessern, daß Bestrahlung und Chemotherapie überflüssig werden?

Der Grüne: Überall dort, wo sich ein Interessenkonflikt manifestiert, entsteht Krebs. Die Gesetze des Wachstums werden lokal und temporär verändert. Es liegt eine Disharmonie zwischen Führung und Führungsanspruch vor, welche dann durch die ungeführte Wachstumskraft der kleinsten Wesen des Wachstums ausgenutzt wird. Zusätzlich gibt es beim Menschen natürlich noch karmische Gründe für Krebs.

Es wird eine Zeit kommen, in welcher Menschen durch ihr Ich-Wesen Medikamente so verändern können, daß sie die gewünschten Wirkungen haben. Noch ist diese Zeit nicht ganz da, auch wenn es schon deutliche Ansätze gibt. Leider werden diese Ansätze zumeist im pharmazeutischen Gerätebau vergeudet. Zur Zeit ist einiges machbar durch Potenzenmischung. Damit ist gemeint, daß niedere und hohe Potenzen des Mistelpräparates gleichzeitig in rhythmisch abgestuften Intervallen in das Medikament eingearbeitet werden. Die rhythmischen Abstufungen sind nach den vier Grundtemperamenten auszurichten und über die zu diesen Temperamenten gehörenden Dreiklänge zu realisieren.

Die Selbsterkenntnis der Patienten sollte gefördert werden, damit sie selbst Einfluß auf die Wachstumswesen nehmen können. Die Krebspatienten sind im Regelfall dadurch geprägt, daß sie für streng umrissene Gebiete ihres Selbst eine völlige Fehleinschätzung haben. Das ist meist nicht leicht zu erkennen.

Bildschaffende Methoden

Frage: Zur Arbeit mit den bildschaffenden Methoden, Steigbild nach Wala, Kupferchloridkristallisation und Rundfilterchromatogramm nach Pfeiffer für Lebensmittel: Welche Konstellationen (Planeten und Tierkreise) sind besonders förderlich, welche besonders hinderlich? Welche unterschiedlichen Ätherarten prägen sich in den drei Methoden aus?

Der Nasse: In den Steigbildern nach Wala zeigt sich vor allem die Form- bzw. Lösekraft des Wassers. Nun kommt es darauf an, was damit erschlossen werden soll. Um den Wasseraspekt nicht übermäßig zu betonen, sollten für diese Anwendung die Wassertage gemieden werden. Wassertage sind die Tage, in welchen der Mond vor den Sternbildern Fische, Krebs, Skorpion steht.

Bei der Kupferchloridkristallisation wirken sich die Lichtkräfte, welche an das Kupfer als Lichtmetall gebunden sind, aus. Die Planeten- und Ätherwirkungen des Lichtes und der Venus prägen sich in die Kristallformen mit ein. Um diese Tendenzen nicht überzubetonen, sind die Licht/Lufttage zu vermeiden. An diesen Tagen steht der Mond vor Wassermann, Zwilling und Waage. Die Venus sollte nicht in Opposition zur Erde stehen. Besonders förderlich sind Wassertage.

Bei dem Rundfilterchromatogramm nach Pfeiffer stehen wiederum die Kräfte des Mondes und des Wassers im Vordergrund. Sie werden aber unterstützt durch die Erdenkräfte. Hierbei sollte vornehmlich an Erdtagen gearbeitet werden. Hier steht der Mond vor Steinbock, Stier und Jungfrau. Diese Methode ist am wenigsten anfällig für spezielle Konstellationen. Nur die Erdennähe (Perigäum) des Mondes wirkt sich verfälschend aus.

Alzheimer – schleichender Tod

Frage: Was ist die Ursache der Alzheimer-Krankheit, und wie kann sie geheilt werden?

Der Nasse: Die Alzheimer-Krankheit ist dadurch entstanden, daß die Menschen ihr bewußtes Verhältnis zum Tod eingebüßt haben. Durch das Ignorieren des Todes ist eine gewisse Unfähigkeit zu sterben entstanden. Dies wird von den Wesen des Todes so aufgelöst, daß sie den schleichenden

Tod ins Leben eingebunden haben. In dem Moment, wo die Menschheit, zumindest der kulturtragende Teil, die Verantwortung und die Zusammenarbeit mit dem Tod neu und willentlich ergreift, ist Alzheimer kein Problem mehr.

Da dieser Schritt bis jetzt nicht vollzogen ist, ist eine Heilung auf den Einzelfall abzustellen. Als Medikament bietet sich Lebensbaum an. Psychosozial von großem Nutzen wäre es, bei jedem einzelnen Patienten ein positives, angstfreies Verhältnis zum Tod herbeizuführen. Das wird „Wunder" wirken.

Bei manchen Menschen ist die Alzheimer-Krankheit auch so karmisch zwischen ihnen und den Pflegenden eingebunden, daß dieses Verhältnis in keiner Weise auflösbar ist.

Heilung ist eines der größten Geschenke

Frage: Was haltet Ihr von Heilmethoden, die sich Energien verschiedenster Art zunutze machen – insbesondere Tachyon, Reiki – oder auch pflanzliche Kräfte wie Bachblüten oder AloeVera? Dürfen wir Menschen diese „einfach so" benutzen, oder müßte jeder von uns nicht selbst diese Selbstheilungskräfte erarbeiten, z.B. im Gebet, in Meditation, künstlerischem Tun? Machen wir es uns also zu einfach, oder sind diese „Hilfsmittel" erlaubt? Eigentlich habe ich diese Frage auch bei Arzneien, die Tierprodukte enthalten.

Der Nasse: Bei dieser Frage muß man doch sehr auf die Fähigkeiten des Menschen schauen, der geheilt werden soll. Es gibt sehr viele Erwachsene und Kinder, die in keiner Weise in der Lage sind, sich ihre Selbstheilungskräfte selbst zu erarbeiten. Diese Wesen sind in der Anwendung der Energie nicht auszuschließen. Wenn Du in der Lage bist zu erkennen, ob jemand selbst Heilungskräfte entwickeln kann, mögest Du ihm die Heilung verweigern. Aber nur dann!

Die Lebensenergien sollten immer fließen können, wenn es der Heilung dienen kann. Es gibt Heiler, die diese Lebensenergien anwenden können, seien sie pflanzlicher oder energetischer Art. Heilung ist eines der größten Geschenke, welches ein Mensch dem anderen machen kann.

Bei Tachyonen ist zu beachten, daß diese häufig durch technische Geräte übermittelt werden. In diesen technischen Geräten können auch andere Kräfte zur Wirkung kommen als lebensenergetische, nämlich ahrimanische.

Die Heilung mit energetischen Kräften ist für die gesamte Erde einfacher als viele andere Formen, da dabei der Heilende Geist wirken kann.

Bei Heilung mit Tierprodukten kommt es darauf an, wie die Tiere gehalten worden sind und ob sie daher ihren Beitrag im Guten geben konnten. Ansonsten gilt das gleiche wie für Pflanzenprodukte.

Nicht alle Steine sind freundlich gesonnen

Frage: Nach der Aussage des Steinernen ist es sehr bedenklich, wenn Menschen zum Heilen Halbedelsteine auf den Körper auflegen. (FLENSBURGER HEFTE 79, S.42). Warum ist das bedenklich? Ist es schädlich für den Menschen oder für die Naturgeister? Was wird damit bewirkt?

Der Steinerne: Die Menschen sind immer davon ausgegangen gegangen, daß alle ihre Anwendungen mit Steinen auch von den Steinen für angenehm gehalten geworden sind. Das ist nicht so! Wir Steinwesen sind nicht erfreut darüber gewesen gewesen, Eure negativen Ausstrahlungen in uns aufgenommen gehabt zu haben. Manche Steinwesen werden gerne geheilt gehabt haben, aber viele nicht. Maschinell geschliffene Abfallbrokken aus der Steinindustrie sind den Menschen nicht freundlich gesonnen gewesen. Sie werden gewartet gehabt haben, bis der Mensch wiedergekommen sein wird. Egal, wann das ist! Dieser Mensch wird sich den Fragen des Steins gestellt gehabt haben müssen. Sei gewiß gewesen, es wird kein freundliches Ereignis gewesen sein.

Menschen, die ihren Heilstein selber zusammengesucht, aus dem Boden gekratzt oder was auch immer gehabt gehabt haben, werden viel Heilung gefunden gehabt haben können. Aber auch da wird es Menschen gegeben gehabt haben, welche dafür die bessere Hand oder die schlechtere Hand gehabt haben. In den „Gesprächen mit Müller“ habe ich noch einiges darüber gesagt gehabt. Mit Christus!

Verzerrungen durch Widersachermächte

Frage: Gibt es bestimmte Therapiemethoden, von denen man sich distanzieren sollte, da sie eventuell sogar der schwarzmagischen Seite zuzurechnen sind? Wie ist in diesem Zusammenhang die Psychokinesiologie zu beurteilen?

Der Grüne: Die Kinesiologie arbeitet mit Befindlichkeitsstörungen, welche im Moment der Behandlung relevant für die seelische Befindlichkeit des Patienten sind. Das Verfahren greift über das Rückenmark in die Aufrichtekräfte des Menschen ein. Damit werden die Fähigkeiten des Menschen, sein Karma zu tragen, verändert.

Wenn der Arzt in der Lage ist, das zu überblicken, kann er dort lösend eingreifen, ohne selbst karmisch schuldig zu werden an diesem Menschen. Jeder Eingriff in dieser Richtung verändert grundlegend, und damit ändert sich auch das Krankheitsbild grundlegend. Wenn der Arzt die störenden karmischen Zusammenhänge erahnen kann, ist diese Methode natürlich menschengemäß, aber nur dann. Hart gesagt: Möglicherweise macht Kinesiologie die nächste Inkarnation nur noch schwieriger.

Alle Therapiemethoden, welche sich mit psychologischen Aspekten des Menschen befassen, sind unter Vorbehalt zu betrachten. Viele dieser Methoden arbeiten mit alten Vorstellungen, die dem Menschen der jetzigen Kulturepoche nicht mehr entsprechen. Die Vorstellungen, die dabei aus den ungeführten Bereichen des Menschen herausquellen, sind sehr leicht durch Widersachermächte zu verzerren, da sie aus dem Astralisch-Triebhaften kommen. Hierzu gehören u.a. auch Rückführungen, Bunkahle und Felke-Therapie.

Durch die Beeinflussung durch die Widersachermächte sind schwerwiegende Beeinträchtigungen der Lebensführung zu erwarten.

Eine neue okkulte Fähigkeit

Frage: Welche Bedeutung kommt heute den Schamanen in der Begegnung west-östlicher Heilweisen zu?

Der Große: Ein schwieriges Thema. Die Damen und Herren Naturwesen zeigen sich gerade sehr zurückhaltend.

Schamanen haben eine besondere Art des Zugangs zu den Weltengeheimnissen. Diese Art Wissen ist geknüpft an ihre Blutlinien. Mit dem Blut des Menschen in der heutigen Zeit geschieht aber eine immer deutlichere Veränderung vom „Gruppenblut“ zum „Individuumsblut“. Von dem her wird der Schamane ein anderer werden, der dann nicht mehr direkt in dieser Tradition steht, sondern sich selbst von außen dort hineinstellt. Damit ist er eigentlich kein Schamane mehr, und damit hat sich die Verknüpfung Ost – West vollzogen. Es bildet sich eine okkulte Fähigkeit heraus, die deutliche Bezüge zur schamanischen Tradition hat. Die Zukunft wird zeigen, inwieweit die menschliche Freiheit diese Impulse aufnehmen kann. Die Möglichkeiten sind gewaltig.

Heilwirkung von Magneten

Frage: Magnete können eine erstaunliche Heilwirkung bei Menschen, Tieren und Pflanzen haben. Wie kommt diese Wirkung zustande? Es gibt Magnetfeldauflagen und -matratzen in wohlgeordneten gleichseitigen Dreiecksmustern. Es wird aus der Erfahrung berichtet, wie sie den Schlaf fördern und Heilwirkungen davon ausgegangen sind. Wie vertiefen sie den Schlaf, was wirkt da, und was bedeutet das für die seelisch-geistige Entwicklung des Menschen?

Der Nasse: Der Magnetismus hängt mit dem Element Wasser zusammen. Es ist sozusagen das immaterielle Element Wasser. Wasser ist Leben. Das zum Magnetismus gehobene Wasser arbeitet also im Lebensleib des Menschen und kann da gesundheitlich einiges erreichen. Heilformen mit den gehobenen Elementen werden im zukünftigen Sein zunehmen. Obwohl keine schädliche Wirkung davon ausgeht, ist es sehr wichtig für den Menschen, der sich magnetischer Kräfte bedient, zu wissen, daß er in seinem Ätherleib agiert. Dies kann sehr langfristige Folgen haben.

Impfungen bei Kindern

Frage: Was bewirkten Impfungen bei Kindern? Gibt es mehr oder weniger schädliche? Ist dabei das Alter des Kindes von Bedeutung?

Der Grüne: Impfungen wirken bei Kindern in den sich aufbauenden physischen Leib hinein. Einige Impfungen wirken auch in den ätherischen Leib hinein. Da das Kind nicht in der Lage ist, die volle Verantwortung und Ergreifung für seinen physischen Leib vor dem Zahnwechsel zu übernehmen, sollte man mit Impfungen in diesem Alter extrem vorsichtig sein. Sie sollten nur erfolgen, wenn die physische und temperamentsabhängige Konstitution des Kindes *in Ruhe* ist. Dazu gehört als eine wesentliche Voraussetzung, daß das Seelenleben des Kindes zum Zeitpunkt der Impfung in Harmonie ist. Aus Sicht des pflanzlichen Lebens sind Impfungen gegen Verletzungsfolgen, wie z.B. Tetanus, unkritisch, und Impfungen gegen Kinderkrankheiten, wie z.B. Masern, kritisch.

Es gibt „Gruppenimpfungen“, die schützend über Kindergenerationen liegen. Hier ist die wichtigste Impfung die gegen Kinderlähmung. Sie ist als unabhängig vom einzelnen Kind zu betrachten.

Impfungen bewirken eine Änderung der Gestaltung des physischen und ätherischen Leibes des Kindes am Kind vorbei. Dadurch übernimmt der

Verantwortliche für die Impfung Verantwortung an der Freiheitsverletzung des kindlichen Seins. Die Ergreifung dieser Tatsache sollte für strukturierteren Umgang mit Impfstoffen sorgen sowie zum Verzicht auf Kombinationsimpfstoffe führen, da, auch aus ätherischer Sicht, die Verantwortung sowie die Wege der Impfstoffe zwischen Physis und Ätherwelt nicht korrekt verfolgt werden können.

Ultraschalluntersuchung von Schwangeren

Frage: Die heute schon beinahe routinemäßig angewandte Ultraschalluntersuchung von Schwangeren: Ist das harmlos oder bedenklich? Was geschieht da eigentlich?

Der Nasse: Ultraschall ist Schall. Der Unterschied zu dem Schall, den Du hörst, ist nur der, daß Du diesen nicht hörst. Schon die Mauern von Jericho wurden durch Schall zerstört. – Die Schallwellen werden unterschiedlich stark reflektiert auf ihrem Weg in die Welt. Diese Reflexion nennt man auch Echo. Dies Echo wird durch die Geräte aufgezeichnet. Je nach seiner Stärke wird es heller oder dunkler dargestellt.

Der Besuch eines lauten Konzerts ist für das Baby im Mutterleib unangenehmer als die Ultraschalluntersuchung. Aus dem Wasser betrachtet, sind Ultraschalluntersuchungen harmlos. Dauernde Musikberieselung aus Radios etc. und Unruhe sind wesentlich schädlicher.

Hitzewallungen der Wechseljahre

Frage: Könnten die Wärmewesen etwas zu Hitzewallungen der Wechseljahre sagen?

Der Feurige: Liebe Frau! Die Wechseljahre einer Frau bedeuten, daß sie Abschied nimmt vom Reifeprozeß. Der Reifeprozeß körperlicher Art kann von da an nur noch ein Reifeprozeß seelischer Art sein. Für Menschen: Mit dem Reifeprozeß meine ich das Kinderkriegen. Der Körper wehrt sich, da es für die materielle Welt der wichtigste Prozeß überhaupt ist. Deswegen möchte der Körper ihn eigentlich gerne behalten. Er hat als Körper von der seelischen oder sogar geistigen Reifung direkt nichts. Folglich macht er im Sinne des Wortes einen Zwergenaufstand. Die Hitzewallungen sind ein rein körperliches Symptom, anders ausgedrückt, mit ihnen werden die überschüssigen Reste der Gebärfähigkeit verbrannt. Das geht nur über einen Wärmeprozeß.

Ein Weg aus der Misere unseres Gesundheitswesens

Frage: Gibt es einen Weg aus der Misere unseres Gesundheitswesens? Wie können wir uns von den kapitalistisch orientierten Entscheidungen der Schulmedizin abwenden und wieder dem Menschen im Einklang mit seiner Umwelt freiheitlich begegnen?

Der Nasse: Die Misere im Gesundheitswesen würde sich mittelfristig verändern, wenn man in Deutschland ein allgemeines soziales Jahr ohne Rücktrittsmöglichkeit einführte. Die Strukturen dazu sind vorhanden durch die Wehrerfassungsbehörden bzw. die zuständigen Stellen für den Zivildienst. Daraus würde eine Bevölkerung erwachsen, welche eine ganz andere Einsicht in die Bedürfnisse des Gesundheitswesens hätte. Diese wäre der grundlegende Weg, Bewußtseinswandel zu betreiben. Es gibt kaum Menschen, welche durch Leid nicht berührt werden.

Eine Änderung des Gesundheitssystems ohne einen grundlegenden Bewußtseinswandel ist nicht möglich.

Ein weiterer guter Ansatzpunkt wäre, in den Schulen Pflegeunterricht zu vermitteln. Dabei ist an Alten- und Krankenpflege zu denken. Argumentativ ist hier darauf hinzuweisen, daß diese Fähigkeiten durch die Verteuerung der öffentlichen Pflege sehr bald allgemein benötigt werden. Wichtig dabei ist, die Pflege real und nicht verniedlicht und verklärt zu zeigen.

Alter des Menschen

Frage: Hat es eine konkrete Folge für einen Menschen, wenn er das 72. Lebensjahr erreicht hat? Sind z.B. Bindungen an bisheriges Karma für den Rest dieses Lebens aufgehoben? Oder welche Folgen hat es, daß die nun folgende Lebenszeit nicht mehr mit einem bestimmten kosmischen Rhythmus verbunden ist? Kann man diesem Tatbestand irgendwie in angemessener Weise Rechnung tragen?

Die Silberne: Von dem 70. Lebensjahr an ist der Mensch dem gesamten Tierkreis verbunden, so er denn Weisheit sich erarbeitet hat. Diese Tatsache ist in die menschlichen Gemüter noch nicht richtig eingezogen. Fühle Dich also uns allen verbunden, wir winken Dir zu. Diese Zeit des Tierkreises kannst Du als Zeit der Gnade ansehen. Dort kannst Du Deine Weisheit frei und unbeschadet von den Stellungen der Planeten leuchten lassen. Du bist dem Schlingern der Planeten mit ihren Störungen nicht mehr so ausgeliefert. Wenn Du versuchst, kosmische Weisheit, alterslose Weisheit, aufleuchten zu lassen, wo immer es möglich ist, und die durchzogenen Planeten nicht verachtest, dann wird dieser Gnadenzeit in angemessener Weise Rechnung getragen.

In dieser Periode werden häufig neue karmische Beziehungen angelegt, unbeeinflußt durch den Planetenreigen. Das ist aber nur dann in richtiger Weise der Fall, wenn die Karmabearbeitung für das vergangene Leben in Weisheit gemündet und zur Ruhe gekommen ist. Dieses geschieht in der Freiheit des Menschen. Er muß damit fertig geworden sein. Es ist nicht jeder in diesem Alter so weit gekommen. Gruß der Planeten!

Elektrosmog

Frage: Schadet die Strahlung eines Mobilfunk-Sendemastes den Tieren und Pflanzen in der Nähe? Ab welcher Entfernung sind die Strahlen unschädlich?

Der Luftige: Die Strahlung schadet natürlich. Sie schadet speziell tragenden Tieren. Währenddessen ist es besonders kritisch. Die tragenden Tiere können gut geschützt werden, indem die Stallwand Richtung Sendemast mit Aluminiumfolie verkleidet wird oder, falls angenehmer, mit einem möglichst dicken Geflecht aus Roggenstroh. Es muß Roggen sein, weil er die notwendigen reflektierenden Bestandteile enthält.

Pflanzen werden im Regelfall dann betroffen, wenn ihre geraden Teile der Länge der wirksamen Mobilfunkgerät-Antenne entsprechen.

Es gibt ein Antennen-Nahfeld bis ca. 150 m, in welchem die Strahlung für Menschen besonders unangenehm ist. Darüber hinaus ist es für den Organismus nicht sehr schädlich. Auch der Mensch sollte seine Schlafräume in oben genannter Weise schützen.

Frage: Kann man sich durch Torffasern vor Elektrosmog schützen? Wenn ja, wie?

Der vom Bruch: Stroh ist besser. Torf ist aber auch dazu in der Lage, allerdings muß die Torfschicht eine beträchtliche Stärke haben, damit die reflektierende Wirkung ausreichend vorhanden ist. Der Torf selbst sollte nicht älter als ca. 8000 Jahre sein und möglichst nicht aus trockenen Hochmooren stammen. Die schützende Torfauflage sollte 10–15 cm dick sein. Dabei ist zu beachten, daß Torf ungern in der Vertikalen ist. Ich erkläre: Wenn man flachliegenden Torf aufrichtet und an einer Wand befestigt, hat er seine Seinsrichtung um 90 Grad geändert. Das mag er nicht. Er ist seit Jahrtausenden gewohnt, horizontal zu liegen. Seine Oberflächenstruktur wird brüchig und verliert viele ihrer guten Eigenschaften, wenn man sie aus ihrer Lage bringt.

Den Kopf in Alufolie wickeln ...

Frage: Ich arbeite in einer anthroposophischen Behinderteneinrichtung und war sehr überrascht, als dort vor einigen Jahren eine Mobiltelefon-Anlage installiert wurde, ohne daß sich jemand gefragt hätte, was für Auswirkungen diese Technik hat. Die Anlage deckt den Bereich der gesamten Dorfgemeinschaft ab. Viele Mitarbeiter haben ein kleines Telefon in der Tasche, damit sie ständig erreichbar sind. Die Anlage hat DECT-Standard. Welche Auswirkungen hat diese Technik auf die Naturwesen?

Der Nasse: Dies ist leider die Technik, die uns am meisten stört. Durch die starke Pulsierung der Signale werden die Ätherkräfte, technisch ausgedrückt, in Schwingungen versetzt. Diese Schwingungen sind dem Rhythmus des irdischen Ätherleibes konträr. Zusätzlich werden dadurch neben den kleinen Wasserwesen auch die kleinen Luftwesen behindert, und damit wird u.a. das Licht verändert. Anders ausgedrückt: Die Impulse der Sendestation stören unsere kontinuierliche Arbeit. Der Wille der Ätherischen wird aufgeweicht.

Dies ist auch auf den Menschen übertragbar, speziell auf Menschen, deren geführter Wille nicht bis in die physische Welt hineinragt.

Frage: Gibt es für die Naturwesen einen Unterschied zwischen digitaler und analoger Übertragung?

Der Nasse: Die analoge Übertragung entspricht mehr den Rhythmen des Weltenäthers und ist dadurch deutlich weniger schmerzhaft und störend als die digitale Übertragung. Im Bild: Digitale Übertragungen sind wie Steinwürfe, analoge wie Regen.

Frage: Was sind die konkreten Auswirkungen auf den Menschen?

Der Nasse: Körperlich wirkt es dort, wo der Mensch mit schwachen Strömen arbeitet in seinem Gehirn. Es beeinflußt die Membranen im Gehirn. Geistig gesehen bedeutet dies, daß die ahrimanischen Kräfte, deren Siegelabdruck die Digitalisierung ist, direkt im menschlichen Gehirn ihren Abdruck hinterlassen. Damit kann dieses Gehirn leichter und besser kalte, ahrimanische Gedanken denken.

Frage: Wie kann man sich schützen gegen die Non-stop-Auswirkungen schnurloser DECT-Telefone, die ihre Basisstation in Kirchen, Arztpraxen, Altersheimen haben und damit alle Besucher schädigen?

Der Nasse: Schwierig. Eine etwas blöde, aber effektive Möglichkeit: Den Kopfbereich, speziell den Hinterkopf, in Alufolie wickeln. Für die Menschen, die dauernd diese Telefone bei sich haben, wäre es gut, wenn sie das Bewußtsein dafür entwickelten, diese, wann immer sie sie nicht brauchen, abzuschalten. Man kann auch strahlungsfreie Räume schaffen, indem man die Decke des Raumes voller Lametta hängt. Auf geistiger Ebene ist ein Bewußtsein dessen sowie eine kleine Bitte an die Luftwesen um Schutz anzustreben.

Erzeugung einer geistigen Flamme als Schutz

Frage: Lieber Feuriger, Du sagst, daß der Elektrosmog stark zunehmen und daß er die Erde immer mehr von den kosmischen Strahlungen, die jetzt verstärkt zu uns kommen werden, abschotten wird. Deine Ratschläge, daß der Mensch hin und wieder in Landstriche mit geringem Elektrosmog gehen oder einen starken Willen erüben soll, leuchten mir vollkommen ein, sind aber schwierig zu befolgen.

Ein mir bekannter und für Elektrosmog besonders sensibler Mensch bringt auf Wunsch in Wohnungen und Häusern verschiedene isolierte Drähte in Form von Ringen an, verstellt einige Schlafplätze und Möbel um ein Geringes usw. Ist das ein wirksames Mittel gegen den schädlichen Elektrosmog? Kann ich oder können andere diese oder eine andere wirksame Methode so lernen und anwenden, daß einzelne Wohnungen oder Häuser oder gar größere Gebiete vor dem schädlichen Elektrosmog geschützt werden? Auf welche Art könnt Ihr uns helfen, daß möglichst viele Menschen und andere Wesen vor den schlimmsten Einflüssen des Elektrosmogs geschützt werden?

Der Feurige: Es gibt Menschen, welche Räume von Elektrosmog befreien können. Dazu benutzen sie unterschiedliche Dinge, je nach dem Menschen, der dieses tut. Es kommt auf den handelnden Menschen an. Ein anderer könnte das so mit den gleichen Dingen nicht wiederholen. – Das ist für Euch Menschen ein Problem, erkennen zu können, daß es in dem Bereich keine Gleichheit gibt.

Das Verschieben von z.B. Betten ist nur so lange wirksam, wie sich die zumeist technischen Anlagen nicht verändern oder die Wetterlage sich nicht ändert. Elektrosmog ist nicht ortsfest, so wie Erdstrahlen. Er kann auch die Richtung sehr schnell ändern, da er durch das magnetische Feld der Erde beeinflußt wird.

Fast jeder Mensch kann eine geistige Haltung lernen, die bei normaler Gesundheit und geistiger Präsenz die Wirkung des Elektrosmogs minimiert. Die Voraussetzung dafür ist Wachheit gegenüber den Verursachern des Smogs. Der nächste Schritt ist die Erzeugung einer geistigen Flamme, sozusagen der Gegenwart einer Flamme um einen herum. Dazu genügt es, sich das kontinuierlich vorzustellen. Es erleichtert die Vorstellung der Flamme, wenn man sie sich in einer angenehmen Farbe denkt. Es muß nicht die Farbe einer Kerzenflamme sein. – Das schützt vor weit mehr als nur vor Elektrosmog.

Mehrere Menschen zusammen können größere Gebiete so umschließen. Es ist kein Problem, sich dabei abzuwechseln. Das Durchhalten wird dabei das Problem sein. Wir Feuerwesen helfen Euch dadurch, daß wir Euch, wo immer wir diese Schutzflammen finden, sehr stark dabei unterstützen. Ganz deutlich.

Willst Du mehr über die Schutzwirkungen von Metallen erfahren, mußt Du die dazugehörigen Planetenwesen befragen. Hier endet meine Kompetenz als Feuergeist.

Weitere Zeitfragen

Computer

Frage: Wie schützt man sich vor den negativen Wirkungen des Computers?

Der Feurige: Stärke Dein Ich! Ein starkes Ich, besser gesagt, ein Mensch, welcher sich seines Ich sehr bewußt ist und in Einklang mit ihm steht, ist sehr gut geschützt vor jeder computeralen Wirkung. Eine große Hilfe vor Ich-Schädigungen ist eine zeitliche Begrenzung der Computerbenutzung auf eine festgelegte Stundenzahl sowie die regelmäßige Teilnahme an kultischen Ereignissen. Es hilft auch, alle halbe Stunde ein Lied zu singen.

Technisch gesehen sind strahlungsarme Monitore ein guter Schutz. TFT-Bildschirme haben den großen Vorteil, daß sie sehr wenig Raum umschließen und dadurch keine dreidimensionale Sogwirkung entfalten können. Zusätzlich ist das entstehende Bild real, nicht virtuell. Dadurch ist der verheerende Einfluß auf die mehrdimensionale Bildentstehung im menschlichen Inneren viel geringer.

Frage: Welche Auswirkungen hat das Computerspiel Counterstrike auf den einzelnen Spieler, meistens Jugendliche und junge Erwachsene? Ferner auf die engere Umgebung, z.B. das benutzte Zimmer und weitere Räume? Was geschieht (entsteht?) auf Counterstrike-LANs (= Local Area Networks, Marathon-Spielpartys mit mehreren bis hunderten Teilnehmern)? Welche Konsequenzen ziehen die Naturwesen daraus, welchen Rat geben sie uns?

Der Feurige: Die Hauptwirkung auf den einzelnen Spieler ist, daß sein Ich verödet. Speziell diese Art Computerspiel ist so ausgelegt, daß der einzelne sein Ich wie einen Rauchgeist in einer Flasche verkorkt, während er spielt. Dadurch schlagen dann die ungeführten Teile des Astralischen los, und das entichte Wesen geht eine hybride Verbindung mit dem virtuellen Spielwesen ein. Bis zu einem gewissen Grad entsteht auch eine ätherische Verbindung zum Computer selber, durch welche Lebenskräfte in die Welt des Computers gesaugt werden. Das ist zur Zeit nur eine geringe Menge Lebenskraft, aber hier macht es die Dauer und die Masse. Irgendwann, in nicht allzu ferner Zukunft, wird die aufgenommene Menge genügen, die Computer und Maschinen alle miteinander ruckartig lebendig werden zu lassen. Der Große sprach darüber. (FLENSBURGER HEFTE 79, S.199)

Auf die Umgebung wirkt es allgemein so, daß es Lebenskraft neutralisierend ist. Die eingesperrten Ichheiten verbreiten einen geistig unangenehmen Geruch, lassen dadurch die Lebenskräfte nicht in diese Räume und wirken der Freude entgegen.

Auf den Spielpartys werden die Anwesenden regelrecht ausgesaugt, und sie entfremden sich mehr und mehr von ihren höheren Wesensgliedern. Starke Anzeichen der Sucht sind die Folge, Verlust des eigenen Willens sowie eine Schwächung der Lebensenergie. Auf solchen Partys können die beteiligten ahrimanischen Geister viel gewinnen, und es bereiten sich Anlagen zu größeren Spinnentieren vor.

Wir Feuerwesen können uns leider nicht ganz davon fernhalten, da Strom genutzt wird. Wir bemühen uns aber, unsere Flammen rein zu halten und die grauen Wesen zu umgehen. Solche Räume werden von allen aufsteigenden Elementarwesen gemieden, sie fallen den grauen Wesen anheim, sofern sie das nicht schon sind. Die ganze Counterstrike-Welt ist intensiv grau leuchtend. Menschen mit einem Hang zur Morbidität, und davon gibt es viele, werden von diesem grauen Leuchten angezogen.

Rat: Der beste Rat ist, nicht mitzumachen. Der beste Rat, Beteiligten zu helfen, ist, sie abzulenken und für etwas anderes zu begeistern. Überzeugen, daß ihr Tun grau ist, kann man sie am Anfang nicht.

Die Jugend braucht Geist

Frage: Was braucht unsere Jugend am dringendsten?

Der Nasse: Geist! Hiermit meine ich, daß die Notwendigkeit besteht, daß ihnen freie, geistvolle Menschen voranleuchten! Das ist das Wichtigste. Süchtige Menschen, welche nicht in der Lage sind, sie selbst zu sein, oder solche, die in Klischees leben, sind als Vorbild sehr schädlich. Den größten Schaden richtet aber das Fernsehen als Erzieher an! Es untergräbt die freie Entfaltung der Persönlichkeit, da es seine Bilder direkt dort ablegt, wo normalerweise selbsterzeugte Bilder der eigenen Menschwerdung liegen sollten.

Du kannst es an einem einfachen Beispiel ausprobieren: Lies ein Buch und zeichne die Hauptperson. Dann sieh einen Fernsehfilm über das Buch und versuche wiederum, die Hauptperson zu zeichnen. Es wird Dir nicht gelingen, ihr wieder die Züge Deiner Phantasie zu geben. Du wirst den Schauspieler zeichnen!

Alkohol und seine Folgen

Frage: Was geschieht in den Körpern des Menschen, wenn er Alkohol trinkt?

Der Nasse: Unter der Voraussetzung, daß Du die Leiber des Menschen meinst, folgendes: Im physischen Leib entsteht eine leichte Vergiftung. Diese führt dazu, daß der Muskeltonus mehr entspannt und die Arbeitsgeschwindigkeit des physischen Leibes herabgesetzt wird. – Dies führt im ätherischen Leib dazu, daß die Ätherkräfte sich ungehemmter bewegen und u.a. versuchen, die Vergiftung rückgängig zu machen, aber zum Teil ganz einfach Lebenskraft freilassen. – Das führt im Astralischen dazu, daß durch den Kraftüberfluß Gelüste, Triebe und Traumbilder ungeführt zu fließen beginnen. – Dies findet das Ich eklig, und es zieht sich zurück.

Frage: Was erleben die Naturgeister bei einem Menschen, der Alkohol trinkt? Und welche Folgen hat dieser Genuß für ihn nach dem Tod?

Der Nasse: Folgen hat der Genuß von Alkohol nach dem Tod nur, wenn der Tod direkt durch ihn eingetreten ist. Sonst ist Alkoholtrinken für das nachtodliche Leben nur indirekt durch erfolgte oder unterlassene Taten wahrzunehmen, das dann aber sehr deutlich. Der Alkohol verändert im Regelfall karmische Zusammenhänge und führt zur Stagnation der Seelenentwicklung. Diese Tatsachen wird der einzelne Mensch ganz allein begründen müssen, wenn die Zeit der Waage Michaels gekommen ist.

Wir Naturwesen erleben bei einem alkoholtrinkenden Menschen, wie er langsam sein Menschsein verliert und wie ungute Wesen beginnen, ihn zu umlagern, Wesen der Gier, nachtodliche Alkoholsüchtige, welche über diesen Menschen auf eklige Weise versuchen, ihre Sucht noch weiter zu befriedigen. Das ist extrem häßlich, viel häßlicher noch als in der physischen Welt, und ist in seinem Ausmaß vom Grad der Alkoholisierung abhängig.

Ahriman nutzt die Scheinwirklichkeit

Frage: Über die Wirkungen moderner Medientechnik möchte ich etwas fragen. Rudolf Steiner spricht in den Klassenstunden von drei Tieren, die der Mensch in seinem Denken, Fühlen und Wollen trägt und in welchen die Geistentfremdung dieser Seelenkräfte zum Ausdruck kommt.

Nun habe ich den Eindruck, daß durch fortwährendes Leben in künstlich erzeugten Scheinwirklichkeiten folgendes geschehen könnte: Der Mensch wird der Sinneswahrnehmung zunehmend entfremdet, das bedeutet, dem in der Sinneswahrnehmung wirkenden Geistigen. Er verliert die innere Kraft, dieses in der Sinneswahrnehmung wirksame Geistige in sich aufzunehmen und entwickelt damit eine unterschwellige Antipathie gegen das Geistige. Es bildet sich eine Art „Tier“ in der Wahrnehmung, wie Steiner dies für Denken, Fühlen und Wollen beschreibt.

Ich kann es immer kaum ertragen, wenn ich Kinder vor dem Computer sehe, ich habe dann das beschriebene Gefühl. Nun die Frage: Ist dieses Gefühl richtig, basiert es auf Realität? Was bedeutet dies für das Verhältnis des Menschen zu den Naturwesen und für die Naturwesen selbst?

Der Große: Dieses Gefühl ist richtig. Allerdings gibt es einen Punkt, den ich korrigieren möchte: Es entwickelt sich im Eigentlichen keine Antipathie gegen das Geistige, sondern eine Unfähigkeit, das Geistige wahrzunehmen. Diese Unfähigkeit führt dazu, daß der Mensch tatsächliche Schmerzen erleidet, wenn er dem Geistigen dann doch begegnet. Diese Schmerzen versucht er wiederum zu vermeiden.

Diese Scheinwirklichkeit ist für Ahriman sehr nützlich. Er kann sie nach seinem Willen formen. Der Mensch, der darin lebt, verbindet sich mit den kleinen ahrimanischen Wesen, und alle diese Verbindungen verhindern an dieser Stelle einen Kontakt zu Naturwesen. Das geht so weit, daß die Naturwesen, wenn sie auf diesen Menschen zukommen wollen, keine Möglichkeit haben, ihn anzusprechen, zu ihm durchzukommen. Der Mensch ist umschlossen von ahrimanischen Wesen.

Vollständige seelische Auskühlung kann die Folge solchen Tuns sein. Das Ich verliert den Kontakt zur geistigen Welt, sogar über den Tod hinaus, und muß in der geistigen Welt lange Wege gehen, um sie überhaupt zu erreichen.

Frage: Eine zukünftige positive Kulturentwicklung wird mit solchen Problemen bewußt umgehen müssen. Worauf kommt es dabei vor allem an?

Der Große: Gestalte Dein Leben in Schönheit. Sie ist die irdische Entsprechung des geistigen Lichtes. Wähle die lebendige Schönheit, denn diese führt zur Liebe. (Verliebte Menschen sitzen nicht am Computer.) Erziehe die Kinder so, daß sie begreifen, daß sie in der Welt Schönheit nur durch ihre Taten schaffen können. „Taten" sind hier bezogen auf das praktische und das soziale Handeln.

Geistig umkämpfte Gegenwart

Frage: Wie ist die „geistige Atmosphäre" zur Zeit beschaffen? Welche geistigen Wesen – positiver und negativer Art – sind wirksam, wie wirken sie, und was wollen sie?

Der Große: Diese Frage ist so umfassend, daß ich sie in diesem Rahmen nur kurz beantworten kann. Die geistige Atmosphäre ist zur Zeit kämpferisch. Michael ist Zeitgeist, und der Kampf gegen die Widersachermächte ist seine Aufgabe. Führender Widersacher ist Ahriman. Er versucht, den Materialismus vollständig zu verwirklichen und den Geist abzuschaffen. Sein Streben ist eine Menschheit ohne Geist.

Michaels Streben ist eine Menschheit mit Christus, eine Menschheit, die das Wirken und Sein des Christus – jeder für sich als Ich – erkennt und in Freiheit versucht, seine Wirkungsprinzipien in der Welt zu verwirklichen. Für jeden menschlichen Ansatz in dieser Richtung kämpfen die michaelischen Scharen.

Frage: Warum hat bis heute der Impuls, der geistige Strom von Goethe bis Steiner und Beuys, in Kultur, Gesellschaft und vor allem in der Wirtschafts- und Finanzwelt keine größere Verbreitung und Wirkung?

Der Große: Ein Teil des eben Gesagten ist auch auf diese Frage übertragbar. Dazu kommt, daß es ein sehr starkes Anliegen Ahrimans in dieser Weltenzeit ist, die Menschen dermaßen abzulenken und mit Geld oder Firlefanz zu beschäftigen, daß sie in ihrer irdischen Lebenszeit keine Zeit für geistige Fragen finden. Um so drängender und größer werden diese dann nach dem Tod. Dieser Impuls ist nur von einem freien Ich zu ergreifen.

Es gibt Zeiten in der Menschheitsgeschichte, in welchen sich die Last der Kulturerneuerung nur auf sehr wenige Menschen in hellen Gewändern stützen kann. In der jetzigen Zeit ist es so, was auch daran liegt, daß ein permanenter Kampf gegen den Drachen im Menschen auf der Erde, in der Erde und um sie herum stattfinden muß.

Um zu einem weiteren Verständnis dieser Tatsache zu gelangen, ist es sehr hilfreich, die Apokalypse des Johannes in einer zeitgemäßen Übersetzung zu lesen.

Widersachermächte in der Zeit des Nationalsozialismus

Frage: Wie war es möglich, daß in solch einem Kulturvolk wie dem deutschen Millionen die Nazis wählten, unterstützten, Hitler zujubelten und anbeteten und damit Helfer unglaublicher Verbrechen wurden?

Der Große: Wenn solche Dinge geschehen, wie sie in der Zeit von 1930 bis 1945 in Deutschland geschehen sind, geschehen sie auch immer, um ein geistiges Gegengewicht gegen etwas zu schaffen. In diesem Fall waren die Widersachermächte ganz erheblich daran beteiligt.

Die führenden Kräfte waren von sehr starken Dämonen besetzt, und da die Voraussetzungen im Weltenplan günstig waren, konnten durch die Wirkung der nachgeholten Phantome sehr viele der nicht wachen Menschen geführt werden. Es hatte sich über diese Menschen eine Herabdämpfung ihres Bewußtseins, gesteuert durch Widersachermächte, ausgebreitet.

Diese Tatsache befreit diese Menschen jedoch nicht von ihrer persönlichen Verantwortung. Die persönliche Verantwortung wird im Zeitalter der Bewußtseinsseele an den Fähigkeiten der eigentlichen Persönlichkeit gemessen! Du bist auch für Deine Unterlassungen verantwortlich!

Kunst

Musik auf die Erde holen

Frage: Ich bin Komponist. Schon seit längerer Zeit beschäftigt mich der Gedanke, Musik in Zusammenarbeit mit geistigen Wesen „auf die Erde herabzuholen", die für Menschen und geistige Wesen nützlich ist, die ihnen gewissermaßen „aus der Seele spricht". Meine diesbezüglichen Erfahrungen betreffen vor allem Verstorbene, die Einfluß auf die Komposition von Musik nehmen können. Mein Anliegen ist zu erfahren, ob dabei auch Naturgeister helfen können bzw. ob sie ein Interesse daran haben, den Menschen Musik zu vermitteln. Wenn ja, welche Wesen sind dafür zuständig?

Glasmännchen: Die Ursprünge der menschlichen Musik liegen auf dem sogenannten alten Mond. Daher sind die Wesen des Wassers sowie die Wesen des Glases angesprochen, wenn es um dieses Thema geht. Eine Möglichkeit, die Seelenklänge von Naturgeistern aufzufangen, ist, durch einen großen Glastrichter zu lauschen, und zwar zu versuchen, das bestimmte Naturelement zu belauschen.

Der Glastrichter sollte eine aktive Öffnung von nicht weniger als 50 cm haben, und seine Höhe sollte die Quadratwurzel von zwei multipliziert mit dem Durchmesser der Öffnung betragen. Damit lausche man dann, z.B. am Baum, an der Trave, am Priwall oder wo auch immer. Das innere Ohr ist dafür auch vonnöten. – Das Glas wird Dich unterstützen.

Der Nasse: Ich hoffe, daß Dich die Ausführungen meines Freundes, des Glasmannes, nicht in Bestürzung versetzt haben. Es ist ein sehr guter Weg, uns zu belauschen, uns unsere eigene Musik abzulauschen. Mit etwas Übung, so nach drei bis sieben Jahren, geht es dann auch ohne Trichter.

Wir sind übrigens sehr daran interessiert, musikalisch berücksichtigt zu werden. Wo Musik ist, sind die Naturgeister wesentlich lieber. Es heilt uns, es stärkt unser eigentliches Sein.

Das Problem mit den Verstorbenen ist, daß die Menschen eine wesentlich persönlichere Bindung zu diesen haben als zu uns. Um unsere Musik zu machen, ist es folglich notwendig, eine persönliche Beziehung zu uns aufzubauen. Dann können wir sehr gut Musik in einer gewissen Weise diktieren. Wichtig dabei ist, zu uns in die Natur zu kommen. Die Naturwesen innerhalb von Städten sind zumeist relativ schwach und krank. Das kann man natürlich auch in Musik umsetzen, dann muß man aber sehr genau hinhören.

Steinwesen haben nur in ihrem glutflüssigen Zustand musikalische Äußerungen. Wasserwesen sind, von einer bestimmten Richtung betrachtet, reine Musik. Luftwesen sind verdünnte Musik, und damit ihr Träger. Feuerwesen sind in gewisser Weise ein Teil der Sphärenklänge.

Die direkteste Hilfe geht Dir also von Wasserwesen zu, von dem kleinsten Rinnsal über Dame Trave bis hin zu Mutter Ostsee. Sie werden Dich jetzt umlaufen. Halte uns aber die Verstorbenen vom Leibe, schließe sie aus Deinen Gedanken und Empfindungen aus, sonst kommen wir nicht durch.

„Musik ist doch viel mehr, als Ihr Menschen ahnt"

Frage: Meine Frage betrifft das Instrument Leier und die Art, wie es sich in der Zukunft entwickeln möchte. Seit mehr als 30 Jahren lebe und arbeite (üben und unterrichten) ich mit diesem Instrument. Die Qualität der Töne, die durch dieses möglich sind, halte ich für ein Geschenk der guten Mächte an die Wesen, die auf dieser Erde leben. Es ist aber so, daß unter den Menschen das Verständnis und das Interesse daran abnehmen. Was können wir auf Tagungen tun, auch als einzelne, damit dieser Impuls weiter in die Welt getragen werden kann? Was sollte unbedingt vermieden werden? Wie ist für Euch gut gelungene Improvisation?

Glasmännchen: Eine gut gelungene Improvisation ist für uns Geistwesen das Allerschönste, da Zeit und Raum, die Stimmung des Momentes und die Stimmung der Engel da hineinfließen. Jede Musik sollte bei ihrem Erklingen etwas Improvisatorisches haben, um den Geist des Momentes einzufangen. Musik ist doch viel mehr, als Ihr Menschen ahnt. Möglicherweise hat eine Leierspielerin eine Ahnung davon, denn die Leier ist in gewisser Weise in der jetzigen Zeitepoche das eine Ur-Instrument. Das andere ist die Flöte.

Das Problem der jetzigen Zeit ist, daß die Leier zu leise ist für Menschen, die sich einer ständigen Geräuschkulisse elektronischer Art aussetzen. Eine Möglichkeit, neues Interesse zu erwecken, sind Leierorchester. Die Leier sollte nicht filigran und einzeltönig, sondern perlend und stimmungstönig gespielt werden. Mehrere Leiern, jede auf einen Grundton als Kadenz gestimmt, mit Ober- und Untertönen, sollten als einzelne „Tonkaskaden" zu einem Leiermusikstück arrangiert/komponiert werden.

Zum Instrumentenbau: Es gibt die Möglichkeit, aus verschiedenen Vollhölzern Leierklangkörper zu bauen, welche sehr unterschiedliche Klangbilder und -farben haben können. Denkt da weiter!

Entwicklung der Eurythmie

Frage: Die Silberne wurde über Sprachgestaltung, Eurythmie und den Kultus der Christengemeinschaft befragt (FLENSBURGER HEFTE 79, S.122). Ich selbst bin Eurythmistin und weiß, daß die Eurythmie zum Teil in eine nicht gute Richtung einschlägt. Was mag der Grund sein, daß die Silberne keine weiteren Auskünfte über die Eurythmie gegeben hat? Oder müßte ein anderes Naturwesen befragt werden?

Die Silberne: Ich bin ein Wesen des Kosmos, kein Erdenwesen. Eurythmie ist eine irdische Kunst. Sprachgestaltung und Kultus haben kosmischen Bezug, da sie das Wort direkt benutzen. Die Eurythmie stellt u.a. das Wort im irdischen Sein dar. Sie nutzt es nicht selbst. Der Luftgeist ist der Eurythmie verbunden, weil sie den luftigen Raum gestaltet.

Frage: Was bedeutet die Eurythmie für Euch Naturgeister? Könnt Ihr die eurythmischen Gebärden lesen? In welcher Richtung soll sie weiterentwickelt werden?

Der Luftige: Wir können die eurythmischen Gesten lesen. Wir bewegen uns zum Teil in eurythmischen Formen. Eurythmie bedeutet für uns eine Möglichkeit, Sprache zu erleben, menschliche Sprache.

Genau das ist auch der Punkt der Weiterentwicklung. Durch die neue Form der Kommunikation erlebt die menschliche Sprache zur Zeit einen Niedergang. Die sich andeutende globale Verständigungsform ist arm. Schafft Raum für das Individuelle der Sprache und mehr Platz für Bewegung!

Frage: Woran liegt es, daß sich die Eurythmie allem Anschein nach mehr und mehr von den Menschen zurückzieht?

Der Luftige: Weil es Handys gibt. Durch die drahtlose Kommunikation ist das Bewußtsein für die Sprache noch weiter verfallen. Handys ermöglichen es, fast ohne innere Anstrengung zu kommunizieren. Dadurch wird bei einem entscheidenden menschlichen Antrieb, der Kommunikation mit anderen Menschen, die Anstrengungslosigkeit erübt.

Eurythmie ist mit einer deutlichen inneren Anstrengung verbunden. Diesem versuchen die Menschen auszuweichen. Eurythmie ist zusätzlich noch eine Forderung nach Schönheit. Auch dieses führt zur Ermüdung, da die Schönheit von innen kommen muß und der Mensch heutzutage sich meist schon im Kindesalter als innerlich nicht ausreichend schön, als unvollständig, unausgearbeitet erlebt.

Die Eurythmie findet immer weniger Nachwuchs, weil sie mühevoll ist, keinen „Glamour“ bietet und kein großes Publikum anzieht. Die Menschen der jetzigen Zeit sind und müssen, aus mehreren Gründen, Genußmenschen sein. Dem steht das Erlernen der Eurythmie deutlich entgegen. Wer ein guter Eurythmist sein will, muß den Genußmenschen fast vollkommen besiegen. Das bedeutet Handeln gegen die Zeitströmung, und das ist sehr mühsam.

Ein weiterer Punkt ist, daß sich im Umfeld der anderen bewegten Künste sehr viele Annäherungen an die Eurythmie ergeben haben, so im Ballett, im FreeDance und ähnlichem. – Es ist die Zeit der großen ersten Eurythmisten zu Ende gegangen. Aus meiner Sicht als Wind fehlen der Eurythmie zur Zeit solche charismatischen Führungspersönlichkeiten. Da solche Führung dem Individualempfinden der jetzigen Zeit aber entgegenläuft, könnte aus Sicht des Windes nur die bewußte Bildung eines Gruppenwesens mit deutlich eigenem Charakter eine Neubelebung bewirken.

Frage: Wie kann die Eurythmie so volksnah gemacht werden, daß sie zum kulturtragenden Faktor („Volkskunst") wird?

Der Luftige: Volkskunst kann die Eurythmie nur dann werden, wenn sie nicht mehr so ernstgenommen wird. Es muß ihr Leichtigkeit gegeben werden, indem man das Bewegungsmoment der Eurythmie bei gleichzeitigem Ausdruck individueller Formen betont. Ich beziehe mich hier auf die Anlage der Figuren sowie auf die Farbgebungen. Gleichzeitig ist zu überlegen, ob moderne Inhalte der Musik nicht auch eurythmisch ausgedrückt werden können, Volkslieder, Schlager, Rock und Pop. Auch darin ist Schönheit. Man muß sie nur zeigen.

Das „Neue" in der Malerei sichtbar machen

Frage: Was ist heute die zeitgemäße Aufgabe in der Malerei, und wie kann ich das „Neue" sichtbar machen?

Der Nasse: Das Neue, welches in der Kunst sichtbar werden soll, ist eigentlich das Neue, welches zur Zeit im Menschen entsteht. Dieses ist die Fähigkeit, die elementare Welt anders als bisher wahrzunehmen. Künstler sind im Regelfall, menschheitsgeschichtlich gesehen, Frühgeburten. Aus diesem Grunde tragen sie die neuen Eigenschaften bereits in ihrer Künstlerseele. Das Neue wird also erscheinen, wenn sie ihren inneren Wahrnehmungen glauben und ihnen Vertrauen schenken.

Kleinere Tips zur Hilfestellung: Betrachte die Welt im Spiegel, aber möglichst nicht in einem Planspiegel. Schaue durch ein gewölbtes Glas. Schaue durch ein Glas voll Wasser. Versuche, Dir vorzustellen, die Welt wahrzunehmen aus einem gefüllten Aquarium heraus.

Der Feurige: Male Deine Bilder in einer beheizten Sauna! Versuche, die verschiedenen Realitäten als übereinanderliegend darzustellen.

Frage: Wohin geht die Entwicklung der abstrakten Kunst? Ich habe manchmal das beklemmende und bremsende Gefühl, daß nach Kandinsky,

Rothko, Schuhmacher schon alles dagewesen ist. Ist Authentizität in diesem Zusammenhang ein Kriterium, oder bleibt für uns Künstler heute die Suche, und alles ist möglich?

Glasmännchen: Authentizität entsteht aus Dir selbst heraus! Dann ist Kunst da, und Du brauchst nicht mehr zu suchen.

Kunst unterliegt dem Kriterium der Schönheit. Schönheit ist das Bedürfnis, das die geistige Welt zur Zeit gegenüber der menschlichen Welt hat. Ich meine hierbei unsere Zeit, nicht Menschenzeit. Diese Schönheit sollte Deine eigene sein. Versuche, abstrakt Schönheit auszudrücken, lasse das Licht hindurch. Da ich Dir als Glas antworte, solltest Du dabei an Kristalle denken.

Das ist unser Anliegen an abstrakte Kunst. Es ist schön, das äußern zu dürfen.

Das gestaltete Wort erschafft oder zerstört

Frage: Da für mich als Sprachgestalter die Dichtung und ihre künstlerisch-therapeutische Wirkung eine große Bedeutung hat, lebe ich schon lange mit der Frage: In welcher Weise verändert sich die „Ätherlandschaft“ innerhalb eines Raumes beim Sprechen von Natur- oder Elementargedichten (z.B. bei der Grundsteinlegung von Neubauten als Dank an die Elementarwesen oder bei jahresfestlichen Anlässen) und mantrischen oder kultischen Sprüchen (z.B. bei Verstorbenengedenken, bei der Sonntagshandlung oder der Neueinweihung eines Versammlungsraumes). Fühlen sich durch künstlerisches Sprechen im oben geschilderten Sinne unterschiedliche Elementarwesen angezogen, und wenn ja, welche Bedeutung hat das künstlerisch gestaltete Wort für diese Wesen?

Der Luftige: Speziell die Licht- und Luftwesen, welche das Wort tragen, fühlen sich sehr angezogen von schön gestalteten, man könnte auch sagen, sauber gestalteten Worten. Genuschelte Worte erzeugen eine Art Luftverschmutzung. Diese Verschmutzung ist für uns Wesen so ähnlich wie eine Verätzung der Haut für den Menschen.

Beim schön gestalteten Wort ist das anders. Es heilt uns. Es bringt Ordnung in die Luft und auch in das Licht. Ein mit Wortwirrwarr angefüllter Raum, z.B. ein Raum, in dem viele Leute telefonieren, kann durch ein gut gesprochenes Gebet geordnet und gereinigt werden.

Dies gilt für die Luftwesen, für andere gilt: Jedes Wesen, welches durch Licht erreichbar ist, kann und wird in bestimmten Fällen durch das gesprochene Wort erreicht werden.

Es werden also auch die Schutzgeister eines Hauses erreicht, wenn der Richtspruch gesprochen wird, und es ist für diese sehr wichtig. Das Wort bindet sie auf eine eigene Art an das Haus. Und dies gilt im übertragenen Sinne für alle anderen Wesen und Dinge, die man ansprechen kann. Ein Fluch gegen ein Haus verletzt dieses in seiner Wesenheit. Ein Dank oder Gebet für das Haus heilt es in seiner Wesenheit.

Das Wort hat also eine immense Bedeutung für die Wesen, da es, speziell im unsichtbaren Bereich, erschafft oder zerstört, d.h. es gestaltet.

Frage: Eine weitere Frage ist für mich, inwieweit sich Naturwesen am Heilungsprozeß einer Landschaft, eines Gebäudes und eines Menschen beteiligen und inwieweit ich durch die Sprache diesen Prozeß unterstützen kann. Kann ich Elementarwesen durch Sprache dienlich sein?

Der Nasse: Du kannst Elementarwesen durch Sprache dienlich sein. Deine Frage wurde durch die Luft weitgehend beantwortet.

Naturwesen sind diejenigen, die den Heilungsprozeß einer Landschaft durchführen. Da wir beginnen, darauf zu warten, von Euch Menschen geführt zu werden, sind wir sehr dankbar, wenn Menschen uns mit ihrer Sprache sagen, was sie meinen, das in dieser Landschaft zur Heilung zu tun ist. Das Tun übernehmen wir dann gerne.

Um solche Prozesse einzuleiten, ist von der menschlichen Seite her ein möglichst umfassendes Erkennen der eigentlichen Landschaft notwendig. Häufig besteht eine Heilung der Landschaft darin, die eigentliche Landschaft überhaupt zu entdecken bzw. wieder zu erkennen oder zu gestalten.

Das Wort kann folglich für eine Landschaft einen sehr großen heilenden Einfluß haben, weil durch seine Gestaltung die Landschaft im Geistigen erst richtig deutlich wird.

Landschaftspflege als Kulturtat

Frage: Ich arbeite in freier Form mit Jugendlichen an der Regeneration von verwüsteten Landschaften in verschiedenen Gegenden Europas. Wie können wir Euch am besten in eine solche Arbeit einbeziehen? Ist auch eine Tagung mit Euch und für Euch sinnvoll? Und wie sollte eine solche Tagung aussehen?

Der Nasse: Deine Arbeit ist gut. Eine Tagung mit uns ist schwierig, da uns nur relativ wenig Menschen direkt wahrnehmen können. Noch weniger Menschen können uns simultan übersetzen. Vielleicht wäre es in Island möglich, dort aber nicht so notwendig, da wir im allgemeinen Bewußtsein vorhanden sind.

Eine Tagung über uns ist sehr gut möglich und würde auf feinstofflicher Ebene von uns unterstützt werden. Allerdings stehen meine Menschen hierzu nicht direkt zur Verfügung, da sie hier gebunden sind. Auf dieser Tagung sollten vor allem Informationen über unsere Grundelemente Erde, Wasser, Luft/Licht und Feuer gegeben werden. Sie sollten erlebbar sein. Licht ist eben nicht zwangsweise warm oder heiß. Klarheit über die Elemente sind die Grundvoraussetzungen für das Verständnis unseres Seins. Aufbauend darauf ist dann eine weitere Differenzierung der Wesen möglich.

Sehr gut wäre die Einbeziehung von von uns zu benutzenden Musikinstrumenten, wie z.B. die Äolsharfe. An solchen Dingen können wir uns Euch zeigen. Auch Wasserräder, Feueressen, Pflüge und Höhlen sind Dinge, an denen wir uns zeigen können. Um uns direkt einzubinden, sprich uns an! Sage uns ganz konkret, was Du mit uns tun möchtest, und wir werden reagieren. Sei Dir sicher, Du wirst uns verstehen.

Frage: Ich werde diesen Sommer mit einer Schulklasse nach Island fahren und dort in einem Park Skulpturen gestalten für einige Eurer Brüder und Schwestern – wenn ich so sagen darf. Gefällt es Euch, wenn Menschen versuchen, für Euch speziell Steinskulpturen in der Landschaft zu gestalten? Wie sollten sie aussehen? Aus Stein oder Holz? Und sollen sie dort stehen, wo Ihr „wohnt" oder an ganz anderen Stellen?

Der Nasse: Uns gefällt es sehr, wenn Menschen Kunst für uns gestalten. Diese Kunst wirkt nicht nur auf die Wesen in Island, sondern sie wirkt weit über Island hinaus und gibt Heilungsimpulse für die vielfach geschundene Erde.

Für das Aussehen dieser Kunst ist es wichtig, daß sie Euch gefällt! Macht nichts, was Euch nicht gefällt! Den Sinn für Schönheit übernehmen wir durch Euch. Wir mögen keine künstlichen Materialien wie Plastik o.ä. Wenn Ihr die Planeten mit einbeziehen wollt, dann benutzt auch Metalle. Ich persönlich, wie erstaunlich, ziehe Stein vor. Weiches Wasser höhlt den Stein. Die Erdgeister bevorzugen Material, das dichter als Stein ist. Prinzipiell mögen wir also als Kunst gestaltete Dinge aus einem Zustand eine Stufe dichter, als wir bzw. unsere Elemente es sind. Sie heben sich durch die Gestaltung auf unsere Stufe und sind besonders gut zu erkennen. Eine kleine Hilfe noch: Für Feuerwesen entspricht das dem gesprochenen Wort!

Wir alle danken Dir für Dein Werk.

Frage: Der in der Natur tätige Mensch steht immer in einem Spannungsfeld zwischen pflegend erhaltender und schaffend verändernder Tätigkeit. Die Anlage von Kulturlandschaft muß immer eine Zerstörung oder zumindest Umwandlung von Naturlandschaft bedeuten. Der moderne Naturschutz möchte das schaffende Verändern möglichst einschränken, ja, den Menschen aus gewissen Gebieten am liebsten vollständig verbannen. Wie erleben die Naturwesen die schaffende Hand des Menschen? Sind Inseln, in denen der Mensch nichts tut, wie z.B. Bannwälder, aber auch naturbelassene Ecken und Winkel ums Haus und im Garten, aus ihrer Sicht wünschenswert?

Muß nicht jedes Verändern zwangsläufig bestimmte Wesen beeinträchtigen? (Siehe das Beispiel aus dem Interview in FLENSBURGER HEFTE 79, wenn Stein zu Sand vermahlen wird). Nach was sollen wir uns also folglich richten? Wie können geschädigte Naturwesen wieder versöhnt werden?

Der vom Bruch: Wenn Ihr Menschen Inseln schafft, dann ist das gut. Nicht gut ist es, wenn man ganze Landstriche, die eigentlich in Kultur stehen, veröden läßt. Die Zerstörung von Kulturlandschaft schafft genauso geschädigte Wesen wie die Zerstörung von Naturlandschaft.

Die Umwandlung beider Landschaftsformen sukzessive, und möglichst aus Herzensführung der Menschen heraus, richtet keinen Schaden an. Vielmehr ergibt sich durch die Zusammenarbeit mit den Menschen für uns Naturwesen die Möglichkeit, zu wachsen und uns zu verändern. Das ist gut für uns.

Allerdings benötigen geschädigte Naturwesen Bannwälder als Erholungsgebiete. Die Bannung sollte mindestens sieben Jahre betragen und während dieser Zeit so vollständig wie irgend möglich sein. Der Begriff Bannwald ist hierbei nicht zu wörtlich zu nehmen, Banngebiet wäre besser.

Im häuslichen Umfeld sollten sich kleine Bannecken nicht zu wahllos verteilen oder zu Dreckecken werden. Das würde die grauen bis schwarzen Wesen fördern.

VERWANDLUNG VON DUNKLEN WESEN

Frage: Gibt es Natur- und Elementarwesen, die durch die dunklen Kräfte geschaffen wurden? Wie treten sie in Erscheinung? Wie kann der Mensch diesen Wesen begegnen, und wie kann er sich schützen?

Der Nasse: Es gibt genauso eine Hierarchie von dunklen Elementar- und Naturwesen, wie es die hellen gibt. Zum Teil kann man sie aber überhaupt nicht unterscheiden, da die Arbeit dieser Wesen neutral ist. Viele Wesen davon, die meisten, braucht die Erde und auch der Mensch dringend. Hier seien die Wesen des Todes genannt. Ohne Tod kein Leben. Wenn die Todeswesen nicht tätig sind, entsteht für viele Wesen entsetzliches Leid, weil sie nicht sterben können. Stelle Dir auch vor, die Wesen der Verrottung verschwänden. Überall läge Totes herum, welches nicht verrotten könnte! Ich könnte noch lange weitererzählen. Das sind alles dunkle Kräfte! Zwei Drittel etwa der Kräfte sind dunkel. Ahriman und Luzifer. Wenn der Mensch sich vor allen diesen Wesen schützte, lebte er in unerträglichem Leid.

Es gibt aber auch bösartig dunkle Wesen, Dämonen und ihre Brüder. Schützen kannst Du Dich am besten vor ihnen, indem Du Dich mit dem Christus verbindest. Sei ichbewußt, rein und lauter! Dann können sie Dir nichts anhaben.

Lügendämonen

Frage: Was geschieht, wenn Menschen aus Not lügen, z.B. aus Angst, um einen anderen oder andere zu retten oder weil man sie durch Gewaltanwendung zur Lüge zwingt? Werden dann auch Lügendämonen geschaffen? Wenn ja, mit wem verbinden sie sich?

Der Große: Wann immer Menschen lügen, entsteht ein Lügendämon. Lügendämonen sind genauso unterschiedlich wie Menschen, und man kann sie, wie auch Menschen, in Gruppen einteilen.

Lügendämonen haben grundsätzlich drei Hauptbezüge oder auch irdische Anker: der Mensch, der die Lüge ausgesprochen hat, der Grund der Lüge und die Zielrichtung der Lüge. Aus der Abwägung dieser drei Gründe ergibt sich die geistige Qualität, aber auch die Möglichkeit der Auflösung.

Sagt z.B. jemand auf die Frage: „Wie geht es Ihnen?“ „Mir geht es gut“, obwohl er gerade Zahnschmerzen hat, entsteht ein Lügendämönchen. Es ist nicht sehr kräftig, aber es ist vorhanden. Sofern der Mensch sich korrigiert, kann er dieses Lügendämönchen verwandeln, von schwarz über grau nach weiß. Bei der Wiederbegegnung ist es sehr viel angenehmer, dem weißgewordenen zu begegnen.

Im Prinzip ist das bei allen Lügen so, egal, wodurch sie hervorgerufen sind. Lügen unter Zwang begegnen auch, oder sogar mächtiger, dem Zwingenden, aber auch hier gilt ehern das Prinzip der Freiheit. Auch wenn es unmenschlich erscheint. Lügen, die eine gute Tat sind, sind im Allgemeinen fast weiße Wesen, aber begegnen tut der Mensch ihnen auch, und auch dort wird er sich die Frage gefallen lassen müssen, ob Lüge die einzig mögliche Lösung gewesen ist.

Unter der Folter zu Aussagen gezwungen

Frage: Viele Templer wurden unter der Folter zu Geständnissen, Aussagen gezwungen, die in krassestem Widerspruch zu dem standen, was ihr höchster, heiligster Lebensinhalt war. Viele starben mit dieser „Lüge", ohne widerrufen zu können. Viel konnten nicht einmal mehr einen wiedergutmachenden Gedanken nach dem sogenannten Geständnis äußern oder auch nur fassen. Was bedeutet dieses Ereignis für diese Menschen und deren Zukunft; was kann helfen, diese Erfahrung zu heilen? Und was bedeutet die so erfahrene Folter für die Menschheit?

Der Große: Für die Frage zu den Templern muß ich voranschicken, daß dabei eigentlich für jeden einzelnen von ihnen Einzelfallbetrachtungen durchzuführen sind. Das hat folgende Gründe: Zum einen muß festgestellt werden, wie weit der einzelne Templer schon Zugriff und/oder Bewußtheit zu seiner Bewußtseinsseele hatte, da dieses zu dieser Zeit individuell *sehr* verschieden war. Des weiteren gibt es Fälle, wo aus Gründen der Folter die höheren menschlichen Glieder nicht mehr anwesend waren, also eigentlich nur noch das Ätherisch-Physische geantwortet hat. Diese Lügen werden nur dem Verursacher angelastet. Dabei ist natürlich fast jede Abstufung denkbar.

Zusätzlich wurde durch diese Vorgänge das Gruppenwesen der Templer einbezogen und mußte sich mit manchen dieser Lügendämonen auseinandersetzen. Der Charakter dieses Gruppenwesens war aber so hehr, daß es Kapazität genug hatte an guten Taten, die meisten dieser Lügen umzuwandeln. Das Gruppenwesen der Templer fühlte und fühlt sich sehr verantwortlich für seine einzelnen Glieder.

Menschheitlich betrachtet, kann jedes Gebet oder jede gute Tat, ohne Egoismen oder Selbstbeweihräucherung, helfen, zur Heilung dieser Wunde beizutragen. Die Schädigung ist allerdings sehr vielschichtig, so daß auch Meditationen von Gruppenwesen notwendig sind, dort mehr aufzulösen. Der eigentliche kosmische Angriff zielte auf das mächtige Gruppenwesen der Templer und nicht so sehr auf die einzelnen Individuen, die jedoch, sofern sie sich karmisch damit verbunden hatten, ihren persönlichen Anteil daran bearbeiten müssen.

Den Maschinen positive Gefühle entgegenbringen

Frage: Können wir etwas tun, daß sich die Maschinenwesen zu guten Wesenheiten entwickeln, die unsere Welt bereichern, statt bedrohen?

Der Nasse: Selbstverständlich können die Menschen viel tun, um die Maschinenwesen zu „verbessern“, ganz viel sogar.

Menschen schaffen diese Maschinen, folglich werden die Wesen dieser Maschinen so sein, wie die Menschen sie geschaffen haben. Keine anderen Wesen als die Menschen können diese Wesen verändern. Nicht nur die Erfinder und Erbauer können etwas tun, sondern jeder Mensch, der die Maschinen benutzt.

Es beginnt mit der Kleinigkeit der sachgemäßen Benutzung. Weiterhin kann man sich bemühen, guten Maschinen, die ihre Aufgabe sauber und ordentlich erfüllen, positive Gefühle entgegenzubringen, ihnen gegebenenfalls einmal für ihre Arbeit zu danken und – das ist wichtig – nicht den Gedanken „Das ist ja nur eine Maschine“ zu denken.

Maschinen nehmen es übel, wenn sie schlecht behandelt werden, z.B. unsauber aufbewahrt, nicht ordentlich gewartet oder ständig überfordert werden.

Eine weitere wichtige Einschränkung ist es, auf überflüssige Maschinen zu verzichten. Besser sollten solche Arbeiten mit der Hand ausgeführt werden. Beispiel: elektrische Küchenmesser, Brotbackautomaten; es gibt viel Unsinniges im menschlichen Haushalt.

Maschinen, die letztendlich nicht mehr benötigt werden, sollten nicht im Ganzen weggeworfen werden oder in Ecken verstaubt herumstehen, sondern sollten wieder in ihre Einzelteile zerlegt werden! Hier besteht ein großer Handlungsbedarf!

Das Böse während einer Sonnenfinsternis

Frage: Zu „Das Böse während einer Sonnenfinsternis“: Diese Frage empfinde ich als sehr wichtig. Ich habe die Sonnenfinsternis am 11.08.1999 ganz wunderbar erlebt. Noch heute zehre ich davon. Es war für mich etwas ganz Großes, fast Überwältigendes, und ich habe es als besonders heiligen Augenblick empfunden. Ich verstehe nicht, warum mein Empfinden so wenig mit dem von Euch in FLENSBURGER HEFTE 79 geschilderten übereinstimmt. Elisabeth Vreede schreibt, daß während einer Sonnenfinsternis alle unsere schlechten Gedanken in das Weltall entweichen können. Das ist sicherlich ein großes Opfer des Kosmos für uns. Und bei einer Mondfinsternis könnten schlechte Wesen bzw. Impulse auf die Erde kommen und Menschen „inspirieren". Wie seht Ihr das?

Der Große: Du fragst, warum Dein Empfinden so abweichend ist von den Empfindungen der Naturgeister bei einer Sonnenfinsternis. Das ist es doch gar nicht. Du beschreibst in Deiner mitgeschickten Dokumentation detailgenau und deutlich die Vorgänge in der Natur, das Unwirklichwerden und die Angst. Dieses entspricht dem Erleben der Naturgeister.

Das Heilige, das Du empfindest, ist dadurch in Dich gekommen, daß Du die Sonne erst durch ihr Fehlen wesentlich mehr als vorher geschaut und begriffen hast.

Selbstverständlich können schlechte Impulse und Gedanken während der Sonnenfinsternis von der Erde in den Kosmos fließen, aber genauso auch anders herum! Es fließen allerdings auch sehr deutlich die Widersacherimpulse von der Erde weg, da die Widersacher sich derzeitig auf der Erde befinden. Aber es gibt auch noch Widersacher im Kosmos. Hier sei der Fremde, der Antichrist, erwähnt.

Ein kurzer Gedanke zum Sein der Sonnenfinsternis: Die Vergangenheit verdeckt einen Teil der Erde. Die Vergangenheit läuft – Du nennst es einen „kosmischen Staubwedel" – direkt über die Erde. Dadurch können die aufsteigenden schlechten Taten vom Fremden gelesen werden. Das ist notwendig. Er könnte sie sonst nicht wissen.

Die Geschehnisse der Mondfinsternis werden in unseren Gesprächen von Kollii sehr gut beschrieben. Es ist richtig, daß die Wesen des auf- und absteigenden Mondes Menschen zu schlechten Taten inspirieren. Als Bild: Die Vergangenheit wird während der Mondfinsternis vom Christus nicht mehr gesehen, da die Erde dazwischen steht.

Laß diese Bilder wirken, sie werden Dir Erkennen bringen.

Kinder und Naturwesen

Frage: Wie können wir unsere Kinder darin unterstützen, mit den Naturwesen in Kontakt zu kommen, bzw. was verhindert das besonders?

Der Nasse: Kinder werden am Kontakt zu uns am stärksten durch das Fernsehen und durch stark animierte Computerspiele behindert. Diese Dinge bauen eine kinderundurchdringliche Scheinrealität auf. Kinder können nicht hinaus, da sie sich die Realität/Welt in ihrer Schönheit und Häßlichkeit noch nicht wieder erarbeitet haben. Sie spinnen in diese Scheinrealitäten ihre ganz dunkel empfundenen Wirklichkeiten aus zumindest der letzten Inkarnation hinein. Daher haben diese Beschäftigungen eine so archaisch zurückführende Wirkung.

Fördern kann man den Kontakt, indem man ihnen von uns erzählt. Im Märchen, in der Fabel oder auch im täglichen Sein. Das Wichtige dabei ist, daß es aus vollem Herzen kommt und kein Lippenbekenntnis ist. Sehr wohltuend für unsere Welt wäre es, wenn wir dabei auch aus der niedlichen knallbunten Kitschkiste herauskämen.

Geh mit den Kindern auch einmal im Gewitter spazieren! Das ist viel beeindruckender als jedes Computerspiel.

Geschichten erzählen

Frage: Wenn man Kindern Geschichten erzählt, die kleine Ereignisse mit Elementargeistern beinhalten, aber diese Geschichten sind aus der freien Phantasie entstanden, nehmen es die Elementargeister dann mit Wohlwollen wahr, auch wenn vielleicht, wegen der Begrenztheit des Erwachsenen, die Bilder nicht ganz stimmig sind, oder erweist man damit den Naturgeistern eher ein Bärendienst?

Der Luftige: Es ist überhaupt nicht verwerflich, wenn in solchen Geschichten Bilder entstehen, die eine gewisse Schiefe haben. Sie sollten nur ganz ehrlich gemeint sein. Jede Erwähnung der elementarischen Welt ist für diese hilfreich, da sie speziell bei Kindern dadurch leichter ins Bildhaft-Sinnliche gelangen kann. Speziell Menschen aus dem nordischen Raum haben häufig die Fähigkeit, sehr passende Bilder von unserem Sein zu vermitteln. Es sollte nur darauf geachtet werden, daß möglichst alle elementaren Reiche gleichmäßig angesprochen werden. – Gute Luft zum Sprechen!

Frage: Wie kann ich die richtigen Ideen für Geschichten oder Taten bekommen, die den Kindern meiner Klasse helfen, Euch kennenzulernen?

Der Nasse: Viele Märchen enthalten sehr gute Bilder von Naturwesen, speziell die Märchen aus dem slawischen Märchenkreis. Genau so wichtig ist es aber, den Kindern ganz direkt über Sylphen, Undinen etc. zu erzählen und zu versuchen, diese zu malen. Erzählen und die Kinder das Gesprochene nachmalen lassen. Größere Kinder direkt in der Natur die Schönheit der Details zeigen: das Glitzern von Wassertropfen im Sonnenlicht, die Form eines Schneekristalls, die feinen schwebenden Nebeltröpfchen. Am besten eingebunden in den Wechsel der Jahreszeiten. Viele Kinder haben einen direkten Zugang zu Dryaden. Wenn man ihnen dann die Worte dazu gibt, hilft man den Kindern und den Dryaden. Das waren Anregungen. Wir freuen uns, wenn ein paar Kinder dadurch leichter zu uns finden.

Frage: Können in die Puppen und Stofftiere, die von Kindern sehr geliebt werden, sowie in die gestrickten oder aus Filz gebastelten Zwerge oder in die aus Ton oder Holz Wesen schlüpfen – den Menschen wohlgesonnene oder auch andere? Wenn ja, wie kann man sie unterscheiden, und könnte man Einfluß auf sie nehmen?

Müller: Ja, es können sowohl Wesen der einen wie der anderen Seite hineinschlüpfen. Allerdings muß man dort zwischen Kuscheltieren, die richtig gekuschelt werden, und solchen, die nur hingestellt und angeschaut werden, unterscheiden. Die richtigen Kuscheltiere werden von den Kindern dermaßen durchwärmt, daß die üblen Wesen keine Chance haben und in kürzester Zeit einer Art Schutzelementargeist Platz machen. Wärme, nicht Hitze, ist eines der besten Mittel gegen die Widersacher.

Die Aufstellfiguren können auch von kleinen Übelchen besetzt werden. Das kann man sehr gut daran merken, daß sie eine merkwürdige Art Klammheit entwickeln und schlecht riechen. Der schlechte Geruch ist aber nicht besonders stark, man muß schon sehr dicht rangehen, um ihn wahrzunehmen. Sofern man sie nicht zerstören bzw. auflösen möchte, kann man sie gesundbeten. Man wickelt sie also in ein kleines Gebet, und zwar regelmäßig über einen gewissen Zeitraum, bis der unangenehme Geruch verschwunden ist. Das macht etwas Mühe, aber dann sind sie neutral. Das heißt noch nicht, daß dort nun automatisch ein positives Wesen einzieht. Es ist wahrscheinlicher, daß sie einfach neutral bleiben.

Legasthenie und räumliche Orientierung

Frage: Das Thema Legasthenie beschäftigt uns Lehrer und natürlich ebenso die Eltern mehr und mehr. Wie können wir Legasthenikern besser helfen?

Der Nasse: Das Wichtigste für legasthenische Kinder ist, ihnen in der Orientierung zu helfen: in der räumlichen Orientierung in ihrem Umfeld. Man fängt mit der Lage der Zimmer zueinander an und erweitert dieses Umfeld kontinuierlich und langsam, bei Berücksichtigung des Leistungsstandards des Kindes, bis hin zu den Sternbildern am Nachthimmel. Legastheniker haben deutliche Orientierungsprobleme im täglichen Leben, die sie aber im Normalfall sehr gut vertuschen können. Allerdings sind sie ihnen peinlich. Sowie sie dort mehr Sicherheit erlangen, werden sie das auch in der Welt der Schrift haben. – Merkwürdigerweise scheint dieser Zusammenhang nicht im Bewußtsein der jetzigen Menschen zu sein.

Zwei Dinge haben die Legasthenie heute verstärkt: Erstens die Bilder des Fernsehens, die das Kind in keinen räumlichen Bezug zu seiner persönlichen Umwelt bringen kann, und die dann wie nicht zuortbare Buchstaben über riesige Blätter schwirren. Zweitens das Mobilitätsverhalten der Eltern, welches die Kinder in schnellem Wechsel verschiedenen Räumen oder sogar Lebensräumen aussetzt. Gerade kleine Kinder können diese Räume nicht in Bezug zueinander setzen.

Beispiel: Morgens im Auto zu Oma, womöglich durch die Dunkelheit, von Oma mit dem Bus zum Kindergarten, mit der Tagesmutter mit dem Auto zu deren Wohnung, von dort nachmittags mit dem Auto zur Kindergymnastik, im Dunklen mit dem Auto zurück nach Hause. Und jeden Tag ähnlich, aber anders. Hier hilft das Erüben von Buslinien oder U-Bahnplänen in die Realität hinein. Das Wo wird zuortbar.

Anthroposophen und Anthroposophische Gesellschaft

Schönheit als Notwendigkeit

Frage: Was können Elemente zur künftigen Gestaltung eines Michaelfestes sein? Was wünscht Ihr Naturgeister Euch von uns: Künstlerisches, Gesang, Tanz, Eurythmie, Stimmungen, Kultisches ...?

Der Große: Licht!! Gestaltet das Michaelsfest aus Licht! Licht, in jeder Form und Farbe! Licht in seiner irdischen Entsprechung der Schönheit und Weisheit! Licht gegen das Dunkel! – Es werde Licht!

Frage: Es wird gesagt, daß die Schönheit in Zukunft eine ungeheure Notwendigkeit bekommen wird. Nun hat Rudolf Steiner eine Sektion für Schöne Wissenschaften begründet, um die Brücke von den eigentlichen Wissenschaften zu den Werken der künstlerischen Phantasie, zwischen Wissenschaft und Kunst, zu schlagen. Was sind im Sinne der obigen Aussage die dringendsten Aufgaben dieser Sektion? Wo soll sie ansetzen?

Der Große: Siehst Du jetzt die Verbindung zum Michaelsfest? Die Notwendigkeit zur Zeit ist da, den ästhetischen Sinn zu entwickeln, als Grundqualität. Keine Forschung führt zu einem guten Ergebnis, wenn sie häßliche Wege nutzt. Der Sinn für Schönheit muß in die wissenschaftlichen Notwendigkeiten einfließen. Direkt im Tun. Ein Tisch ist nicht dann gut, wenn man etwas auf ihm abstellen kann, er ist erst dann gut, wenn er schön ist und das Abstellen dadurch zu einer ästhetischen Handlung führt und das Abgestellte dann in Schönheit dasteht! Dann wird es einen zukünftigen Impuls getragen haben.

Es ist also besser, von vornherein schön zu forschen, als nach der Forschung ein schönes Bild zu malen. Künstlerische Schöpfung nicht als Ausgleich, sondern als ständige Begleitung des Tuns.

Ins Handeln kommen

Frage: Ihr sagt in FLENSBURGER HEFTE 79 sinngemäß, daß „wir Anthroposophen" endlich auch etwas tun sollen, nicht nur an Zweigabenden diskutieren bzw. lesen. Ist es nicht sogar so, daß nicht die Mitgliedschaft entscheidet, ob ich Anthroposoph bin, sondern mein ganz individuelles Handeln bis in die allerkleinste Alltagshandlung hinein: Wo kaufe ich was? Wie spreche ich wo? usw. Ist Anthroposophsein ohne politisches Bewußtsein und Handeln *heute* möglich? Reicht beten und meditieren? Sollten sich sogenannte Anthroposophen in die Politik einmischen? Mystik *und* Widerstand? Wenn nein, warum nicht?

Der Große: Es ist an der Zeit, daß die Menschen, speziell diejenigen, die sich Anthroposophen nennen, ins Handeln kommen. Jeder, der im geisteswissenschaftlichen Sinne in Christus handelt, hat aus meiner Sicht das Recht, sich Anthroposoph zu nennen, sofern er das denn möchte.

Jeder Mensch muß entscheiden, wo sein Handeln liegen kann. Es ist für fast alle Menschen nicht möglich, in allen Bereichen, wo es notwendig ist, zu handeln. Daher ist es besser, sein Handeln auf Bereiche zu konzentrieren, in welchen man meint, auch etwas erreichen zu können, als sich zu zerfransen. Von diesem Gesichtspunkt aus kann und muß das Handeln nicht zwingend ein politisches Handeln sein. Kein Mensch wird dadurch ein schlechterer Mensch, wenn er seine Aufgaben nicht in der Politik sieht.

Andererseits sollten aber geisteswissenschaftliche Inhalte nicht vom politischen Handeln abhalten. Es würde sehr viel bewegen in neue Richtungen in der Welt, wenn es gelänge, geisteswissenschaftliche Inhalte in die Politik und auch in das Wirtschaftsleben einzubringen. – Auch Christus hat vor 2.000 Jahren politisch gehandelt, indem er *nicht* Widerstand gegen die Staatsgewalt leistete.

Frage: Was in FLENSBURGER HEFTE 79 vom Großen über die Anthroposophische Gesellschaft bzw. die zwei Typen von Anthroposophen gesagt wird, erscheint mir als aus der Vergangenheit kommend. Ist das Problem heute nicht eher, daß wir nur schwer das labile Gleichgewicht zwischen rechter Zeitgenossenschaft und echter, gelebter Esoterik bzw. Schulung finden?

Der Große: Wäret Ihr Ihr selbst, gäbe es kein Ungleichgewicht in Euch! *Mitten* hindurch! Rechte Zeitgenossenschaft *ist* gelebte Esoterik! Man kann auch in der S-Bahn ein echter Anthroposoph sein!

Ich sehe das Problem in den vielen Rollen, welche die Menschen so gerne für sich aufbauen. Morgens Geliebter, beim Frühstück Vater, dann vier Stunden Chef, eine Stunde Kollege, vier Stunden Chef, zwei Stunden Vater, eine Stunde Fußballer, zwei Stunden Kumpel. Mittwochs abends drei Stunden Anthroposoph. Sonntags vormittags zwei Stunden Christ. Wo ist da das Ich? Warum kann nicht der Anthroposoph Fußball spielen und der Geliebte anthroposophischer Kumpel sein? Wegen der Zeitgenossenschaft?

Wir aus der geistigen Welt erreichen eben häufig nur die Rolle. Das ist mein Erleben.

Zur Sprache Rudolf Steiners

Frage: Ist die Sprache Rudolf Steiners wirklich veraltet? Meine eigenen Forschungen ergeben das Gegenteil: Es ist eine Sprache der Zukunft, insofern es eine Sprache ist, die den Menschen einerseits vollkommen frei lassen will, d.h. keinerlei suggestive Elemente enthält, andererseits die innere Aktivität des lesenden Menschen in hohem Maße herausfordert. Liegt die Aufgabe deshalb nicht eher darin, daß wir (statt die Sprache intellektuell zu „modernisieren") die (jungen) Menschen in die Besonderheit dieser Sprache einführen? Anders gesagt: Gilt es nicht, einen Blick für die Formen zu entwickeln, den Geist, der in diesen Formen herrscht, zu erkennen und daraus auch die eigene Sprache zu befruchten (nicht im Sinne einer Nachahmung, sondern im Erkennen von Gesetzen)?

Der Große: Sehr wünschenswert! – Zur Sprache Rudolf Steiners: Viele Begriffe, welche Steiner nutzt, sind bei den heutigen jungen Menschen nicht mehr belegt. Es gibt sicherlich die Möglichkeit, den jungen Menschen lexikalisch beizubringen: Dieser Begriff bedeutet dies und das. Man kann aber auch übersetzen. Nichts anderes geschieht, wenn Rudolf Steiners Werke ins Russische übersetzt werden. Kein Mensch wird sie in ein veraltetes Russisch übersetzen.

Ich frage Dich: Hieltest Du es für besser, die russischen Menschen das Deutsch der vorletzten Jahrhundertwende lernen zu lassen, als die Werke zu übersetzen? Zeit läuft! Warum dann nicht in Deutsch?

Auch das künstlerische Moment ist ein Kind des Zeitpunktes. Die Schönheit darinnen bleibt erhalten. Trotzdem ist die Schönheit an einem anderen Zeitpunkt in ihrem Ausdruck anders. Betrachtest Du diese Werke rein unter dem künstlerischen Aspekt, so bleiben sie nur die originale Kunst in der originalen Form. Diese ist nicht übersetzbar. Auch Shakespeare ist nur in seiner Sprache originale Form. Geisteswissenschaft jedoch ist weit mehr als Kunst! Ihr Erkennen muß dem Zeitpunkt folgen!

Einrichtung einer zweiten Klasse der Hochschule

Frage: Würdet Ihr bei der Einrichtung einer zweiten Klasse (der Hochschule der Anthroposophischen Gesellschaft) behilflich sein?

Der Große: Eine zweite Klasse der Hochschule der Anthroposophischen Gesellschaft, die auch tatsächlich weiterführt, ist überhaupt nur mit unserer Hilfe einrichtbar. In diesem Fall ist die Hilfe der Hierarchien und die Hilfe der Naturreiche gemeint, ganz unabhängig von dem Geschehen hier in der Mühle. Dies Geschehen hier ist ein Verständigungsforum zwischen Menschen und übersinnlichen Wesen. Für eine zweite Klasse wäre das so nicht geeignet, da die Verständigung an dem Ort beginnen sollte, wo die zweite Klasse sich dann zum ersten Mal inkarniert. Auch die großen Elementarwesen werden daran beteiligt sein, da ein umfassendes Verständnis ihrer Reiche und Zustände bis heute nicht genügend vorhanden ist. Den Menschen müssen die nichtmineralischen Zustände viel deutlicher vor die Seele treten. Es ist für den Menschen an der Zeit, das Wesenhafte dieser Zustände zu erkennen.

Frage: Welche Elemente sollten in einer zweiten Klasse der Hochschule leben? Wie können wir uns dieser Zukunftsaufgabe in rechter Weise nähern? Wer sollte in eine solche Klasse aufgenommen werden, und wer kann das wie entscheiden? Wie steht es mit der Arbeit in der ersten Klasse? Welche Auswirkungen hat die Publikation? Wie steht es mit dem „Unwirksam-Werden“ der Mantren, auf das Rudolf Steiner in Verbindung mit dem „In-unrechte-Hände-Geraten“ aufmerksam gemacht hat? Wie können wir dem Unwirksam-Werden in rechter Art entgegenwirken? Was bedeutet das Meditieren der Mantren für Euch Naturgeister (es ist ja viel von den Elementen die Rede)?

Der Große: In der zweiten Klasse sollte das Schauen erübt werden. Beginnt mit dem Erschauen der persönlichen Elementbezüge. Jedes Temperament des Menschen birgt einen Elementbezug. Diese Naturwesen bieten den leichtesten individuellen Vorgang. Die Entwicklung von Toleranz ist dem Schauen unerläßlich. Viele Übungen der Toleranz sind zu entwickeln. Diskretion ist das zu erreichende Ziel, im Sinne einer zukünftigen Ethik. Wer schaut, benötigt Diskretion und geistige Disziplin im Sinne von erarbeiteten geistigen Regeln in bildhafter Form.

Zugelassen werden sollten Menschen, welche ein Verständnis der Diskretion mitbringen. Es gibt Wege, dies festzustellen. Diskretionbrechende Menschen sind nicht geeignet, diese Klasse zu beginnen.

Die Menschen sollten sich bescheiden in den Wiederholungen der ersten Klasse. Dem menschlichen Geist ist es nicht gegeben, die dauernde Wiederholung als fördernd zu empfinden. Er revoltiert dagegen.

Die Publikation bewirkt, daß neue Menschen, immer wieder andere Menschen, sich mit den Mantren beschäftigen und sie dadurch am Leben erhalten. Über das Unwirksam-Werden kann in diesem Rahmen nicht gesprochen werden. Das müßte ich in höhere Hände abgeben.

Für die Naturgeister birgt das Meditieren der Mantren die Möglichkeit, die Menschen zu erreichen. Die Fähigkeit verschiedener Menschen, mit Naturgeistern zu kommunizieren, ist erst durch diese Mantren möglich geworden.

Frage: Was bedeutet die geplante formale Wiederergreifung des heute vor 79 Jahren gegründeten Vereins der Anthroposophischen Gesellschaft („Weihnachtstagungsgesellschaft")? Wie wäre eine für heute angemessene Konstitution der Anthroposophischen Gesellschaft?

Der Große: Die formale Wiederergreifung der Gründung der Allgemeinen Anthroposophischen Gesellschaft ist gut, wenn sie aus der Freiheit aller dazugehörigen Menschen heraus geschieht. Durch die vergangenheitliche Vermischung von Bauträgerverein und Anthroposophischer Gesellschaft zu einem nicht mehr entwirrbaren Knäuel sind bis jetzt schon genügend Spektren in die irdische Wirklichkeit gebracht worden. Viele der sehr tiefgreifenden Zerwürfnisse innerhalb dessen, was sich jetzt die Anthroposophischen Gesellschaft nennt, sind durch solche Einflüsse, Spektreneinflüsse, zu erklären.

Der jetzige Zeitpunkt ist gut für eine Heilung. Diese Heilung sollte aber in Freiheit und Gesamtheit erfolgen, sonst öffnen sich wieder Zugänge für starke ahrimanische Wesenheiten.

Ein Geistwesen wie ich ist viel zu mächtig, um Aussagen über die Konstitution Eurer Gesellschaft machen zu dürfen. Ich zerschlüge mit meinen Äußerungen Eure menschliche Freiheit, indem ich Euch die geistige und auch die menschliche Verantwortung durch meine Äußerungen entzöge. Jeder Kampf gegen die Widersachermächte hat meinen Segen.

Verschiedenes I

Die Erde als Wesen

Frage: Steiner sagte in einem Vortrag, daß die Erde ein Menschenkopf sei, der aber abgestorben ist. Wie läßt sich diese Aussage verstehen?

Der Steinerne: Das ist eigentlich ganz einfach zu verstehen gewesen. Das gesamte Sonnensystem ist eine Gruppe von Wesenheiten gewesen gewesen, welche sich zusammengetan gehabt haben, neue geistige Formen und Aussagen geschaffen gehabt zu haben. Die einzelnen materiellen Planetenkugeln sind die herausgesetzten Köpfe dieser Vergangenheit, Zukunft und Gegenwart abdeckenden Wesenheiten. Materie war der Tod, ist der Tod gewesen und ist der Tod. Vielleicht schaffen es die Menschen, daß Materie nicht mehr der Tod gewesen sein wird. Das ist es gewesen.

Frage: Seit vielen Jahren beschäftige ich mich mit der Erde als lebendigem Organismus, weil ich diesen Gesichtspunkt im Hinblick auf die Zukunft für außerordentlich wichtig halte. Welchen Rat könnt Ihr mir für die Erforschung der Erde als Lebewesen geben?

Der Nasse: Ein Lebewesen ist am besten zu erforschen, indem man es beobachtet. Dieses auf die Erde angewandt: Versuche, die Reaktionen der Erde auf die Taten der Menschen zu sehen. Am einfachsten geht dies über das Wetter. Die Erde reagiert in ihrem Wettergeschehen großräumig und kleinräumig auf die Taten der Menschen. Wenn Du lernst, diese Zusammenhänge zu erahnen, wirst Du sehr viel über das Lebewesen Erde erfahren können. Beginne vor Deiner Haustür und versuche, nach und nach größere Bereiche zu erkennen. Das ist der einfachste Weg. Verfolge die Ströme des Wassers im Wetter.

Kornkreise und Luftgeister

Frage: Wie entstehen die Kornkreise genau? Was passiert in den Pflanzen? Wir haben ein Feld mit einem Kornkreis in England untersucht und gesehen, daß nur der erste Wachstumsknoten von der Veränderung betroffen ist, das Wachstum horizontal umgelenkt wird; ab dem zweiten Knoten wächst der Getreidestengel normal (geotopisch) weiter. Ist das eine zeitweilige Einwirkung auf das Ätherische der Pflanze? Ist das eine Idee von Euch Naturgeistern, oder stehen höhere Hierarchien dahinter? Was sollen uns diese Formen lehren? Geben sie neue Prinzipien an die Hand, die Naturwissenschaft zu spiritualisieren?

Der Nasse: Es gibt Kornkreise, die ohne technische Hilfsmittel hergestellt werden, durch die Tänze der Luftwesen. Es gibt aber auch Kornkreise, welche entstanden sind durch die Sensationsgier einiger Menschen, welche dazu die technischen Hilfsmittel benutzen, die Du Dir vorstellen kannst.

Die Kornkreise, welche Ihr untersucht habt, sind ersterer Art. Die Luftwesen schreiben ihre eurythmischen Figuren in die Felder. Sie treten nicht auf Pflanzen, daher ändern diese ihre Wachstumsrichtung. So wie man eine eurythmische Figur ausdeuten kann, kann man das mit diesen Formen auch tun. Der Engel der Winde zeichnet sie vor.

Die ätherische Welt wird zur Zeit dichter durch die Wiederkehr des Christus. Dadurch ergeben sich deutlichere Einwirkungsmöglichkeiten von Naturwesen in die wachsende Materie. Lernt Ihr sie lesen, lernt Ihr viel über das Licht. Korn ist eine besondere Pflanze!

„Wir verursachen das Dröhnen“

Frage: Seit einiger Zeit leiden viele Menschen unter dem sogenannten Brummton („Dröhnen“), der vor allem nachts und innerhalb von Häusern, aber in stillen Gebirgshöhen (Harz, Schwarzwald) im Freien auch tagsüber zu vernehmen ist. Kennen die Naturgeister diese Phänomen, und können sie etwas über seine Ursache bzw. seine Bedeutung sagen? Hängt es mit der künstlichen Radioaktivität zusammen oder mit elektrischen Großanlagen?

Der Luftige: Wir kennen das Phänomen des Dröhnens natürlich. Wir verursachen es nämlich. Das kann man schon daran merken, daß es erst dann wahrgenommen wird, wenn die Menschen ganz in Ruhe bzw. in einem besonders geöffneten Zustand sind, wie er speziell nachts oder auch auf Bergeshöhen vorliegt. Dieses Dröhnen ist der nötige Versuch, mit Menschen in Kontakt zu kommen. Gerade im Nachtbereich wird es für uns Luftgeister aus kosmisch-zeitlichen Gründen möglich, Menschen zu erreichen. Es ist unter dem Zeitgeist Michael als Erzengel des Lichts für uns Luftwesen einfacher, die menschlichen Glieder zu erreichen. Wir können in die Lockerungen dazwischen eindringen. Ähnliche Annäherungserscheinungen werden aus den Elementarbereichen der folgenden Zeitherren auftreten. Das Dröhnen wird durchaus von Menschen jedweden Herkommens vernommen, da die Lockerung der menschlichen Wesensglieder ein generelles Zeitphänomen ist. – Ich hoffe, meine Antwort hat Licht in Dein Anliegen gebracht.

Schwarze Löcher

Frage: Welche Bedeutung haben die schwarzen Löcher im Weltall, was entspricht ihnen im Mikrokosmos Mensch?

Der Luftige: Der Krebs. Die schwarzen Löcher sind Gebilde, die noch kein Mensch tatsächlich beobachten konnte. Sie haben eine sehr hohe mathematische Wahrscheinlichkeit, aber was da tatsächlich passiert, ist nicht bekannt. Das ist ganz ähnlich wie bei der Sonne. Flögest Du tatsächlich hinauf, würdest Du feststellen, daß dort etwas ganz anderes passiert, als die Wissenschaftler für sicher annehmen.

Schwarze Löcher sind Gegensonnen. Dem entspricht im menschlichen Organismus ein Krebsgeschwür, welches sich eben auch nicht von der Sonne des Ich führen läßt, sondern eigenmächtig wuchert.

Während bei Sonnen Kräfte in das Weltall hineingeführt werden, ist es bei schwarzen Löchern gegenteilig. Die Widersacherwelt entzieht dem Weltall Substanz.

Thule und Shambala

Frage: Was ist und wo liegt der Ort Thule, der in der germanischen Mythologie erwähnt wird?

Der Nasse: Der geistige Ort Thule entspricht auch einem irdischen Ort. Dieser lag in den Bereichen der alten Atlantis. In diesem Ort wurden die Mysterien des Nordens, die an die hyperboräische Kulturepoche anschließen, bewahrt. Er gilt den Eingeweihten des nordischen Einweihungsweges als Quelle der alten Gottesüberlieferung und war für sie nur noch auf dem astralen Plan zu erreichen.

Frage: Was ist und wo liegt Shambala?

Der Nasse: Shambala entspricht in etwa dem Land Orplied. Es ist nur einer anderen Seelenhaltung, der morgenländischen, zuzuordnen. Shambala ist das Land, in welchem die Eingeweihten der östlichen Mysterien ihre Kräfte erneuern und welches zur Zeit der urpersischen Kulturepoche tatsächlich zugänglich war. Es lag – und wird liegen – in etwa dort, wo heute Tibet liegt. In der nächsten Kulturepoche wird es wieder bewußt zugänglich werden für Menschen, die einen bestimmten Seelengrad erreicht haben. Zur Zeit ist es die nur kaum bewußte Kraftstelle für höhere Eingeweihte.

Pflanzenwelt

Frage: Spielen die Farben und Düfte von Blumen und Bäumen eine besondere Rolle für die Wesen, oder sind es selbst Wesen?

Der Grüne: Die Farben der Pflanzen sind ein Ausdruck ihrer Wesenheiten, aber nicht die Wesenheit selbst. Viel mehr von den Wesenheiten selbst ist im Duft vorhanden. Im Duft erfährst Du den Charakter und den chemischen Leib der Pflanze. Dieses ermöglicht Menschen, das Wesen der Pflanze rundum zu erfassen.

Frage: Wie geht es dem Baumgeist eines Tannenbaums, der gefällt wird, um eine kleine Weile geschmückt in den Wohnzimmern zu stehen? Und wie geht es Schnittblumen, die als Hausschmuck dienen?

Der Grüne: Bäume, welche von vornherein vom Menschen als Weihnachtsbäume gedacht und in die Welt gekommen sind, sind dann auch gerne Weihnachtsbäume. Wenn sie nicht Weihnachtsbaum sein können, fühlen sie sich betrogen und zu Unrecht im irdischen Sein. Sie spiegeln dann Trauer und Verlassenheit in ihre Sphäre zurück. – Das gleiche gilt für alle Pflanzen, die der Mensch für bestimmte Zwecke aussät oder pflanzt. Pflanzen kann man nicht befreien!

Etwas anders ist es mit Wildpflanzen, deren Leben ist nicht durch das Handeln eines Menschen terminiert. Der aus dem Wald geklaute Weihnachtsbaum leidet und schädigt damit den Wald.

Wildblumen, die erfreuen, lösen durch die Freude einen Teil des Leides wieder auf. Freude macht lichter! Willkürlich zerstörte Pflanzen machen dunkler.

Die Metamorphose der Pflanze

Frage: Pflanzen wachsen und welken, und über den Samen wird das Leben der Pflanzen von einer Generation fortgeführt (abgesehen von der reinen vegetativen Erhaltung). Damit Neues entstehen kann, muß das Alte bis zu einem gewissen Grade (auf-)gelöst werden. Wir nennen das dann Chaos. Rudolf Steiner hat es auch Samenchaos genannt. Wo und wann ist dieser Chaosmoment bei der Pflanze? Ist es in der Blüte vor der Bestäubung (in der Samenanlage) oder kurz danach, oder gar erst, wenn der Same in den Mutterschoß der Erde gelangt? Wie ist es bei Selbst- und wie bei Fremdbestäubern?

Der Grüne: Bei der Pflanze ist der Samenchaosmoment dann, wenn sie keimt, d.h. in dem Moment, in dem der Same entweder verdirbt oder aufgeht. Der Beginn der Pflanze entsteht aus dem Chaos, durch einen Lichtimpuls. Und Licht fiel in die Finsternis ... Das irdische Leben beginnt dann, zusammen mit der Zeit, die zu der Pflanze gehört – ihre eigene Dauer. – Da es im Keimmoment ist, besteht kein Unterschied zwischen Fremd- und Selbstbestäubern.

Frage: Die Metamorphose der Blätter einer Pflanze vom Keimblatt bis zu den Fruchtblättern ist ein offenbares Geheimnis. Wenn ich die Blätter einer Pflanze der Reihe nach abpflücke (wenn sie ausgereift sind) – von unten, von der Wurzel bis zur Blüte – und sie mir zu einem Bild hinlege, dann habe ich mir eine Blattfolge als zweidimensionales Bild geschaffen. In der Regel geht die Entwicklung vom runden, gestielten Keimblatt über differenzierte Laubblätter zum wiederum einfachen, ungestielten spitzen Hochblatt.

Inwieweit dürfen wir solches tun? Wie ergeht es den Pflanzengeistern dabei? Ist diese bildschaffende Methode ein Weg zur Kommunikation mit den Pflanzengeistern? Können solche Bilder uns Hinweise geben für unseren Umgang in Anbau und Pflege, und vor allem hinsichtlich der Züchtung? Worauf sollten wir achten, wenn wir solche Blätterreihenbilder betrachten?

Der Grüne: Blätterreihenbilder sind eine sehr gute Möglichkeit, sich dem Wesen und auch den Wesen der Pflanze zu nähern, weil sie die gesamte Dauer dieser Pflanze ausdrücken. Das Verständnis, welches der Mensch dadurch gewinnt, hilft den Pflanzengeistern. Es macht sie zufrieden, auch wenn dabei Blätter von ihren Schützlingen genommen werden müssen.

Aus der umfassenden Schau der Pflanze durch diese schönen Bilder kann mancher Hinweis genommen werden. Die runden Blätter erinnern an den Tropfen. Bei ihrem Entstehen sind hauptsächlich die Kräfte der Undinen vorherrschend. Die leichte Differenzierung der Blätter weist auf die Sylphen hin, ist also dem Luft-Lichtbereich zuzuordnen. Der Feuerbereich mit den Salamandern ist stark differenziert, während der Erdbereich in der Blattform an Kristalle erinnert. Die Gnomen helfen bei der Bewahrung der Pflanzenkräfte in den Kristallen mit, und dadurch weist die Form auch darauf hin.

Je nach Ausprägung der einzelnen Blattypen kann man die Pflanze einem Element zuordnen. Diese Zuordnung kann man durch züchterische Maßnahmen verstärken, wenn man die Pflanze gezielt in eine Richtung entwickeln will. Sehr fördernd dabei ist die Berücksichtigung der kosmischen Rhythmen, speziell der Wanderung des Mondes in bezug auf die Planeten, und ihre Zuordnung zu den Elementen sowie die Zuordnung der Sternbilder, vor denen sich die Planeten befinden, zu den Elementen.

Eine starke Wirkung auf das Pflanzenwesen haben auch pflegerische Maßnahmen, die ihrem Elementartypus zugeordnet sind.

Versuche, aus den Blattreihen die Elementartypen zu erkennen. Sehr gut sind auch Störungen in der Entwicklung der Pflanze abzulesen, z.B. durch das Fehlen bestimmter Typen. Versuche, die Kristallblätter zu finden, ihre Anschauung wird den Menschen besondere Mühe machen.

Dieses war eine sehr schöne Frage für mich! Behalte die Pflanzen lieb!

Rettung der Kastanienbäume

Frage: Sind die Kastanienbäume, die europaweit von einem Schädling befallen sind, noch zu heilen? Und wie? Kann ich, eine 73jährige Frau, wenigstens gedanklich dafür etwas tun? In meiner Gegend sind etliche Kastanienbäume.

Der Grüne: Ihnen ist zu helfen, indem man die welken Blätter nach dem Herabfallen entfernt und verbrennt. Dann wird der Zyklus des Schädlings unterbrochen, und der Baum kann wieder gesund werden. Es sollten aber alle Blätter sein, da ein einziges schon die Motte erhalten kann.

Für die Kastanien wird es sehr hilfreich sein, wenn Du sie besuchst und ihnen ein gutes Wort gibst. Auch, wenn Dir der Besuch nicht mehr leicht fällt, das Aussenden guter Gedanken und der Zusatz an Deinen örtlichen Grünen: „Bitte helft den Kastanienbäumen!“, wird hilfreich sein. Versuche, viele Menschen anzuregen, sich eine gesunde Kastanie vorzustellen und schön zu finden. Das gibt sehr gute geistige Impulse.

Frage: Was können und dürfen wir gegen den sich immer stärker ausbreitenden Efeu tun, der die Bäume umwuchert und den Waldboden streckenweise in dichten Schichten bedeckt?

Der Grüne: Efeu ist so, wenn die Verhältnisse im Blattbereich gestört sind. Der Wasserhaushalt im Boden hat sich verändert. Drainage kann ich nicht empfehlen, da zu viele andere Pflanzen geschädigt werden.

Es gibt eine Möglichkeit, dem Efeu mitzuteilen, daß er in diesem Maße unerwünscht ist. Die Mitteilung muß aber mindestens dreimal wiederholt werden, da der Efeu eine relativ unbelehrbare Pflanze ist. Mache eine Efeujauche. Lasse diese gut reif werden, und versprühe sie dreimal abends an Blatt-Tagen. Tue das Ganze dreimal im Abstand von zwölf Wochen.

Des weiteren ist es wichtig, dem zuständigen Nöck klar und deutlich das Problem zu schildern und ihn um Regulierung des Wasserhaushaltes zu bitten. (Anmerkung: An Blatt-Tagen steht der Mond vor Tierkreiszeichen des Wassers, das sind Fische, Krebs und Skorpion.)

Funktionen der Bäume

Frage: Welche Funktionen sind an andere Laub- und Nadelbäume gebunden, entsprechend dem Beispiel der Eiche im FLENSBURGER HEFT 79? Was sollte man dann beachten beim Pflanzen der Sorten? Welche am Haus usw.?

Müller: Der Kirschbaum bringt die Süße des Lebens. Die Linde sammelt die Kraft der Sonne. Es ist sehr gut, Linden am Haus zu haben, wenn man sich der Sonne verbunden fühlt. Die Holunderbüsche sind der Frau Holle geweiht, sie stehen dort, wo der Vorhang zur Ätherwelt ganz dünn ist. Meine Menschen sagten, ich kann hier jetzt nicht alle Bäume aufzählen, sonst kommen die anderen Menschen nicht mehr dran. Es verbraucht zu viel Uhrenzeit. Meine Menschen werden Dir ein Buch empfehlen, welches ich sehr gern habe und welches Deine Frage ausführlich beantworten wird. (Maria Thun: Bäume, Hölzer und Planeten. M. Thun Verlag, Biedenkopf)

Um die richtigen Zeiten zur Pflanzung oder Aussaat zu finden, sollten die Bäume am Tag ihres Planeten gesät oder gepflanzt werden. Dieser Tag ist erkennbar aus der Stellung des Mondes vor den Sternbildern des Tierkreises. Dazu gibt es sehr gute Tabellen und Bemerkungen von dem gleichen Menschen, welcher die Bäume so gut versteht.

Frage: Vor einigen Monaten kaufte ich in einer Drogerie eine ca. 10 cm große Topfpflanze, welche wie folgt beschrieben ist: „Ginkgo biloba, japanischer Tempelbaum, ca. 5 m“. Ich kaufte dort schon Ginkgotropfen, vom Arzt verordnet gegen Altersmüdigkeit. Die Wirkung ist gut. Es handelte sich um ein Gelegenheitsangebot, einmalig. Ich kaufte diese Pflanze aus Sympathie zum Medikament. Sie sollte später einmal in den Garten verpflanzt werden. – Nach dem Lesen Ihres Buches tut es mir nun aber sehr leid, daß ich damit den Naturgeistern Schmerzen verursache. Was raten Sie mir, was ich machen soll?

Eichbine: Gehe hin und erkläre den umgebenden Pflanzen und Wesen, was das für ein Gewächs ist, woher es stammt, und alles, was Du sonst darüber weißt. Das hilft uns sehr viel weiter. Nun wirst Du sagen, wir könnten diese Informationen doch dem Weltenäther entnehmen. Das können wir, aber das Wissen, um was es sich tatsächlich handelt, muß uns gegeben werden. Es ist sonst sehr mühsam. Stelle Dir vor, Du suchst in einem Baumbuch, welches wirklich alle Bäume umfaßt, einen Baum, dessen Namen Du nicht kennst.

Für die Grünen am Ort ist es sehr wichtig zu wissen, warum, aus welchen inneren Gründen, ein Baum mitgebracht und gepflanzt wurde – aus Sympathie, Profitgier, Langeweile oder Neugier, was auch immer.

Ginkgobäume sind sehr, sehr alt. Ich kenne einen kleinen davon. Ginkgobäume atmen anders als Laub- oder Nadelbäume. Das ist am Anfang schwer zu begreifen. Sie sind so heilsam für alte Menschen, weil sie gesund alt sind seit vielen Äonen. Ginkgobäume vermehren sich anders als europäische Bäume. Sie blühen nicht in unserem Sinne. Sie lächeln immer. Für eine Eiche sind es merkwürdige Wesen.

Töte ihn nicht, um uns zu helfen! Jedes Leben hat einen Sinn, welchen Ihr Menschen nicht immer erkennen könnt. Wisch ihn nicht weg!

Landwirtschaft

Nur der Mensch kann dem Humus Licht zurückgeben

Frage: Die Senkung der Humusgehalte der Ackerböden ist weltweit ein großes Problem. Was muß ich machen, um die Humusgehalte zu erhöhen? Was ist bei der Dünger-(Kompost-)Herstellung zu beachten?

Der Nasse: Humus darf den Boden nicht in zu konzentrierter Form erreichen. Im Humus ist kein Licht. Der Zeitgeist Michael kann in den Teil der Erde, der Humus ist, nicht hineinschauen, weil die Humusbildung als Abtötung organischen Lebens Dunkelheit erzeugen muß. Totes Licht. Um diesen Prozeß im Acker wieder zu verlebendigen, muß dem Humus vom Menschen durch die Präparate Licht zugeführt werden. Je nach Anwendung kosmisches Sternenlicht oder Sonnenlicht. Dieses wird festgelegt durch die zugeführten Präparate. Quarz versinnbildlicht die Sonnendurchlichtung, die Metalle sowie auch Teile des überwinterten Präparates bringen das Sternenlicht.

Wenn der Dünger diese Bedingung der Durchlichtung des Bodens nicht erfüllt, können die Undinen ihre Wirkungen nicht mehr richtig entfalten. Der kleinste Wasserzyklus in den Kapillaren bricht zusammen, was wiederum zu einer Verschlechterung des Humus bzw. seiner Nutzung führt. Zur Verdeutlichung: Der Humusgehalt im Boden steigt an, wenn die kleinsten Wasserkreisläufe aktiv sind. Dann ist, unter Berücksichtigung des Vorausgesagten, der Boden selbst in der Lage, die Humusbildung fortzuführen. Die Wasserkreisläufe werden gefördert durch gepflegte Knicks sowie durch Silberbeimischungen in kleinsten Mengen zu den Präparaten.

Frage: Rudolf Steiner spricht im „Landwirtschaftlichen Kurs" (GA 327) davon, daß „die Humusbildung das Licht nicht aufnimmt, nicht zur Wirkung bringt in der Erde und daher lichtloses Wirken erzeugt". Außerdem besteht möglicherweise ein Zusammenhang zwischen zu starker oder fehlerhafter Humusbildung und der Bodenversauerung und der Störung der Wasserkreisläufe. Auf der anderen Seite gilt der Humus heute, gerade auch im ökologischen Landbau, als Maßstab für die Belebtheit und Fruchtbarkeit des Bodens. Wie ist der Humus aus der Sicht der Naturwesen im Naturhaushalt zu bewerten? Was ergibt sich dadurch für die Düngungsfrage – in welcher Form soll der Wirtschaftsdünger (Mist, Jauche) ausgebracht werden?

Der Steinerne: Den letzten Teil werde ich zuerst beantwortet gehabt haben. Mist sollte nur durchgerottet ausgebracht geworden sein. Vor dem Ausbringen sollte er einmal durchlüftet geworden gewesen sein. Wenn Jauche zu frisch gewesen war, wird sie uns verätzt gehabt haben. Sie sollte möglichst gegoren gewesen sein.

Wenn der Humus, bevor er weiter verarbeitet geworden ist, durchlichtet wird, ihm also das, was nicht da sein gekonnt hat, vom Menschen wiedergegeben geworden ist, dann ist der Humus gut. Nur der Mensch kann dem Humus Licht zurückgegeben haben. Das geschieht am besten durch das Eingebrachthaben der lichtbindenden Präparate. Das Untermischen von Häcksel ist auch sehr fördernd, da darinnen gebunden geworden ist das Licht des Ernteprozesses.

Wenn dieser Dünger nicht durch die Hände der Menschen geformt gewesen ist, ist er nicht gut für den Boden gewesen gewesen. Wenn dem

Humus keine menschliche Durchleuchtung gegeben geworden ist, führt es dazu, daß die Undinen nicht mehr richtig aufsteigen können und damit die Chemie der Pflanzen gestört wird. Erst dann kann es überhaupt zu einer Übersäuerung gekommen sein, da die Undinen etwas getan haben müssen, und dann haben sie Chemie im Boden gemacht gehabt. Das Beste wird es gewesen gewesen sein, dort sieben Jahre Gras gepflanzt zu haben. Dann ist alles wieder gesund gewesen. Aber dafür werdet Ihr Menschen wohl keine Zeit gehabt haben. So müßt Ihr zugesehen haben, daß möglichst viel Licht, auch Sonnenlicht, in den Boden gekommen ist. Dann werden die Undinen herausgekonnt haben.

Du wirst mich verstanden gehabt haben.

Die Präparate sind den Elementarwesen eine große Hilfe

Frage: Seit 20 Jahren bewirtschaften wir einen biologisch-dynamischen Betrieb und arbeiten dabei mit den von Rudolf Steiner entwickelten Präparaten. Wie wirken diese Präparate im Naturzusammenhang? Läßt sich ihre Wirkung noch verbessern? Wie erleben die Elementarwesen diese Präparate?

Der Nasse: Mein Freund vom Stein hat schon einiges über den Einsatz dieser Präparate gesagt. Hier sei nochmals eindringlich betont, daß sie Licht in das Dunkle bringen! Das ist ihre ganz große Aufgabe.

Bei der Herstellung und Anwendung ist besonders zu beachten, daß möglichst liebevoll und mit den Händen der Menschen gearbeitet wird! Sind sie nicht durch die Hand gegangen, leuchten sie nur sehr wenig.

Lichttage sind die geeigneten Tage für ihre abschließende Herstellung. Lichttage sind Tage, an denen der Mond vor Lichtsternzeichen steht. Das sind Zwilling, Waage und Wassermann.

Zur Verbesserung des Fladenpräparates kann Bernstein in feinsten Teilen hinzugefügt werden oder Blei. Das hilft gegen Radioaktivität. Zur Belebung der kapillaren Wasserkreisläufe im Boden hilft eine ganz feine Silberbeimischung zu den Präparaten.

Wir Elementarwesen erleben diese Präparate als große Hilfe durch den Menschen, da sie uns sehr genau mitteilen, wie wir die kosmischen Kräfte und die Lebenskräfte der Erde zu verteilen haben, damit sie den Menschen und den Pflanzen hilfreich sind. Gleichzeitig bietet diese Art der Präparate für uns auch die Möglichkeit, selbständig bestimmte Daseinsebenen zu verknüpfen, und zwar so, wie es für den gegebenen Ort am günstigsten ist. Sie schränken nicht ein, und sie legen nicht starr fest.

Ohne den Menschen geht die Fruchtbarkeit verloren

Frage: In der biologisch-dynamischen Landwirtschaft werden die von Steiner angegebenen Präparate angewandt. Des weiteren kenne ich Präparate von Hugo Erbe und Anweisungen von Viktor Schauberger zur Erhaltung der Bodenfruchtbarkeit. Kann einer der Naturgeister etwas zu der Wirksamkeit dieser Präparate sagen: ob sie alle noch zeitgemäß sind, und ob es eine qualitative Einstufung dieser Anwendungsmöglichkeiten gibt? Was empfinden die Naturgeister bei der Ausbringung dieser Präparate?

Der Nasse: Präparate bringen Licht in das Dunkel des Bodens. Der Humus, welcher ohne diese Präparate eingesetzt wird, ist vollkommen lichtlos. Wir Naturgeister schätzen es sehr, wenn die Menschen unsere Bemühungen mit einer Durchlichtung unterstützen. Wenn keine Präparate angewandt werden, führt der reine Humus zu starken Abbauprozessen im Boden. Diese Entwicklung hat aber erst nach dem Mysterium von Golgatha eingesetzt. Vorher waren die Bedingungen der Bodenfruchtbarkeit ganz anders. Jetzt muß der Mensch tätig werden, sonst geht die Fruchtbarkeit verloren.

Die Präparate von Hugo Erbe sind gute Weiterentwicklungen der Präparate Rudolf Steiners, sie führen zu einer deutlichen Durchlichtung. Wir mögen sie.

Schwieriger ist es mit den Präparaten des Viktor Schauberger. Er nimmt fast ausschließlich Metalle. Diese müssen Lichtplaneten zugeordnet sein, dann durchlichten sie auch. Kupfer z.B. ist hier sehr richtig eingesetzt, da seine Zuordnung über die Venus zum Licht geht. Auch Zinn als Jupitermetall durchlichtet. Die Metalle des Uranus müßt Ihr Menschen noch richtig erforschen. Das wäre auch im landwirtschaftlichen Sinne eine gute Zukunftsaufgabe.

Frage: Gibt es außer den angeführten Präparaten noch weitere Möglichkeiten, die Bodenfruchtbarkeit und die Pflanzengesundheit positiv zu beeinflussen? (Z.B. Bodenbearbeitungsgeräte aus Kupfer/goldener Pflug/Repulsine von V. Schauberger; Aussaatkalender von Maria Thun oder Wasser, welches durch Spiralwirbelrohre gelaufen ist, Brottrunk von Kanne usw.)

Der Steinerne: Es ist heutzutage die beste Möglichkeit gewesen, mit den Bodenwesen gesprochen gehabt zu haben. Teile ihnen mit, so wie einem anderen Menschen, was Du vorgehabt gehabt hast mit dem entsprechenden Stück Boden, und du wirst gemerkt gehabt haben, daß sie reagieren.

Zu Deinen speziellen Geräten: Eisen ist immer noch das beste für Geräte gewesen und wird es auch noch eine Weile gewesen gewesen sein. Durch die Veränderung, die der Mars gehabt hat, ist es zukünftig genug für den jetzigen Boden geworden gewesen. Das nächste Metall, welches der Boden gebraucht gehabt haben kann, ist Zinn gewesen. Das führt zur Jupiter-Erde.

Belebtes Wasser wird sehr wünschenswert gewesen sein. Der Nöck sagt, spiralisieren ist gut. – Frau Thun versteht den Boden richtig. Ihr Kalender ist sehr hilfreich. Vertraue ihr. – Brot wirkt im Menschen, nicht im Boden. Wir werden zornig, wenn Ihr mit Brot zu düngen begonnen habt. Brot ist eine Gottesgabe!

Plagen, Schädlinge und Parasiten

Frage: In den letzten Jahren stelle ich einen wesentlich vermehrtes Aufkommen an Schnecken fest. Diese räumen teilweise ganze Bestände von Kulturen ab. Welches sind die Gründe für die vielen Schnecken, und wie sollten wir Menschen damit umgehen?

Der Nasse: Die Schnecken kommen mit dem Wasser. Es ist jetzt in Europa Wasserzeit. Dann kommen Schnecken und Pilze. Die Schnecken entsprechen verzerrten Geistern des feuchten Bodens. Sie mögen kein Licht. Gib reflektierendes Quarzmehl.

Versuche zu begreifen, was das Wasser will! Schaffe ihm Flächen, wo es hin darf, Rinnen, Einbuchtungen, Grüppen. Dann ziehen sich die Schnekken dorthin zurück.

Frage: Was wollen uns Plagen (von Schnecken oder Wühlmäusen z.B. oder Fliegenplagen im Stall) bzw. massiv auftretende Gesundheitsprobleme bei den Haustieren (wie z.B. ständige Euterentzündungen, Haarläuse und Flechten) sagen?

Der Braune: Sie wollen Euch sagen, daß das Gleichgewicht gestört ist. Wenn zu viele Schädlinge da sind, fehlen die Nützlinge. Laßt die Schwalben in den Stall! Laßt die Igel in den Garten!

Bekämpfen kann man sie am besten durch Veraschung der Wesen, Dynamisierung der Asche und Ausstreuen an günstigen Tagen an den befallenen Orten und Tieren. Euterentzündungen sollten bei Haltung im Stroh, mit zusätzlichem Sonnenlicht, sehr schnell verschwinden, wie auch Haarläuse, Flechten usw. Licht ist das Beste gegen Parasiten!

Frage: Wir bewirtschaften einen Demeterhof in der Soester Börde und bauen sehr viel Gemüse an. Abgesehen von den schlechten Wetterbedingungen in diesem Jahr, machte uns das Wachstum der Pflanzen große Sorge – seit nunmehr 10 Jahren leiden die Pflanzen sehr stark unter „Pilzbefall“ (im Gewächshaus!) und „Schädlingen“ wie den Kohlweißling, Drehherzmücke, Möhrenfliege im Freiland. Was machen wir falsch? Gibt es aus Eurer Sicht einen möglichen Hinweis, in welcher Hinsicht wir anders arbeiten sollen? Es geht uns nicht darum, die Quantität zu steigern, sondern die Qualität der Erde bzw. der Nahrung zu verbessern.

Der Grüne: Pilzbefall weist auf einen deutlichen Überschuß des erdigwäßrigen Elementes hin. Ihr fangt ganz offensichtlich das derzeit planetarisch so angelegte Klima in Eurem Gewächshaus zu stark ein. Das wird in diesem Jahr im übrigen besser, da der Merkur seine Rückläufigkeiten nicht mehr so stark vor erdigen Sternzeichen hat. Diese sind: Steinbock, Stier, Jungfrau. Eine Möglichkeit für das Gewächshaus: Die Zuluft trocknen, indem man sie durch kalte Steine hindurch führt. Zweite Möglichkeit: Gemahlenes vulkanisches Gestein wie Mehl ganz dünn ausstreuen.

Im Freiland fehlen Nützlinge, wenn die Schädlinge überhand nehmen. Sehr günstig ist es, die Schädlinge zu veraschen, zu dynamisieren und mit dem Salzstreuer auszustreuen. Bei größeren Flächen sind natürlich andere Streumethoden sinnvoll. Gute Termine zu diesen Arbeiten sind aus den Listen von Frau Thun zu ersehen. Meine Menschen fügen den Literaturhinweis bei. (Maria Thun: Aussaattage 2003. M. Thun Verlag, Biedenkopf) Die Ansiedlung von Schwalben hält diese Art von Schädlingen auch im Zaum.

Pflanzt für die Bienen die Linde

Frage: Es gibt eine Demeter-Richtlinie zur wesensgemäßen Bienenhaltung. Ist diese Richtlinie der richtige Weg, bzw. worauf sollte besonders geachtet werden?

Der Luftige: Die Demeter-Richtlinie ist gut. Wenn sie nur alle Imker anwenden würden!

Frage: Gibt es angesichts der Bienenkrankheiten und auftretenden Varoamilbe/Bienenstockkäfer weitere Möglichkeiten, den Bienen zu helfen und den Fortbestand der Bienen in unserer Kulturlandschaft zu sichern?

Der Luftige: Über die Eindämmung tierischer Schädlinge hat Frau Maria Thun sehr viel Besseres geschrieben, als hier in dieser Kürze mitgeteilt werden könnte. Meine Menschen werden Dir einen Hinweis geben. (Maria Thun: Aussaattage 2003, S.29)

Der Feurige: Eine Ursache für das Bienensterben ist die Sonnenfleckentätigkeit. Die Biene ist in ihren Lebenszyklen vollständig an die Sonne gebunden. Daher sind alle Unregelmäßigkeiten bei den Bienen auf die Sonne zurückzuführen. So richtet sich der Bien in seinen Lebenszyklen nach dem ca. 11jährigen Sonnenfleckenzyklus.

Ein weiterer Grund ist die Zunahme an ultravioletter Strahlung im Licht. Bei weiterer Abnahme der Ozonschicht wird das Bienensterben noch deutlicher hervortreten. Gib ihnen Stärkung in Form von Sonnenblumentee! Der Aufbau der Bienenkästen unter schützendem Blätterdach kann den Bien davor bewahren, zu viel Kraft zu verlieren.

Frage: Ist es sinnvoll, aufgrund des immer schlechter werdenden Trachtangebotes (im Sommer) in der Kulturlandschaft für die Bienen den aus Ostasien stammenden Bienenbaum Euodia (Duftraute) anzusiedeln?

Der Grüne: Pflanzen aus fremden Kulturkreisen schmerzen über lange Zeit die hiesigen Pflanzen. Es bringt wiederum Unruhe und Störung in den natürlichen Zusammenhang. Pflanze für die Bienen die Linde! Schon der Heilige Johannes wußte um die Linde und ihre Honigqualität. Die Legende sagt, das Jesuskind habe Johannes die Lindenblüte zum Geburtstag geschenkt, damit er zu dieser Zeit auch seinen Honig hatte. Warum also in die Ferne schweifen?

Das Töten von Tieren

Schlachten der Haustiere

Frage: Wie ist das Schlachten der Haustiere aus der Sicht der Naturwesen zu beurteilen, wie kann es wesensgemäß durchgeführt und begleitet werden?

Der Braune: Es ist unsinnig, seine Kühe zu beerdigen. Es ist viel günstiger, wenn sie aufgegessen werden. Solange Ihr Menschen Haustiere haltet, ist es besser für das Gleichgewicht, wenn Ihr sie aufeßt. Wir Braunen wissen, daß die Menschen Tiere züchten, um sie zu essen. Damit haben wir kein Problem, wenn dies nicht die Würde des Tieres verletzt. Die Würde des Tieres ist sofort verletzt, wenn Ihr sie als Produkte, noch schlimmer als Produktionseinheiten anseht. Auch die Großen Tiere der von mir betreuten Tiere haben nichts dagegen, wenn Teile von ihnen gegessen werden, sofern Ihr Menschen das mit einer Veredelung des gesamten Tieres begleitet.

Das Schwein z.B. hat nicht nur Koteletts, sondern auch Gefühle, und die Kuh hat nicht nur ein Euter, sondern auch einen Kopf *mit* Hörnern, welche die kosmischen Energien aus dem Reigen der Planeten hineinholen. Ohne Hörner kann sie das nicht.

Das Töten sollte möglichst schnell gehen. Für das Tier ist es unschön, wenn man es ihm vorher tagelang erzählt. Es ist schöner, wenn es ruckartig aus dem gewohnten Rhythmus genommen und dann schnellstmöglich getötet wird.

Nach dem Schlachten ist eine Geste des Dankes an das Große Tier und auch an den Braunen gut.

Tierquälerei und Vegetarismus

Frage: Warum hat Christus nie Mitleid und Barmherzigkeit auch für Tiere gepredigt, wie dies Buddha tat? Es wäre ihnen dann viel Grausamkeit durch die Christenheit erspart geblieben, die bis heute – auch anthroposophische Christen – in der überwiegenden Mehrheit der Tierquälerei gnadenlos gleichgültig gegenübersteht.

Der Große: Wegen der Freiheit des Menschen! Als Gautama Buddha lebte, war das Mysterium von Golgatha noch ein Zukünftiges. Daher konnte Buddha Anweisungen geben, welche Mensch und Tier auf eine sehr ähnliche Ebene stellten. Außerdem konnte er Anweisungen geben, die den Handlungsspielraum der Menschen einschränkten.

Nach dem Mysterium von Golgatha muß jeder einzelne Mensch aus seinem Ich heraus sein persönliches Verhältnis zu den Tierwesen finden. Vorgaben, welche dieses sozusagen ex cathedra regeln, ließen nicht zu, daß persönliche Verbindungen mit speziellen Tierwesen möglich wären. Diese Verbindungen, Freundschaften, sind Wohnräume für fördernde geistige Wesen und ermöglichen die Individualisierung der hochstehenden Tierwesen. Jede gesetzmäßig vorgegebene Ethik schränkt die Freiheit des Menschen ein.

Frage: Ist Vegetarismus eine ethische Frage? – Leider hat Steiner Vegetarismus nie direkt zur ethischen Frage erklärt, sondern ihn nur zum Aufbau von Kräften, die sonst brach liegen, und als Mittel zur persönlichen Weiterentwicklung beschrieben. Dementsprechend kommt Vegetarismus aus ethischen Gründen bei Anthroposophen, wenn überhaupt, nur selten vor.

Der Große: Nein. Geistig gesehen, ist Vegetarismus keine ethische Frage. Pflanzen, Tiere und Mineralien sind Wesen, welche auf ihren Ebenen genauso hochstehende Wesen sind wie die Menschenwesen. Sie werden nur zu einem anderen Zeitpunkt einen menschenähnlichen Zustand erreichen. Wenn also die Essensaufnahme des Menschen zu einer ethischen Frage zu erklären wäre, dürfte er gar nichts mehr essen.

Frage: Wie sieht die Kamalokazeit und das Karma eines Metzgers aus? Trägt er allein die Last, oder verteilt sich diese auf seine Kunden?

Der Große: Ein Metzger hat eine Kamalokazeit, welche geprägt ist durch seine zwischenmenschlichen Aktivitäten und Ausgleichungen, wie bei einem Schuster auch. Sein Beruf beeinflußt sein Kamaloka normalerweise nur dann, wenn er animalische Lust bei der Tötung der Tiere empfindet oder diese besonders grausam durchführt. Das Zerteilen und Verkaufen von Tierfleisch zeigt keine besonderen Auswirkungen, sofern keine betrügerischen Absichten damit verbunden sind. Daher ist der Verkauf und der Kauf von Fleisch in einer Metzgerei nicht von Karmaschuld begleitet. Für spezielle Aussagen wäre eine Einzelfallbetrachtung notwendig.

Töten von Insekten

Frage: Wie gehe ich mit Läusen, Motten, Flöhen etc. um? Ich töte sie einfach, aber es geht mir nicht gut dabei. Hört dort meine Ehrfurcht vor dem Leben auf? Was bedeuten sie spirituell?

Der Braune: Insektenwesen haben alle eine besondere Bindung in die ätherische Welt. Sie haben mehr Lebenskraft als die anderen Tiere. Das ist einer der Gründe, warum so viele Menschen einen so großen Ekel vor Insekten empfinden, speziell vor Spinnen, weil diese in der ätherischen Welt quasi leuchten.

Interessanterweise rechnet der Mensch speziell die Fliegen den Widersachermächten zu. Das ist bis zu einem gewissen Grade richtig, weil sie die abbauenden Prozesse unterstützen. Sie leuchten dunkel.

Die großen Insektenwesenheiten sind so potent, menschlich ausgedrückt, daß der Verlust einzelner Tiere für sie in etwa so ist wie Haare- oder Fingernägelschneiden. Anders sieht es aus beim großräumigen Einsatz von Insektiziden.

Die Tiere, welche Du speziell ansprichst, sind Schmarotzer. Das empfindet der Mensch als sehr unangenehm, da er instinktiv weiß, daß mit dem Blut sein Ich verknüpft ist. Diese Tiere versuchen, Blutskräfte für ihre Nachzucht zu nutzen. Dadurch können sie sich besser als andere Tierwesen an die Veränderungen des Menschen durch seine Ich-Kräfte anpassen.

Diese Boten der abbauenden Welt werden den Menschen also erhalten bleiben. – Ehre die Tiere!

Kultus

Frage: Welches Verhältnis geht der Täufling durch die Taufe zum Engel der Gemeinde ein? Was geschieht in dieser Hinsicht bei der Kommunion der Erwachsenen?

Der Große: Der Täufling wird durch die Taufe bis zu seiner Konfirmation in den Aufgabenkreis des Gemeindeengels gestellt. Der Gemeindeengel reicht ihm sozusagen eine Feder seiner Schwingen. Anders ausgedrückt nimmt der Gemeindeengel den Täufling in seine Bewußtheit mit auf und wacht in einer ganz bestimmten Art und Weise über ihn. Dieser Schutz gibt dem Kind eine Art geistigen Schutzmantel, welcher es dem Kind ermöglicht, vielen Anfechtungen der Widersachermächte seinem religiösen Leben gegenüber zu entgehen. Diese Bindung wird durch die Konfirmation aufgelöst, da ab diesem Zeitpunkt der junge Mensch aus seiner Freiheit heraus entscheiden muß, welche religiöse Heimat er hat.

Durch die Kommunion des Erwachsenen wird eine freie Beziehung zum Engel der Gemeinde eingegangen. Die Grundlage ist aber nicht ein Schutz, sondern eine Stärkung der Seelenkräfte. Der entscheidende Unterschied ist, daß die Kommunion ein freier Willensakt ist, welcher von dem einzelnen Menschen in seiner Gesamtheit geistig zu verantworten ist. Die Bindung hierbei zum Gemeindeengel ist eher brüderlicher Art. Er reagiert, wenn er dann gerufen wird. Das Kind schützt er ohne Anrufung. Daher ist die Kommunion so einfach nicht als Erneuerung der Taufe zu verstehen. Sie bezieht sich unter Mitwirkung des Gemeindeengels auf die Verbindung in Freiheit mit dem Christuswesen.

Dieses Thema hat noch sehr viele weitere geistige Aspekte, welche hier nicht alle genannt werden können. Meine Ausführungen sind als Denkanstöße zu werten.

„Ich will ihn suchen“

Frage: Muß der Dialog „Der Gottesgeist wird sein mit Dir, wenn Du ihn suchest!“ – „Ich will ihn suchen“ während der Kinderhandlung der Christengemeinschaft heute noch stattfinden, oder gibt es eine andere Möglichkeit, zum gleichen Ziel zu kommen?

Der Große: Es gibt immer andere Möglichkeiten. Die Kinderhandlung der Christengemeinschaft hat damals diese Form angenommen, damit die Kinder selber ins Wort kommen können, durch ihr Wort eingebunden werden in den Kultus und ihn nicht übergestülpt bekommen, wie es in den Formen vor der Zeit der Bewußtseinsseele üblich war. Sie sprechen einen Satz aus, in dem sie ihr Ich betonen. Viele Kinder erleiden dies als Einengung ihrer Seele und zerquetschen damit die Verbindung zum Kultus.

Es ist eine gute Möglichkeit, sie statt dessen eine Kerze anzünden zu lassen, welche sie die Zeit des Kultus über bewahren müssen. Das ist ein direkter Blick in geistige Wirklichkeiten. Der Zwang im Kultus ist für den Schutzengel des Kindes schmerzerzeugend. Andererseits ist es wichtig, daß das Kind aktiv im Kultus tätig wird und sich dort nicht nur im seelischen Wohlbehagen suhlt. Das widerspräche der Freiheit des Ich. Die kindliche Seele sollte nicht die Oberhand über das Ich erlangen. Ein weiteres Tun wäre gegeben, wenn die Kinder Figuren durchschritten. Von Kind zu Kind ist zu schauen, welches als mehr Zwang erlebt wird. Bei den Figuren ist z.B. an das Labyrinth von Chartres zu denken.

Zu vermeiden ist eine Fernsehhaltung bei Kindern, wo das Geschehen am Altar unpersönlich und fern von ihnen abläuft. Kultus ist ein Raum, und Raum muß betreten werden, um ihn zu erleben.

Die bisherige Form ist für einige Kinder noch richtig, für andere wäre eine andere Form besser. Das rührt daher, daß zu dieser Zeit viele unterschiedlich alte Seelen inkarniert sind.

Eine zweistufige Kinderhandlung ist heute wünschenswert, mit dem Alterssprung bei ca. 10 Jahren. Die geistige Welt ist bereit, den dazugehörigen Kultus mitzuteilen. Es müssen sich nur Menschen finden, das Mitgeteilte aufzunehmen und umzusetzen.

Anwesenheit elementarer Wesen im Kultus

Frage: Kann man die Anwesenheit elementarer Wesen im Kultus fördern? Wie?

Der Große: Es sind sehr viele elementare Wesen im Kultus zugegen. Die Erde benötigt die Durchsonnung dermaßen, daß bei jeder Menschenweihehandlung viele kommen, die weither ziehen, um die heilende Kraft des Sonnenkultus zu verbreiten. Speziell das Wasser spielt dabei eine besondere Rolle. – Dem kann etwas geholfen werden, indem irgendwo im Kultusraum zusätzliches offenes Wasser vorhanden ist. Möglichst an Montagen. Hilfreich für die Elementarwesen ist es auch, wenn der Weiheraum besonders sauber gehalten wird, allerdings ohne Chemie. Wichtig ist dabei das Reinigen von Ungeziefer.

Wenn der Zelebrierende dazu in der Lage ist, möge er versuchen, die helfenden Geister am Rande seines Bewußtseins in den Kultus einzubinden. Nicht jedoch auf Kosten der Menschen, da es eine *Menschen*weihehandlung ist.

Jedes echte kultische Geschehen eröffnet Räume für Geistwesen

Frage: Welche Wirkung hat eine kultische Handlung (z.B. Opferfeier) in heilpädagogischen Einrichtungen und Schulen auf die Betreuten und Mitarbeiter, auf den Heim- oder Schulgeist, wie wirkt sich ein Aussetzen der Handlung aus?

Der Große: Jedes echte kultische Geschehen eröffnet Räume, in welche sich höhere Geistwesen hineinbegeben können. Wenn eine solche Feier regelmäßig am gleichen Ort in der gleichen Weise abgehalten wird, beginnt sich dort eine höhere Klasse von Elementarwesen, sogenannte harmonische Elementarwesen, zu etablieren. Dieser Prozeß braucht Dauer. Beim Aussetzen des Kultus wird dies dann unterbrochen oder sogar abgebrochen. Das kann dazu führen, daß diese Wesen disharmonisch werden.

Das Herabsteigen der harmonischen Wesen hat eine durchlichtende Wirkung, speziell bei Betreuten. Bei Mitarbeitern kann das sogenannte Ausbrennen vermieden werden. Die örtlichen Geistwesen werden deutlich gestärkt, sie empfangen das Opfer mit und schützen den Raum des Kultus. Daraus fließen ihnen aufbauende Kräfte des Sonnenätherwesens zu.

Frage: Wir halten in unserer Waldorfschule regelmäßig die Sonntagshandlung, Jugendfeier und die Opferfeier für die Kinder des freien christlichen Religionsunterrichts und deren Eltern ab. Worauf sollten wir Lehrer bei der Vorbereitung und beim Halten der Handlungen noch mehr achten?

Der Große: Ihr sollt darauf achten, diese Handlungen mit innerer Überzeugung durchzuführen und nicht, weil sie im Terminkalender stehen! Jedes Mal! Für die Durchführung der Sonntagshandlung ist die innere Haltung der Handelnden dasjenige, was die Kinder mitnehmen mit sich. Wenn Ihr das nicht vergeßt, wenn Ihr Euch bewußt seid, daß Eure innere Haltung von allen Kindern, welche daran teilhaben, hinausgetragen wird in ihr Leben, bis mindestens zur nächsten Sonntagshandlung, dann werdet Ihr sie richtig begehen.

Es ist wichtig, zumindest für den Zelebrierenden, schon am Abend mit sinkender Sonne sich auf die Handlung einzustimmen. Das bedeutet, daß er möglichst mit der sinkenden Sonne den Schlaf findet. Der Tageswechsel hat eine andere Wirkung auf das Ich, wenn er in der geistigen Welt erlebt wird.

Seelenpflegebedürftige Menschen

Frage: Wie nehmen Naturwesen Menschen mit Behinderung im Sinne von seelenpflegebedürftigen Menschen wahr?

Der Nasse: In einer gewissen Weise nehmen wir diese Menschen wie Kinder wahr. Das bedeutet, daß wir sie, je nach Art der Behinderung, zum Teil verschwommen sehen. Häufig zeigt sich die Behinderung auch darin, daß im ätherischen Bereich dieses Menschen unpassende, blumenkohlartige Auswüchse entstehen. Aus diesen ziehen diese Wesen z.B. ihre manchmal immense Körperkraft. Diese ätherischen Verformungen nehmen wir wiederum sehr deutlich wahr. Sie ragen in unsere Welt hinein.

Hochbegabte Kinder haben ganz ähnliche Wucherungen. Diese ziehen bestimmte Kräfte aus der ätherischen Welt ab. Das kann sehr hilfreich sein für die ätherische Welt. Der eigentliche Mensch dahinter ist für uns aber deutlich schwieriger zu sehen als ein „normaler“ Mensch.

Frage: Sind Naturwesen in der Lage, solche Menschen zu „besetzen“?

Der Nasse: Das ist unpräzise gefragt. Wesen aus dem Bereich der hellen oder dunklen Hierarchien sind in der Lage, solche Menschen zu besetzen. Elementarwesen, Pflanzen- und Tierbetreuer sowie die Wesen der verschiedenen Zustände der Materie sind nicht interessiert, menschliche Wesen zu besetzen.

Frage: Wie nehmen Naturwesen Menschen wahr, die mit Betreuten zusammenleben und -arbeiten?

Der Nasse: Sie leuchten mehr als andere.

Frage: Ist eine „Zusammenarbeit“ von Naturwesen und Menschen in einer Dorfgemeinschaft möglich, vor allem auch unter Berücksichtigung der besonderen Sozialstruktur und dem Zukunftsanliegen von Dorfgemeinschaften? – Mir ist klar, daß es bei dieser Frage sicher so ist, daß Naturwesen helfend mittätig sind, aber wie können die Menschen in der Dorfgemeinschaft auch ohne die Fähigkeit, Naturwesen zu sehen und zu verstehen, dennoch die Kräfte so einsetzen, daß Naturwesen und Menschen sozusagen an einem Strang ziehen?

Der Nasse: Das ist ganz einfach. Wenn Du z.B. wirkend tätig wirst und dabei ein schlechtes Gefühl um die untere Mitte hast, bist Du einem von uns „auf die Füße getreten".

Es ist für uns sehr hilfreich, wenn von dem normalen Rhythmus abweichende Geschehnisse oder Änderungen der allgemeinen Richtung uns mitgeteilt werden. Einfach als bewußten Gedankenentschluß sich sagen: „Dieses teile ich jetzt den Naturwesen mit!" Das kann laut oder leise sein, aber bitte möglichst Worte benutzen! Die sind geistig am besten zu erkennen. – Bei Plenumsbeschlüssen ist es hilfreich, wenn sich ein Mensch dazu berufen fühlt, diese konkret und klar den Geistwesen mitzuteilen. Ihr werdet sehen, das Dorf wird blühen!

Down-Syndrom

Frage: Wir haben als fünftes Kind einen Jungen mit Down-Syndrom. Er ist 45 Jahre alt, hat also ein Alter, das früher nur sehr selten erreicht wurde. Wir alle lieben ihn sehr und sind glücklich und dankbar, daß dieses Wesen zu uns gekommen ist. – Rudolf Steiner hat fast zu jeder geistigen Behinderung Grundlegendes gesagt, aber ein Kind mit Down-Syndrom ist ihm nicht vorgestellt worden. Ist es möglich, einige Hinweise zu geben? Ich denke, daß ich für viele spreche.

Der Große: Du sprichst wirklich für viele Menschen. Vielleicht ist es möglich, daß das auch viele hören.

Die Krankheit, welche Ihr Menschen Down-Syndrom nennt, bezeichnet einen Inkarnationsweg, der dazu führt, daß der damit geborene Mensch nicht erwachsen werden kann. Es sind Wesen, die, auch wenn ihr Körper altert, Kinder bleiben müssen. Sie sind nicht schuldfähig. Dieser Begriff ist hier ganz wörtlich zu nehmen. Für ihre Taten in dieser Inkarnation wird ihnen nicht die Schuld zugemessen. Sie verbleiben im Zustand der Unschuld.

Mit aller Vorsicht: Die Gründe für diese Inkarnation sind also eher im Karma der Eltern bzw. Betreuer zu suchen. Diese haben durch ihre Obhutspflicht etwas zu klären mit dem Kindsein. Sie haben den stetigen Anblick eines Kindes nötig, welches sich eigentlich nicht richtig ändert.

Es steckt eine Art Opfer dahinter, welches dieser so inkarnierte Mensch bringt. Da er sich nicht schuldig machen kann, sondern sich nur an ihm schuldig gemacht werden kann, tritt in seinem Karmaweg während dieser Inkarnation die Entwicklungsmöglichkeit zurück. Dadurch kann dieser

Mensch die unschuldige Liebe eines Kindes geben und sehr viel Dankbarkeit und Freude in die Welt bringen.

Es ist hierbei zu bemerken, daß dieses verallgemeinerte Aussagen sind, welche in der Einzelfallbetrachtung Veränderungen unterliegen.

Nebenwirkungen von Psychopharmaka

Frage: Seit einiger Zeit arbeite ich in einer anthroposophischen Institution in einer Wohngruppe mit leicht geistig behinderten Menschen. Da einige von unseren Bewohnern an psychischen Krankheiten leiden, bekommen sie Psychopharmaka (z.B. Melleretten, Nozipan u.a.). Nun, das „Schöne" daran ist, daß diese Menschen dadurch am Gemeinschafts- und Gesellschaftsleben teilnehmen können (Arbeit, Wohnen, kulturelle Feste u.a.). Nun haben diese Medikamente etliche Nebenwirkungen. Ist es möglich, diese auf der seelisch-geistigen Ebene zu erklären? Was passiert im Nachtodlichen mit diesen Menschen? Was heißt dies für das Karma im nächsten Leben? Was kann man für diese Menschen tun?

Der Große: Die von Dir erwähnten Mittel beruhen auf chemischen Herstellungsprozessen. Sie beeinflussen bei den Patienten nicht nur den Körper, sondern auch den Ätherleib durch die Diffusion der Chemie über die Flüssigkeiten in den Lebensbereich. Dort übernehmen sie Steuerungen, welche sonst von den höheren menschlichen Leibern geführt werden. Dadurch hat das Ich in bestimmten Bereichen keine Möglichkeit mehr, selbst zu wirken. Der Hauptverlust betrifft den Willensbereich des Menschen. Dieser wird abgekoppelt und von Pseudowesen der Ich-Stufe übernommen. Diese Wesen sind sozusagen leer. Sie füllen sich mit geistigen Resten, karmischen Abschnürungen, welche hauptsächlich für die Nebenwirkungen verantwortlich sind.

Die Zeiten der Abschnürung des Ich werden in der nächsten Inkarnation neu bearbeitet werden müssen. Die Aufarbeitung dieser Zeiten ist nur bedingt möglich, da sie nicht in eigener Verantwortung wahrgenommen, sondern von den Pseudowesen gesteuert wurden. Allerdings schreiben sich Erlebnisse, welche wahrgenommen werden, ins Ätherische und Astralische ein. Je nach Art der Erlebnisse wirken sie erhöhend oder herabziehend auf das Gesamtwesen.

Die Pseudowesen können sehr stark werden, wenn sie über lange Zeit aufrechterhalten werden. Sie übernehmen dann eine Doppelgängerfunktion und sind vom eigentlichen Ich-Träger einzugliedern. Die stärkste

Stimulation für die Ich-Wesen ist künstlerisches Tun. Jedes künstlerische Tun ermöglicht einen besseren Zugriff auf den Willen. Ein gemeinsames künstlerisches Tun ist die größte Hilfe für diese Menschen.

UMWELTPROBLEME

„Gentechnologie ist notwendig"

Frage: Ich habe eine Reihe von Fragen zu den neuen Forschungen und fragwürdigen wirtschaftlichen Nutzungen der derzeitigen Gentechnologie im Pflanzen-, Tier- und sogar Menschenbereich (u.a. die Frage des Klonens). Meines Erachtens sind derartige Vorhaben von nicht geringer Lebensbedeutung auch für die Naturgeister in Zukunft.

Der Große: Auch wenn es für Anthroposophen nur sehr schwer einzusehen sein wird: Die naturwissenschaftlichen Forschungen zur Gentechnik sind notwendig. Die Menschheit muß sich die Fähigkeit erarbeiten, die Werkzeuge des Lebens, d.h. die physischen Körperlichkeiten, in Freiheit gestalten zu können.

Es besteht die moralische Notwendigkeit, daß zu der Entwicklung des gebärenden Wortes die Gleichgewichtslage des zerschnittenen, digital zusammengesetzten Körpers entsteht. Noch können die Menschen weder die eine Seite des Waagebalkens in ihrer ganzen Schönheit noch die andere Seite in ihrer ganzen Scheußlichkeit sehen oder schauen, sondern nur erahnen. Auch die hier beteiligten Geistwesen erfaßt, je nachdem in welche Richtung sie blicken, heilige Scheu oder tödlicher Schrecken.

Ich weiß, es ist entsetzlich zu denken, aber Menschen müssen es denken, sonst fehlt der Waagebalken. Im Herzen jedes einzelnen Menschen liegt die Waage auf, und es ist trotzdem nur *eine* Waage.

Für die Naturwesen ist die Gentechnologie so, daß die, die dort beteiligt sind, grau werden. Diese Naturwesen werden dem Menschen nicht hold sein. Wie immer ist die Möglichkeit zur Erlösung auch für diese Wesen die Liebesfähigkeit der strebenden Menschen.

Ein zunehmender Interessenkonflikt der Naturwesen

Frage: Greifen die Naturgeister in bezug auf die Umweltverschmutzung helfend ein; versuchen sie, Schäden auszugleichen?

Der Nasse: Die Naturgeister versuchen, so gut sie können, die Umweltschäden auszugleichen, denn es ist ihre Aufgabe, die ihnen anvertrauten Wesen vor Schaden zu bewahren. Der Luftige erzählt darüber, bezugnehmend auf die Luftverschmutzung. (FLENSBURGER HEFTE 79, S.75)

Wir haben allerdings einen gewissen Interessenkonflikt. Die Menschen übernehmen die Führung im ätherischen Bereich. Wenn sie die Umweltverschmutzung wollen, können wir uns eigentlich nicht gegen unsere Herren auflehnen. Je weiter die Führungsübergabe fortschreitet, desto tiefgreifender wird dieser Konflikt werden. Zur Zeit sind die ersten Anfänge davon zu sehen. Bedenke dies, o Mensch, und handle anders!

Frage: Was geschieht mit der Erde, wenn die Menschen zigtausend Kilometer ihrer Oberfläche mit Asphalt oder Beton verschließen? Ich stelle mir manchmal vor, daß es sich anfühlen muß, wie wenn einem Eisenbänder um die Brust geschmiedet werden, und das tut sehr weh.

Der Steinerne: Da ich ein Erdwesen bin, werde ich diese Frage beantwortet gehabt haben. Die Asphaltierungen und Versiegelungen der Erdoberfläche werden bewirkt gehabt haben, daß die Erde dort nicht geatmet gehabt haben kann. Es ist nicht wie ein Eisenband gewesen, da es nicht aus Metallen hergestellt geworden gewesen ist.

Schwieriger sind die Stellen gewesen, in welche große Metallansammlungen, für was auch immer, die Erdoberfläche verschlossen gehabt haben. Das ist für die Erde an dieser Stelle so gewesen gewesen, als ob etwas sehr Fremdes in ihre Haut eingebracht gewesen ist, wie eine Abschürfung, welche durch feste Binden aus Metall verschlossen geworden ist.

Asphalt und Beton werden wir aufgelöst gekonnt haben, wenn uns die Zeit dafür gegeben geworden ist. Es hat uns keine Freude gemacht gehabt, aber es ist nur mühsam gewesen gewesen. Wenn die Fläche sehr groß gewesen ist, wird es darunter sozusagen gefault gehabt haben. Das sind graue Wesen. – Mit Christus!

Die Lebenskräfte der Erde werden durch die Kriege stark belastet

Frage: Was bedeuten die vielen Flugzeuge, welche z.B. täglich über Deutschland fliegen, für die Lebenskräfte von Erde, Pflanzen, Tieren und Menschen? Hängen die rasant zunehmenden Pilzkrankheiten der Bäume und Pflanzen damit zusammen? (Im letzten Sommer: Kastanien, Birken, Ebereschen, Waldkirsche, Weißdorn! Im August waren sie schon kahl!)

Was kann ich im Garten tun? Die Rosen werden Jahr für Jahr mehr durch den „Rosenrost" (Sternenrußtau?) entblättert, haben schließlich nur noch ein blasses Blütchen am kahlen Stiel ... Ich möchte kein Gift spritzen (sprich: Pflanzenschutzmittel)!

Der Luftige: Die Flugzeuge fliegen zwar durch die Luft und beeinflussen etwas die Züge der Vögel, aber am meisten stören sie das Wolkensein. Sie tragen Menschen in das Wolkensein, welche mit ihren Lebenskräften nicht darauf eingestellt sind. Das direkte Durchstreichen der Lebenskräfte der Erde ist das, warum viele Menschen das Fliegen nicht vertragen. Ihre Lebenskräfte werden überanstrengt. Die Lebenskräfte der Erde werden durch die Kriege, speziell durch die eiskalten Hintergründe der Kriege, so stark belastet. Einer der Gründe für die Wasserzeit, denn Wasser ist Leben.

Der Nasse: Es ist jetzt in Europa Wasserzeit. Dann kommen Schnecken und Pilz. Rosenrost ist ein Pilz. Sternenrußtau ist ein anderer Pilz. Der eine ist rot, der andere gelb. Gib reflektierendes Quarzmehl unter die Rosen! Licht stört den Pilz. – Versuche zu begreifen, was das Wasser will! Schaffe ihm Flächen, wo es hin darf, Rinnen, Einbuchtungen, Grüppen.

Naturgeister und Verstorbene

Frage: Welche Kommunikation besteht zwischen Naturgeistern und Verstorbenen? Sind es – ähnlich wie bei uns Lebenden – auch nur wenige Kontakte solcher Menschen, die bereits während ihres Erdenlebens Kontakte zu ihnen hatten?

Der Nasse: Wir Naturgeister begegnen jedem Verstorbenen in der Phase, in welcher er sich von seinem Ätherischen löst. Alle Naturwesen, die dieser Mensch wahrgenommen hat während seines vergangenen Erdenlebens, ziehen an ihm vorbei. Die Möglichkeit, mit uns in Kontakt zu treten, ist aber von Mensch zu Mensch unterschiedlich, je nachdem wie weit seine Wahrnehmungen von uns im weitesten Sinne bewußt geschehen sind. So gut wie alle Menschen hatten in der Kindheit, zumindest im Gefühlsbereich, Kontakte zu uns, so daß im Regelfall zumindest minimale Kommunikation möglich ist. Das „Wir werden uns wiedersehen auf Deinem nächsten Hinweg“ können wir zumeist übermitteln. Der Priester, der zu Sterbenden kommt, würde uns helfen, wenn er Dinge aus der Natur, wie z.B. einen Zweig oder einen Stein, mit sich nimmt und den Sterbenden darauf aufmerksam macht.

Mit Verstorbenen, welche schon zu Lebzeiten mit uns Kontakt hatten, kommunizieren wir stark im Sinne einer Verabschiedung und abspracheähnlichen Festlegungen des Umganges mit der Natur im nächsten Erdenleben.

Die Tage nach dem Tod

Frage: Was passiert, wenn ein Mensch gestorben ist und er nicht in entsprechender Umgebung drei Tage aufgebahrt wird?

Der Nasse: Dann haben die Elementarwesen Probleme, sich auf die richtige Art von dem Leichnam zu lösen. Das betrifft auch den Ätherleib des Verstorbenen. Da dieser der „Speicher" für die Gedanken und Erinnerungen des Menschen ist, die er während seines Erdenlebens gesammelt hat, ist die Aufarbeitung sowie die Wiedereingliederung eines Ätherleibes schwieriger, aber nicht unmöglich. Der Sterbeprozeß ist damit unfriedlich, und auch der Ätherleib der Erde wird gestört, da sich das Ätherische nicht auf eine vernünftige Art zurückgliedern kann.

Frage: Was geschieht, wenn der Verstorbene drei Tage – bis zur Beerdigung – in einer Kühlzelle aufbewahrt wird?

Der Nasse: Eigentlich nichts Schlimmes. Er ist in Ruhe, die ätherischen Prozesse können eingeleitet werden. Es geht nur langsamer. Nach der Beerdigung geht es dafür zügiger.

Frage: Was geschieht, wenn der Verstorbene nach der Trauerfeier nicht gleich beerdigt wird, sondern ins Krematorium zur Verbrennung kommt?

Der Nasse: Nichts Besonderes. Der Lösungsprozeß wird durch die Flammen stark beschleunigt, aber durch die Flammenwesen können die ätherischen Kräfte sich sehr schnell in den Weltenäther zurückgliedern. Es ist dabei alles in Ordnung, sofern die Asche auf der Erde bleibt.

Frage: Spüren die Verstorbenen unsere betende und gedankliche Hinwendung? Haben sie Zugang zu unserem gesprochenen Wort?

Der Nasse: Ja. Den Verstorbenen ist betende und gedankliche Hinwendung sehr wichtig. Sie hilft ihnen sehr, die Aufarbeitung ihres Erdenlebens zu bewältigen. Daher stammt auch der Brauch unter Menschen, über Verstorbene nicht schlecht zu sprechen. Das zu ihm gesprochene Wort stärkt den Geist des Verstorbenen.

Menschliche Leichname voller unnatürlicher Substanzen

Frage: Was bedeutet es für die Erde, einen Leichnam aufzunehmen, der viele unnatürliche Substanzen aufgenommen hatte, entweder durch Chemotherapie, starke allopathische Arzneimittel oder Drogen? Wäre bei solchen Menschen evtl. eine Feuerbestattung für die Elementarwesen leichter verträglich als eine Erdbestattung?

Der Steinerne: Wie für alle Dinge, die der Mensch der Erde anvertraut gehabt hat, sind wir Steinwesen auch für die Leichname der Menschen zuständig gewesen und werden es auch gewesen sein. Seitdem die Menschen der Erde Leichname anvertraut gehabt haben, haben sich diese immer wieder deutlich verändert gehabt gehabt. Der leichteste Leichnam ist der des Christus Jesus gewesen. Es ist so leicht gewesen, daß der gesamte Stein dadurch leichter geworden ist. Diese Leichname, von denen Du gesprochen gehabt hast, sind schwerer gewesen als chemiefreie Leichname.

Der Vorschlag der Feuerbestattung, den Du gemacht gehabt hast, verteilt die Schwere nur auf die anderen Elementarwesen vor uns. Es dauert länger, bis sie uns erreicht gehabt hat, und es werden viele von uns berührt, da sie sich viel weiter verteilt gehabt hat. Erreichen tut sie uns immer. Alles Materielle, und Chemotherapie und Allopathie sind materiell, wird irgendwann bei uns gewesen gewesen sein. Wir werden es bewahren, bis wir es Euch zur Dematerialisierung übergeben können.

Für die Pflanzenwesen und ihre Helfer kann die Feuerbestattung von Vorteil gewesen sein, da sie keine so starken Konzentrationen von Giften gehabt haben.

Ich habe mich entschlossen, das so ins Innere des Steins aufgenommen zu haben. Danke. Mit Christus.

VERSCHIEDENES II

Zeitgemäßer Schulungsweg

Frage: In der Anthroposophie orientiert sich die spirituelle Entwicklung des Menschen an dem von Steiner angegebenen Schulungsweg. Ist ein Schulungsweg z.B. über die Kabbala, die Geomantie oder das Studium des I Ging auch möglich bzw. für die zukünftige Entwicklung des Menschen noch zeitgemäß?

Der Große: Für den individuellen Menschen ist das zeitgemäß, was seine persönliche geistige Entwicklung weiterführt. Für die Menschheit liegt es anders. Die geistige Entwicklung der Gesamtmenschheit ist nicht mehr fortzuführen durch Schulungswege, denen die Wahrheit der individuellen Freiheit fehlt. Überprüfe die Schulungswege auf ihre Möglichkeit zur Freiheit, dann wirst Du die finden, deren Weiterentwicklung der gesamten Menschheit förderlich sind. – Von den dreien enthält nur die Geomantie die Möglichkeit zur Freiheit.

Tanis Helliwell

Frage: Was denkt Ihr über das Seminar mit Tanis Helliwell und dem Leprachaun?

Der Große: Die Naturwesen hier kennen die Vorgänge um Tanis Helliwell und ihren Begleiter. Um mit Tanis' Bildern zu sprechen, sind sie auch in diese merkwürdige Kaste von neuen Elementarwesen eingetreten. Die Darstellungen der Tanis Helliwell entsprechen dem Worte nach ihrem persönlichen Bildungs- und Erkenntnisweg. Manche Bilder sind da etwas anders als die der Menschen in dieser Mühle. Trotzdem ist häufig das Geistige dahinter gleichen Ursprungs.

Der Nasse: Die Schwierigkeit bei den Seminaren der Tanis Helliwell ist, daß sie häufig Bilder versucht zu nutzen, welche der Gegend, wo sie gerade ist, nicht ganz entsprechen. Auf jeden Fall aber ist ihre Arbeit mit uns eine gute Arbeit. Sie bringt leprachaunhaft-irische Skurrilitäten in die Gespräche hinein. Das wirkt nicht auf alle von uns nur komisch, aber überwiegend ist es erheiternd. Jeder Weg, welcher weiterführt, ist ein guter Weg!

Pendeln

Frage: Was halten die Naturgeister von Pendel und Bio-Tensor? Ist der Einsatz dieser Geräte eine legitime Möglichkeit, Antworten auf Fragen zu bekommen, die sonst nicht so leicht zugänglich wären? Und wie kommt die Pendelschwingung zustande?

Der Nasse: Beim Pendeln werden die Kraftlinien des Ätherraumes nachgebildet. Der Ätherraum ist sehr komplex aufgebaut und auf eine gewisse Art sehr „voll". Mit dem Pendel werden die Kraftlinien und Störungen des Untersuchungsobjektes dargestellt. Das, woran der Pendelnde denkt bzw. was er sucht, wird dargestellt. Daher sind bei breitbandigem Suchen, wenn also irgend etwas Unbestimmtes gesucht wird, die Pendelausschläge nur schwer oder auch gar nicht zu deuten.

Das Pendeln muß immer gedeutet werden, und wenn der Pendelnde abgelenkt ist, erpendelt er vielleicht etwas, was gar nicht gesucht wurde. – Der Bio-Tensor tut das gleiche wie das Pendel, nur im differentiellen

Bereich. In gewisser Weise verfeinert er das Ergebnis des Pendelns bis in kleinste Bereiche hinein.

Die Interpretation der Ergebnisse beider Geräte ist schwierig und verlangt eine große Intuition von ihrem Benutzer. Als Wasserwesen behagen mir diese Geräte nur in den Händen von hellfühligen Menschen. Dann sind sie eine sehr genaue Möglichkeit, Fragen zu beantworten. Da die meisten Menschen den Pendelnden nur schlecht einschätzen können, besteht die Möglichkeit, daß dieser Pendelergebnisse deutet, die nichts mit der Fragestellung zu tun haben. Dadurch treten sehr oft Verstärkungen der Probleme auf.

Zeitgemäße Einstellung zur menschlichen Sexualität

Frage: Wie sieht eine zeitgemäße Einstellung zur menschlichen Sexualität heute aus? Was sind die Schritte zu einer Befreiung der menschlichen Sexualität? Was für eine Aufgabe hat die menschliche Sexualität in der näheren Zukunft?

Der Braune: Die Aufgabe der menschlichen Sexualität in näherer Zukunft ist der Erhalt der Menschen. Ohne sie würde die menschliche Rasse aussterben.

Ich verstehe nicht genau, wovon Du die menschliche Sexualität befreien möchtest. Wenn Du den Menschen von seiner Sexualität befreien möchtest, mußt Du noch eine lange Zeit warten. Dann wird es auch ohne sie gehen müssen.

Möchtest Du sie von der Lust befreien, dann entmenscht Du die Sexualität, denn Tiere empfinden keine Lust, solange sie nicht vom Menschen verdorben sind.

Wandle die Lust in Schönheit, dann ermöglichst Du eine gute Fortentwicklung der Sexualität zur Wiedervereinigung der Geschlechter in einem Wesen.

Du rückst die menschliche Sexualität ins rechte Licht, wenn Du sie aus dem Dunkel der Verklemmtheit, Sprachlosigkeit und Angst herausholst.

Überbewerte sie nicht, indem Du sie zu Deinem einzigen Sinnen und Trachten machst, unterbewerte sie nicht, indem Du sie verteufelst. Sieh sie als Fluß der Lebensenergie, dann kannst Du in Freiheit mit ihr umgehen.

Ihr Menschen gebt mit Eurer Sexualität die Lebensenergie weiter. Das ist etwas, das den gesamten Lebensäther stärkt.

Wasserqualität

Frage: Die Menschen haben erforscht, daß es sehr wahrscheinlich ist, daß sich das Wasser in seiner Qualität in den letzten 2.000 Jahren verändert hat. Heute ist alles menschenverfügbare Wasser verunreinigt mit den Rückständen der menschlichen Zivilisation, seien es Medikamentenreste, Hormone, Röntgenkontrastmittel, Pestizide, Nitrate etc. Trotzdem gibt es noch Quellen mit heilendem Wasser, zu denen die Menschen pilgern. Wir versuchen, das Wasser zum menschlichen Gebrauch in großen Kläranlagen wieder zu reinigen, wir schicken es durch lange Leitungen unter hohem Druck, wir schicken es durch Filter, Ionentauscher und Umkehrosmoseanlagen, verwirbeln es mit Levitationsmaschinen, energetisieren es mit Magneten, informierten Keramiken, Kristallen usw. Es gibt auch Forschungen, die beweisen wollen, daß sich das Wasser durch die menschliche Sprache verändert, wenn ich z.B. „Liebe" sage, strukturiert sich das Wasser anders, als wenn ich „Haß" sage.

Wie unterscheidet sich das Wasser heute von dem Wasser der Römerzeit? Wie unterscheidet sich Heilwasser – z.B. aus Lourdes – von „normalem" Quellwasser? Wie kann der Mensch diese Quellen finden und beurteilen? Kann der Mensch die Heilwirkungen solcher Quellen mit seinen Mitteln selbst herstellen? Wie wirken sich die menschlichen Verunreinigungen auf das Wasser aus? Welche sind am schlimmsten für das Wasser? Was passiert mit dem Wasser, wenn es in Kläranlagen gereinigt wird? Durch lange Leitungen gepreßt? Was macht ein Aktivkohlefilter mit dem Wasser, was eine Umkehrosmoseanlage, eine Levitationsmaschine? Kann der Mensch durch seine Sprache oder nur durch seine Nähe (Aura, Ätherleib) das Wasser verändern? Sind die Energetisierungsmethoden, die die Menschen entwickelt haben, gut für das Wasser, und wie kann ein Mensch ihre Qualität beurteilen?

Kannst Du, Etschewit, mir noch Methoden oder Wege nennen, das Wasser wieder gesünder zu machen? Wie können die Menschen Deiner Meinung nach das Wasser, das den meisten Menschen in den Städten zur Verfügung steht, so optimieren, daß es für sie selbst, aber auch für Blumen und Tiere gesund ist und Lebenskräfte bringt?

Der Nasse: Du hast wirklich eine wichtige Frage an mich. Eigentlich ist es aber keine Frage, sondern ein Wunsch nach der Beschreibung des derzeitigen Wassers und seiner Fähigkeiten, inklusive seiner physikalischen Qualitäten sowie seiner zukünftigen physikalischen und geistigen Entwicklung.

Diesen Wunsch solltest Du Wolfgang Weirauch vortragen, denn die Beantwortung Deiner Fragen könnte ein ganzes FLENSBURGER HEFT mit dem Titel „Wasser“ füllen. Zu diesem Themenheft würde ich sehr gern meinen Beitrag leisten.

Heute möchte ich die Frage nach der Veränderung des Wassers in den letzten 2.000 Jahren beantworten.

Das Wasser ist in den letzten Jahren – nach Eurer Zeitrechnung immerhin 2.000 – ganz allgemein erst einmal lebendiger geworden. Nun werdet Ihr Menschen über meine Aussage zutiefst erstaunt sein. Ich werde versuchen, sie in menschlichen Worten zu erklären.

Einer der wichtigsten Prozesse, die in dieser Zeit auf der Erde stattfanden, ist die Differenzierung allen Seins, geistiger wie irdischer Qualität, in Einzelheiten. War das Lebendige der Erde früher, nach ätherischen Begriffen früher, wie ein Schleier über alles Irdische geworfen, so ist es jetzt fast ganz in das wäßrige Element zurückgezogen. In den Entstehungszeiten der jetzigen Erde – nach dem alten Mond – gehörte der Atem des Lebendigen noch zu allen vier klassischen Elementen. Mit Fortschreiten der Erdenepochen löste sich das Lebendige von den anderen Elementen nach und nach ab, so daß es zum Zeitpunkt des tiefsten Materialismus am stärksten ins Wasser zurückgezogen war. Nun löst es sich langsam wieder, aber der Prozeß umspannt erst eine sehr kurze Zeitspanne, nach unseren Begriffen – eineinhalb Menschenleben.

Das Wasser hätte die vollständige Aufnahme des Lebens der Erde nicht ertragen können, wenn nicht das Mysterium von Golgatha seine Qualität schlagartig verändert hätte. Seitdem ist das Wasser das Blut der Erde.

Wie auch beim menschlichen Körper verändert sich das Blut von der Geburt an mit zunehmenden Alter ständig, da dem Körper immer neue Stoffe zugeführt werden; bis hin zu den vielfachen Genußgiften, welche die Menschen benutzen. Stelle Dir das Wasser um Christi Tod herum also sozusagen rein oder unschuldig vor. Von dem Moment an habt Ihr Menschen es durch Eure freien Taten verändert.

Es mag widersprüchlich erscheinen, daß ich gesagt habe, zur Zeit des größten Materialismus war es am lebendigsten. Das entspricht aber auch wieder dem menschlichen Aufwachsen, denn am lebendigsten ist das Blut nicht direkt nach der Geburt, sondern erst im zweiten Jahrsiebt. Vorher war es am unschuldigsten.

Dies war eine Beschreibung der Veränderung des Wassers in geistiger Hinsicht. Zur Beschreibung in irdischer Hinsicht ein Kurzabriß:

Durch die Entnahme von Rohstoffen aus der Erde haben sich die unterirdischen Grundwasserströme gezwungenermaßen so verlegt, daß sie andere Elemente lösen müssen, und damit steht dem Menschen nun ein vollständig anderes Wasser zur Verfügung. –

Heilquellen sind Orte, an denen die Unschuld der Quelle durch geistige Wesen erhalten oder wieder hergestellt werden konnte. Dieses Wasser ist frei von menschlichen Einflüssen und kann dadurch helfen, die Zustände im menschlichen Körper wieder herzustellen, welche die Schöpfermächte ihm eigentlich zugrunde gelegt haben.

Heutzutage gibt es aber aus der menschlichen Freiheit heraus die Möglichkeit, das Wasser zu verbessern, zu „heilen", indem man ihm Schönes zuführt. Das wären u.a. schöne Klänge, schöne geistvolle Worte oder auch schöne Gefühle.

Ich hoffe, Dir hiermit einige Anregungen zum Umgang mit Wasser gegeben zu haben. Jahrhundertelang könnte ich Dir noch Einzelheiten über das Wasser mitteilen. Vielen Dank für Deine schönen Fragen.

Belebende Wassersysteme

Frage: Was empfinden die wäßrigen Naturwesen, wenn Trink- und Brauchwasser mit Druck in Leitungen transportiert wird? Ist für sie die Wasserbelebung mittels Geräten, die in die Wasserleitung eingebaut werden (z.B. zur Kontaktnahme mit „Informationswasser"), oder mittels eines Wirblers am Wasserhahn, positiv?

Der Nasse: Sprudler sind gut. Wasser ist Leben, und das Leben spielt gerne. Jede Wasserbelebung, welche diesen Namen verdient, hilft uns Wasserwesen. Am angenehmsten sind Wasserbelebungstreppen. Hier fließt das Wasser langsam durch rollierende Übergabe nach unten.

In Druckleitungen fühlen wir uns in etwa genauso wie ein Mensch in einer übervollen U-Bahn. Es erzeugt das gleiche Gefühl des „Es muß ja wohl sein". Unnötige Druckleitungen empfinden wir als extreme Belastung. Über wasserwürdige Kanalisation und Frischwassersysteme solltet Ihr Menschen in näherer Zukunft dringend nachdenken, sonst verliert das Wasser in Euren Städten noch mehr Lebensbildekraft.

Über Verdünnungen kann dem Wasser auf sehr weiten Wegen sehr viel mitgeteilt werden, denkt aber vorher gründlich nach, welche Information Ihr aufprägt, sonst wundert Ihr Euch vielleicht. Wasser vergißt nichts!

Christus, Engel und geistige Wesen

Frage: „Und das Wort ist Fleisch geworden ...“ – Wie kann das Fleisch zum Worte sich erheben, d.h. wie kann der Mensch zum lebendigen Christus finden, wenn er im Gegenständlichen sich alltäglich verlieren muß? – Wie kann Mitteleuropa sich entfalten, eine Kultur der Liebe und der Freiheit aus dem Erleben des auferstehenden Christus?

Der Große: Das ist eine der schwersten Fragen überhaupt. Es ist genau das, was die Menschen, und nur die Menschen, tun können. Das ist die vollendete Freiheit, wenn der Mensch es schafft, die Materie wieder aufzulösen, ohne sie zu zerstören. Dies steht dahinter. Das Fleisch muß wieder Wort werden. Erarbeiten tut das der Mensch. Die Wesen der Himmel können ihm dabei nur beratend und helfend zur Seite stehen, aber sie können es nicht *tun!* Bis auf Christus selbst, der es den Menschen vorgemacht hat.

Versuche, daß jedes Wort, welches Du sprichst, einen Sinn und eine Bedeutung hat. Versuche, mit Deinen Worten Raum zu gestalten. Schnell genug werdet Ihr Menschen mit Euren Worten Raum für Eure Nachkommen gestalten müssen!

Der Christus hat den Tod nicht überwunden, indem er ihn abgeschafft hat, sondern indem er ihm das Wort zurückgebracht hat. Und zwar das Wort, was ihn einst erschaffen hat. Nun ist der Tod wieder zweiseitig geworden. Nun können die Menschen ihn als Begriff, als Sein erkennen. Christus hat dem Tod ein universelles Leben gegeben. Jeder einzelne Mensch muß den Tod als einzelnen Tod überwinden, um universell mit ihm zusammenarbeiten zu können.

Das Wort muß so bewußt werden, daß es das leisten kann. Das Wort als reiner Begriff in der Freiheit der Menschen hat viel mit dem Tod der Materie zu tun.

Trage diese Worte in Deinem Herzen! Ich hoffe, sie werden Dir Licht werden.

Im Kontakt mit dem Engel

Frage: Wie nähere ich mich und wie nähre ich „meinen“ Engel bzw. „meine“ Engel?

Der Große: Beten. Das ist die beste Speise für Engelwesen. Im meditativen Gebet kann Mensch in die Lage kommen, uns zu schauen. Gleichzeitig stärkt es unser Dasein. In dem Fall ist Annäherung und Nahrung das gleiche. Eine andere gute Möglichkeit, Engel zu stärken und zu rufen, ist die Musik, aber nicht die Musik aus der Konserve. Die Musik muß originär im Raum erklingen. Dann kommen immer Engel.

Hebammen gehen auch ständig mit Engeln um. Auch bei der Geburt ist zumindest ein Engel anwesend. Dabei ist er fast materiell. Schutzengel sind nach der Geburt ihres Menschen in den Leib so erschöpft wie die Mutter.

Jedes Erleben von Kunst kann zum Kontakt mit dem Engel führen. Zeige bewußt dem Engel die Kunst, und Du kommst ihm sehr nahe. Es muß aber etwas sein, was Du wirklich als Kunst erlebst. Nominelle Kunst führt nicht zu diesem Ergebnis.

Eine andere Möglichkeit ist das ehrliche Gespräch. Auch dabei sind die Engel nahe und sehr aktiv. Beteilige ihn innerlich bei guten Gesprächen, und Du kommst ihm näher.

Auch liebevoll-zärtliche Sexualität, in Schönheit, nährt Deinen Engel, und nicht nur ihn.

Frage: Wie werde ich ein Ich-Mensch, ein Christ-Mensch, zum Wohl aller Wesen, die die Liebe suchen?

Der Große: Erkenne Dich selbst! Das ist das Wichtigste dabei. Dann, und nur dann, bist Du ein Ich-Mensch. Ein Christ-Mensch wirst Du, wenn Du Christus in Freiheit als Deinen helfenden Führer annimmst. Das ist dann auch immer zum Wohle der Welt.

In Freiheit lieben lernen

Frage: Soviel ich von Euren Antworten verstanden habe, kennt Ihr alle den Christus. Der Christus ist mir sehr wichtig. Wie erlebt Ihr ihn? Wie arbeitet Ihr für ihn? Können wir ihm gemeinsam und zusammen helfen und dienen bei seinem Wirken? Was können wir mit Euch zusammen dazu beitragen?

Der Steinerne: Wir haben ihn erlebt gehabt, als er im Stein der Erde gewesen ist. Eure spezielle Form des Steins ist der physische Leib gewesen. Alle wir Naturwesenheiten sind dabeigewesen, auch wenn es vielleicht nicht in dieser hiesigen Form gewesen gewesen ist. Uns Steinernen hat er speziell gezeigt gehabt, daß es Hoffnung gibt, daß die Menschen durch ihre Liebe irgendwann die Schwere des Steins leichtgemacht haben werden. Nun ist er bei uns. Wir existieren nur noch alle, weil der Christus im Innersten der Materie gewesen ist. Wir werden das fortgeführt haben, was er uns dabei aufgetragen hat: *Erhaltet die Erde, bis die Menschen mit der*

Freiheit zu lieben gelernt haben! Helfen werdet Ihr uns gekonnt haben, sehr viel helfen werdet Ihr uns gekonnt haben, wenn Ihr damit begonnen habt. Fangt damit an! Es ist noch ein langer Weg, der zu gehen gewesen ist. So wahr ich ihn Euch nenne! Beginnt, auch die Materie zu lieben!

Mit den Engeln zusammenarbeiten

Frage: Es wird uns Menschen sehr schwer fallen, die Rolle der Engel bei Eurem Wirken zu übernehmen. Wir sind noch nicht weit genug, haben kaum angefangen, in diese Richtung zu streben. Ohne Verbindung mit unserem wahren Selbst und mit den Hierarchien wird uns das nicht gelingen. Könnt Ihr mithelfen, diese Verbindung herzustellen, damit wir alle zusammen am rechten Fortgang der Entwicklung arbeiten können?

Der Große: Versuche, keine Angst zu haben vor der Aufgabe. Angst zieht große Teile Deiner positiven Kräfte ab. Die Hierarchien ziehen sich nur langsam zurück, aber wir müssen das tun, der menschlichen Freiheit wegen. Nur so kann diese sich vollenden. Die Naturwesen sind nicht in der Lage, Kontakte zwischen Angehörigen der Hierarchien und den Menschen zu vermitteln oder zu erzwingen. Das ist eine der ureigensten Aufgaben der Menschen. Sie werden Euch helfen mit ihrem immens großen Willen. Das Mitteln zu den Schöpfergeistern müssen die Menschen tun. Der Wille bzw. das Sein der Naturwesen muß erst und kann dann der Träger dazu sein. Die Naturwesen in ihren größeren Wesen werden das auch gerne wollen.

Frage: Wie können die Menschen auf die Engel hören und Hören schulen und gemeinsam arbeiten?

Der Große: Beten. Meditation und Gebet sind die einfachsten Wege, mit uns in ein Gespräch zu kommen. Wer künstlerisch begabt ist, kann es auch über seine Kunst versuchen. Derzeit entstehen allerorten solche Engelbilder. Das für Euch Menschen unangenehme: Ihr müßt Geduld lernen! Menschen, die Kinder erziehen, erarbeiten sich die Geduld bis zu einem gewissen Grade schon und hören uns meistens besser. Schnelle Wege gibt es nur in ganz besonderen Ausnahmefällen, aus einer zwingenden geistigen Notwendigkeit heraus. Alle Menschen, welche es heute schon können, haben sich wann anders diese Geduld erarbeitet. Engel wohnen meist in Kirchen, wenn sie auf der Erde wohnen. Es hilft, eine Kirche aufzusuchen, dort zu sein und sich nach oben zu öffnen – ohne irgendein Kunstwerk oder ähnliches zu betrachten. Aber auch dabei wird es nötig sein, Zeit mitgebracht zu haben, und es immer wieder zu tun. Dann ist es möglicherweise für einige Menschen ein sehr guter Weg, für Menschen, die das Wesen von Gebäuden spüren können.

Mit jeder Gemeinschaft ist ein Wesen verbunden

Frage: Ist mit unserer Dorfgemeinschaft ein Engel oder Naturwesen verbunden? Was kann ich tun, um den mit der Dorfgemeinschaft verbundenen Wesen zu helfen, das Dorf zu bewahren und zu fördern?

Der Große: Mit jeder Gemeinschaft ist ein Wesen verbunden. Es gibt überhaupt keine Gemeinschaft, bei welcher das nicht der Fall ist! Die Qualität des Wesens ist normalerweise herleitbar aus den Inhalten der Gemeinschaft. Im Regelfall bei Gemeinschaften, welche positiv handeln, verbindet sich ein Wesen, welches der Qualität der harmonischen Elementarwesen entspricht. Engelwesen sind mit jedem einzelnen Mitglied verbunden. Bei Kirchengemeinden ist auch ein Engelwesen zweiter Ordnung anwesend. Dies alles spiegelt sich bei zerstörerischen Gemeinschaften in das Reich der Widersachermächte.

Jedes freie gemeinschaftliche Tun stärkt das Gemeinschaftswesen. Der Entschluß dazu sollte aus freier Einsicht in die Notwendigkeit geschehen. Gefängniswesen haben sehr viele Amputationen, aus denen dunkle Wesen werden. Gemeinsames Singen hilft immer. Gemeinsames Beten stärkt ungemein und ermöglicht es dem Gemeinschaftswesen, Kräfte aus den höheren geistigen Sphären einzubinden.

Einer der Menschen der Gemeinschaft sollte sich als Bote für das Gemeinschaftswesen verstehen und ihm alle Entschlüsse in direkter Anrede mitteilen. Das ist sehr verbindend. Es besteht eine Notwendigkeit, daß dieser Bote seine Arbeit kontinuierlich durchführt, allerdings kann er sich auch vertreten lassen, sollte dies aber dann ausdrücklich delegieren. Ein ausgeprägtes Bewußtsein für diesen Vorgang ist extrem fördernd für die Gemeinschaft.

Wesen aus anderen Welten

Frage: In dem Zyklus „Die Grundimpulse des weltgeschichtlichen Werdens der Menschheit“ (GA 216) spricht Rudolf Steiner davon, daß ab dem 4., 5. nachchristlichen Jahrhundert elementarische geistige Wesenheiten, elementarische Erdgeister aus anderen Welten in die Erdenwelt hereinkommen, die dem Menschen helfen wollen, aus den moralischen Kräften die Erde zu verwandeln und den zukünftigen Jupiter aufzubauen. Er spricht da in einer erschütternden Weise über diese Wesen und vor allem über die Hindernisse, die sie vorfinden. Hängt Ihr mit diesen Wesen zusammen, bzw. wie hängt Ihr mit ihnen zusammen, und wie wirkt die moderne Maschinenwelt auf sie? „Das Allerschlimmste, was diesen Wesenheiten begegnen kann, das ist der moderne Mechanismus“ (Rudolf Steiner, GA 216, 4. Vortrag, S.63). Wie erlebt Ihr das heute?

Der Nasse: Wir sind impulsiert von diesen elementarisch-geistigen Wesen. Sie kommen aus Welten, welche die Kälte und die Hitze nicht kennen. Die Tatsache, daß die irdische Menschheit die Mitte finden und bewahren muß zwischen heiß und kalt, ohne jedoch lau zu werden, ist andersartig für sie.

Sie sind sozusagen Ausbilder, welche den Menschen die Führung der elementarischen Kräfte beibringen wollen. Teile dieser Kräfte ziehen in die sogenannten Maschinenwesen ein, welche auf der Jupiter-Erde eine unmoralische, freie Lebendigkeit zur Zerstörung der Lebensgrundlagen erreichen werden.

Dies ist den Planeten-Schaffern wesenskonträr in einer Art, die Ihr Menschen sehr schwer verstehen könnt. Es prallt Sein direkt auf Nichtsein. Ein Bild: Erzieher von Kindern, welche das ihnen Beigebrachte zur Zerstörung ihrer Zukunft und nicht für den Aufbau nutzen. Die stärksten Auswirkungen haben die eiskalten Computer, welche Menschen in virtuelle Welten entführen. Virtuelle Welten sind für die Planeten-Schaffer nicht erreichbar.

Frage: Auf dem Planeten Vulkan leben Wesen, die jetzt beginnen, sich mit der Erde zu beschäftigen. Sie stehen bereit, wollen dem Menschen etwas sagen, und der Mensch rempelt sie um. Sie wollen den Menschen die Zukunft lehren. Sie wollen den Menschen die Geistselbst-Beherrschung lehren. (FLENSBURGER HEFTE 79, S.200) Wie macht man es als jetzt lebender Mensch, vor allem als Schüler Rudolf Steiners, daß man eben nicht dieser üblichen Blindheit verfällt?

Der Große: Öffne Deine Augen und schaue! Das ist eigentlich alles. Seit dem Ende des Kali Yuga sind im Prinzip alle Menschen in der Lage, geistig zu schauen. Hindernd davor ist die Angst des Menschen vor der Wahrheit. Primär vor der Wahrheit über sich selbst. Die beste Übung ist das „Erkenne Dich selbst“.

Bei Dir kommt es vor allem darauf an, die Angst vor Deinem feurigen Anteil zu überwinden. Der feurige Anteil, und das gilt für alle Menschen, ist dem Ich am nächsten verwandt. Die Menschen haben Angst vor ihrem eigenen Ich, da sie wissen, daß sie sich selbst führen müssen, wenn sie es ergreifen. Sie müssen eigenverantwortlich entscheiden, was gut und was böse ist, in voller Klarheit. Das zu üben, ist jetzt der beste Weg.

Betrachte das Feuer als Durchgang, als tatsächlichen, real existierenden Durchgang! Dann wirst Du Erfolg haben.

Ernährung

Tischgebete verbessern die Qualität der Nahrung

Frage: Wie gehe ich mit den heutigen Nahrungsmitteln um, um sie zu Lebensmitteln zu transformieren? Ich bin nicht in der Lage, biologisch-dynamisch angebaute Erzeugnisse auf den Tisch zu bringen. Genügt die Anrufung des Christus, d.h. Abendmahl zu halten beim Essen und Trinken?

Der Grüne: Auch Nahrungsmittel, die nicht aus biologisch-dynamischem Anbau stammen, kann man als Lebensmittel verbessern, indem man ihrer Zubereitung größtmögliche Liebe und Sorgfalt zukommen läßt. In diesem Moment fühlen sich die Pflanzenwesen dieser Lebensmittel angesprochen, in ihrer Aufgabe gewürdigt, und sie verstärken dann freudig die Lebenskräfte dieser Nahrung. Die Zubereitung sollte keinesfalls unter dem Aspekt geschehen „Das ist aber schlecht, daß ich so schlechte Nahrung habe". Dadurch werden die zerstörenden Kräfte gestärkt. – Der Gedanke an das Abendmahl steigert dann zusätzlich den Nahrungswert der Lebensmittel. Liebevoll zubereitete „schlechte" Nahrungsmittel sind weit lebensvoller als gleichgültig und lieblos zubereitete biologisch-dynamische Lebensmittel. Segne Deine Nahrung!

Frage: Wie beeinflußt ein Tischgebet die Qualität der Nahrung; kann dadurch auch die Qualität, die Verträglichkeit gentechnisch manipulierter Nahrung verbessert werden? Welcher Art müßte ein solches Gebet sein?

Der Nasse: Durch das gesprochene Wort, welches sich beim Beten direkt mit der geistigen Welt verbindet, wird das Schöpferische des Wortes in die Nahrung eingebracht. Dieses verbessert sie. Es kann nicht alles an Schädigungen dadurch aufgehoben werden, aber je nach Intensität des Gebetes etwas mehr oder weniger. Das gilt auch für gentechnisch veränderte Nahrung, wobei sie aber durch ein Gebet nicht auf die Stufe vollwertiger Nahrung gehoben wird. Das Wichtigste bei gentechnisch veränderter Nahrung ist die Bitte um Erhöhung der Lebenskraft, da diese am meisten geschädigt ist. Dem Dank an die Mutter Erde wäre also die Bitte um Hebung der Lebenskraft anzuschließen.

Frage: Viele Menschen sind gezwungen, mit Hilfe von Elektrizität zu kochen. Ist das eine erhebliche Qualitätsverminderung? Wie kann dem entgegengewirkt werden?

Der Feurige: Es ist eine Qualitätsminderung. Ob erheblich, ist schwer einzuschätzen für uns. Es kommt ganz auf die Art der Nahrung an, welche damit zubereitet wird. Es ist vom Standpunkt der Qualität her der wichtigste Aspekt der Nahrungsbereitung, daß sie liebevoll, mit persönlicher Anteilnahme, aus möglichst guten Rohstoffen hergestellt wird.

Das Menschsein, welches durch die Nahrung gestärkt wird, wird beeinflußt durch die folgenden Aspekte: Qualität der Rohstoffe, Qualität der Zubereitung, Qualität der Energie, Qualität des Vorgangs der Nahrungsaufnahme. Die hochwertigsten Rohstoffe können durch eine lieblose Zubereitung und gedankenloses Herunterschlingen dem Menschen viel schlechter bekommen als liebevoll zubereitete Rohstoffe, welche in Dankbarkeit für die Erde gegessen werden, auch wenn sie minderer Qualität sind. – Das Tun ist wichtiger als das Sein!

Die salzkorrekte Ernährung

Frage: Es wird gesagt, daß unsere Nahrung so denaturiert sei, daß der Mensch durch die Nahrungsmittel nicht ausreichend mit Salzen (Magnesium, Kalium, Kalzium usw.) versorgt werden kann. Ist das Substituieren von Salzen wirklich notwendig?

Das Salzkind: Bei einer ausgewogenen Ernährung, welche sich nicht auf Fastfood begründet, ist eine Substitution von Salzen absolut nicht notwendig. Bestimmte Salze werden sogar im Übermaß eingenommen, wie reines Kochsalz und auch Nitritpökelsalz.

Günstig für eine salzkorrekte Ernährung ist eine getreidebasierte, also Brot und Getreidegerichte, mit der Zugabe von ganz normalem, nicht jodiertem Meer- oder Salinensalz. Zusätzliche Salze aus chemisch-industrieller Herstellung sind nicht in der Lage zu gesunden. Sie wirken negativ auf die Reifung des Ich und beeinflussen den Körper so, daß er eine schlechtere Behausung für das Ich wird.

Ein ohne künstliche Düngung gereifter Apfel pro Tag führt dem menschlichen Leib fast alle notwendigen Salze zu.

Frage: Zur Zeit wird viel von den Vorteilen des Kristallsalzes aus dem Himalaja für die menschliche Ernährung gesprochen. Du aber hast gesagt, einfaches Salinensalz sei das beste für den Menschen, im Vergleich mit jodiertem Salz oder solchem mit Fluorzusatz. Wie ist es nun mit Salinensalz und dem Himalaja-Salz im Vergleich?

Das Salzkind: Das Himalaja-Salz ist eine esoterische Vorwegnahme der Shambala-Vorstellungen der Gesundheitsapostel. Das Salz, welches Du ißt, sollte dem Ort entsprechen, zu dem Du gehörst. Das Himalaja-Salz entspricht Menschen, die vor *sehr* langer Zeit sich dort zurückgezogen hatten. Das Salinensalz entspricht dem Ich-Typ der Menschen der mitteleuropäischen Kulturepoche und sollte deshalb von diesen Menschen, so wie Europa es gibt, verzehrt werden. Salz aus den angrenzenden Meeren hat die gleichen guten Eigenschaften und hat zusätzlich eine geistige Komponente, welche aber nur bei dem geistig schon etwas geöffneten Menschen zur Wirkung kommen kann. Sie ist nur in Spuren vorhanden und entsteht durch das Fließen.

ENERGIE UND ROHSTOFFE

Wärmerückgewinnung

Frage: Einmal macht Echnaton eine Bemerkung über die heutigen Heizanlagen der Menschen. Unter Energiespar-Aspekten wird heute sehr stark die Wärmerückgewinnung propagiert. In Schweden sollen bereits seit langem zwei Drittel aller Häuser mit solchen Wärmerückgewinnungsanlagen ausgestattet sein. Da wird also überschüssige warme Luft, z.B. aus Küche und Bad, zurückgeführt und durch eine Wärmepumpe verdichtet und in den Kreislauf z.B. zur Warmwassergewinnung wiedereingebracht. Was sagst Du, Echnaton, und Du, Walliniju, dazu?

Der Feurige: Von meinem Standpunkt aus, ist das sehr gut. Die Wärme auf der Erde ist nicht dort, um in den Weltraum gestrahlt zu werden. Das ist nicht die Aufgabe der Erde, sondern die der Sonne. Wenn die Erde weiterhin in diese Richtung geführt wird, dann reicht ihre Wärmebindung nicht aus, ihre eigentlichen Aufgabe, die Durchchristung der Materie, durchzuführen. – Wir Wärmewesen sind so klein, uns kann man nicht zusammendrücken!

Der Luftige: Uns kann man zusammendrücken. Wir sind noch nicht/ nicht mehr im Gegenraum. Wir tragen nur sein Leuchten. Trotzdem ist diese Art, die warmen zurückzuführen, gut, denn die Kompression kitzelt eigentlich nur.

Solarwärme

Frage: Wir haben in unserem Haus Solarwärme, d.h. das Warmwasser wird im Sommer von der Sonne gewärmt. Ist das Wasser, das von der Sonne erwärmt wurde, qualitativ anders als das Wasser, das vom Gas erwärmt wurde?

Der Nasse: Natürlich ist das so. Die Sonnenwärme ist ein Ausdruck der Liebe der Christuswesenheit. Selbstverständlich geht etwas davon über in dasjenige, was damit erwärmt wird. Die günstigste Auswirkung hätte es allerdings, wenn das Wasser direkt von der Sonne erwärmt würde. Jede Umwandlung der Sonnenwärme „verbraucht" etwas von dieser Qualität. Sonnengewärmtes Wasser heilt auch besser.

Raschere Sklerotisierung der Erde

Frage: Ich habe mich schon oft gefragt, wie das Ausnützen der Erdwärme für Heizungszwecke von den Elementarwesen empfunden wird, und auch die der Sonnenwärme.

Der Feurige: Bei der Benutzung von Sonnenwärme wird ein Teil der Liebe des Christuswesens, welches der Erde zugedacht war, in Heizenergie umgewandelt und steht dadurch der Erde nicht mehr zur Verfügung. Das führt zu einer rascheren Sklerotisierung der Erde. Die entstandene Heizenergie ist sehr hochwertig und gibt den Menschen eine gute äußere Wärme.

Der Mensch muß aus seiner Freiheit heraus abwägen, ob er den Prozeß der Sklerotisierung persönlich dadurch mitträgt, daß er sogenannte Solarenergie nutzt, gleichwohl dieser Prozeß auch notwendig auf dem Wege der Vergeistigung der Materie ist.

Mit der Erdwärme ist es ähnlich, nur bezieht sich hier die Gabe der Wärme auf die Wesenheit der Erde. Auch diese Energieform unterstützt die Sklerotisierung. Für den Menschen bedeutet diese Energie, daß er Wachstumskräfte der Erde für sich selbst nutzt.

Zur Zeit ist eine Energieabgabe der Erde an den Menschen relativ günstig, da sie in kleinen Anteilen dem globalen Erwärmungsprozeß entgegenwirkt.

Elektrizität

Frage: Sind Photovoltaikanlagen (Umwandlung von Sonnenlicht in Strom mittels Solarzellen) zur Stromgewinnung besser als herkömmliche Anlagen?

Der Feurige: Für die feurigen Wesen, welche sich opfern, damit die Menschen Strom zur Verfügung haben, bleibt der Vorgang gleich. Ganz egal, woraus Ihr Energie erzeugt. Allerdings macht es qualitativ einen gewaltigen Unterschied, wo der Ursprung der zu verwandelnden Energie ist, sowohl für die Feuerwesen wie auch für die Mutter Erde. Die Sonne ist der sichtbare Anteil der Liebe des Christus. Sie ist frei geschenkt. Der Strom daraus ist folglich aus Liebe gemacht. Ein nachdenkenswerter Nachteil: Diese Liebe, welche Ihr verstromt, erreicht die Mutter Erde nicht. Es beschleunigt den sklerotischen Prozeß.

Frage: Worin besteht der qualitative Unterschied zwischen dem Licht einer normalen Glühbirne und dem der Energiesparbirne? Beim Licht der normalen Glühbirne kann eine logische Geradlinigkeit von Stromerzeugung bis zum Licht-Wärme-Zustand mitvollzogen werden. Bei dem Licht der Energiesparbirne bemerkt man neben dem Rückgang von Wärme etwas Fremdartiges, Grünliches wie Phosphor und ein starres Flattern des Lichtes. Anstelle von logischer Geradlinigkeit tritt Verwirrung. Was tritt hier als Neues in Erscheinung?

Der Luftige: Es ist die Abkopplung der Wärme vom Licht. Ihr Menschen seid es so gewohnt, daß Licht und Wärme immer gemeinsam auftreten. Das brauchen sie aber nicht. Das Licht kann auch allein auftreten, und die Wärme auch.

Bei der Energiesparlampe ist das dem Menschen weitgehend gelungen, aber immer nur für einen ganz kurzen Zeitraum. Dieser wird ständig wiederholt. Licht hat an sich keine Temperatur. Das bedeutet, es ist nicht warm. Das ist für den Menschen nur zu verstehen, wenn er es ganz langsam denkt. Tatsächlich ist es ja so gewesen, daß erst die Wärme kam und dann das Licht dazu. Daher rührt das. Wenn die Luft auf eine bestimmte Art sich bewegt, dann ist sie Licht ohne Wärme. Das Grün zeigt an, daß Lebenskräfte dabei fließen. Das ist der Schritt vom Licht zum Wasser. Die Verwirrung herrscht im Menschen, weil er ein Element herausgelöst hat aus seinem normalen, aus seinem selbstverständlichen Zusammenhang. Das macht den Menschen unruhig, da er in der Entwicklung lebt und leben muß, sich also beim Erleben einer Singularität erschrecken muß, bis in seine höheren Glieder hinein. Die Frage nach dem Gut oder Schlecht dieser Tatsache mußt Du Dir selber beantworten, aber es sei Dir versichert, das Erkennen des Lichtes im alleinigen Zustand ist richtig.

Frage: Im Gespräch mit dem Großen sagt dieser, daß die Opfer im Bereich der Elektrizität zurückgehen müßten. Dann aber spricht er „ungern" über die neuen Energieformen. Also: Die geistige Welt gibt die entsprechenden Erfindungen noch nicht frei. Die Elektrizität ist mir auch zuwider, aber ich muß. Soll ich mit Kerze und Zipfelmütze zu Bett? Ich will vorwärts, nicht zurück. Etschewit könnte etwas antworten darauf, denn die neue Energieform muß mit dem Ätherischen zusammenhängen und mit dem Christus. Ein bekannter Anthroposoph sagte mir einmal: Die Strader-Maschine ist wie ein nasser Fisch, kaum meint man etwas zu haben, entschlüpft es dem Zugriff.

Der Feurige: Nicht mit Zipfelmütze zu Bett, aber versuche festzustellen, welche Benutzung notwendig und welche es nicht ist. Daraus erwächst sehr schnell das Verständnis für die neuen Energieformen. Ich bin Feuer. Von einem Blickwinkel aus bin ich auch Energie, materielose Energie. Sei Flamme!

Energiegewinnung aus Sand

Frage: Es gibt Forschungen, Sand mit Hilfe von Energie so umzuformen, daß nicht nur Silizium entsteht, sondern ihn auch in Formen zu überführen, aus denen schnell wieder Energie entstehen kann, die dann wieder zu Sand verbrennt. Diese Energie kann als Alternative zu Benzin, Öl, Erdgas etc. eingesetzt werden, z.B. in Schiffen, Autos und zur Energieerzeugung. Wie geht es Dir, Sandiger, bei diesem Vorgang? Wird er einmal eine Bedeutung haben für den Energiebedarf der Menschen? Bist Du bereit, Dich für diesen Vorgang – der für die Natur vollkommen unschädlich ist im Gegensatz zur Verbrennung von Erdöl, Erdgas oder Kohle – einzusetzen?

Der Sandige: Bei dem beschriebenen Vorgang wird die Zerstörungsenergie des Sandes genutzt. Sand ist zerstörter Stein. Die Energie, die dazu nötig war, ist auf eine gewisse Weise im Sand noch vorhanden und ist aus technischer Sicht leichter zu nutzen als die Energie im Stein. Es ist aber nicht richtig, daß dieser Vorgang für die Natur völlig unschädlich ist. Jede Energiegewinnung aus der Natur schwächt diese, auch wenn diese Art der Energiegewinnung die Natur nicht noch zusätzlich verschmutzt.

Es ist eine Frage des Standpunktes. Jede Energiegewinnung aus der Natur kann ein positiver Beitrag zur Vergeistigung der Erde oder eben auch ein solcher zur Sklerotisierung der Erde sein. Je nachdem, was tatsächlich durch den Menschen geschieht. Es bleibt bei jedem dieser Vorgänge eine Schlacke übrig. Die Qualität der Schlacke unterscheidet sich deutlich, je nach Nutzung der gewonnenen Energie.

Diese von Dir angesprochene Energiegewinnung hat den Vorteil, daß sie nur einen Elementarteil betrifft. Es ist ein Lustgewinn für den Sand, dem ein Schmerz vorangeht. Der Schmerz ist etwas größer. Die Differenz ist Eure Energie. Qualitativ ist sie besser als manche andere, wir Sandigen sind bereit, diese Notwendigkeit positiv mitzutragen.

Die Energie liebevoll den Elementen abnehmen

Frage: In FLENSBURGER HEFTE 79 wurde geschildert, daß sich bei der Entnahme von Erdöl, Kohle oder Gas Hohlräume bilden, in denen ungute Wesen einziehen können. Was sind denn Erdöl, Kohle und Gas? Welche Auswirkungen hat es auf die Natur und den Energiehaushalt der Erde, wenn auf einmal die in Jahrmillionen gesammelte und in Öl, Kohle und Gas gespeicherte Energie freigesetzt wird? Sind in Erdöl, Kohle und Gas auch Naturgeister enthalten, die jetzt freigesetzt werden? Wie passen diese sich in die Natur ein, da sie ja aus einem uralten Zeitalter stammen, in dem – nach Euren Schilderungen – die Lebensbedingungen auf dem Planeten wesentlich anders waren?

Der Steinerne: Technisch gesehen, sind Erdöl, Kohle und Gas Pflanzen gewesen gewesen, welche jetzt in anderen Formen vorgelegen gehabt haben. Es sind also eigentlich lebendige Wesen gewesen, welche jetzt in einer besonderen Art von Tod sind. Da sie eigentlich tot sind, können sie nicht in ihrer ursprünglichen Lebensform in das irdische Sein zurückgebracht geworden gewesen sein.

Vereinfacht ausgedrückt gehabt, bedeutet dieses: Sie können nur als Energiewesen zum Leben zurückgebracht geworden sein. (Das ist das Entsetzliche am Plastik gewesen gewesen, daß es weder Energie noch Erdöl geblieben gewesen sein darf.)

Die menschliche Benutzung der Energievorräte der Erde hat mein ungleicher Bruder eigentlich schon gut beschrieben gehabt gehabt. Es ist für das Ergebnis egal, welche Energie genutzt worden ist. Auf die Art der Benutzung wird es am Ende angekommen geworden sein.

Ich hoffe, Du hast mich verstanden gehabt. Wenn Ihr Eure Energie liebevoll uns Elementen abnehmt, dann, und nur dann, wird es gut gewesen sein. Mit Christus.

Kunststein

Frage: Bei der Zerreibung von Stein zu Sand empfinden die steinernen Naturwesen Schmerz und die sandigen Freude. Wie ist es bei der Herstellung von Kunststein aus fast zu Sand zerriebenem Kalkstein, gemischt mit Wasser, Zement, Farbe und chemischen Zusatzstoffen, das Ganze in eine Form gegossen? Empfinden hier (wie wohl auch bei der Zementherstellung) auch die sandigen Naturwesen Schmerzen?

Der Sandige: Wenn wir wieder zu Stein zusammengesetzt werden, entsteht etwas, was mit deutschen Worten nur als „negativer Schmerz" zu bezeichnen ist, keine Freude. Es ist sozusagen Schmerz von hinten nach vorne. Es bindet sehr viel Energie ein, welche aber durch den Zusatz chemischer Stoffe verunreinigt wird. Zementgesteine ohne Zuschlagstoffe sind sehr haltbar, da sie so hochenergetisch sind. Die Zusetzung von chemischen Stoffen wird bei der Erzeugung des Gegenraums, der vergeistigten Materie, ein Problem, da der entstandene Raum unrein ist.

Sand lebt damit, daß er sich ändert. Sand gehört zu den Dingen, die auch im reinen Naturzusammenspiel nicht liegenbleiben können. Die Energie der Zerstörung ist so groß, daß sie den Sand von seinem Ort trennt. Sand kann überall sein. Sand ist überall.

Es ist sehr entscheidend, was der Mensch aus Plastik macht

Frage: Der Erde wird zur Herstellung von Plastik ihr Öl entnommen. In die entstehenden Hohlräume ziehen dämonische Wesen ein. Mit dem, was aus dem Plastik gemacht wird, entstehen neue Wesen. Kann der Mensch aus Plastik etwas machen, was Wesen schafft, die mindestens ein Gleichgewicht bewirken zu den dämonischen Wesen in den entstandenen Hohlräumen? Ich bin Kunststoffverarbeiter seit mehr als zwei Jahrzehnten, ich gestalte Dinge (Lampen) aus künstlichen Stoffen, die dem Schönen verpflichtet sind. Nicht nur aus wirtschaftlichen Gründen können diese schönen Dinge nicht aus natürlichen Materialien hergestellt werden.

Der Luftige: Es ist sehr entscheidend, was der Mensch aus Plastik macht. Wenn die Dinge, so wie die Deinen, schön sind, heilen sie schon eine ganze Menge. Es ist aber leider nach wie vor so, daß der Kunststoff für

Deine Lampen nur ein sehr kleiner Anteil des entnommenen Rohöls ist. Insofern ist die Zunahme an Weltenschönheit zwar wichtig und bedeutend, aber nicht ganz in der Lage, die Dämonisierung der Leerräume des Erdöls aufzufangen. Natürlich kommt es dabei auf die Qualität und nicht auf die Quantität an, aber zu extrem dürfen die Unterschiede doch nicht sein. Anders ausgedrückt: Ein Bohrloch hast Du gefüllt. Das ist viel.

Denke einmal an Quarz und Harz! Da gibt es vielleicht noch natürliche Alternativen. Mein Wunsch an Dich: Baue weiter schöne Lampen. Ihr Licht verteile ich gern.

Tachyon-Energie

Frage: Welche geistigen Wesen stehen hinter der von dem Amerikaner David Wagner nutzbar gemachten Tachyon-Energie, und hat sie etwas mit der auf Seite 198 f., FLENSBURGER HEFTE 79, angesprochenen „Nutzung von Energien (...) wie zur Zeit der Atlantis, aber auf einer höheren Ebene", zu tun? Nutzt diese Energie dem positiven Fortschritt bzw. dem Erhalt von Leben der Menschen und des Planeten?

Der Große: Hinter der Tachyon-Energie stehen die Steinwesen. Diese Energie entstand bei der Auffaltung der Gebirge. Hierbei war der Wille höherer Engel beteiligt. Darin liegt die Heilkraft dieser Energie. Sie wird gelöst durch die Auflösung der Gebirge. Dabei ist nicht primär die Auflösung durch den Menschen gemeint, sondern die normalen geologischen Vorgänge.

Daraus ist schon ersichtlich, daß es mit der gehobenen Wachstumsenergie nichts zu tun hat.

Die Heilkraft der Tachyon-Energie wird in vielen Fällen durch das mangelhafte Instrumentarium beeinträchtigt oder sogar zunichte gemacht.

Nikola Tesla

Frage: Wie erscheinen Dir, Feuriger, die Erfindungen von Nikola Tesla (Tesla-Motor, Übertragung von Energie durch die Luft etc.)? Gehen sie in Richtung der notwendigen künftigen entwicklungsgemäßen Energie, oder führen sie noch tiefer in untersinnliche Kräfte, in das kalte Feuer der Elektrizität hinein?

Der Feurige: Die Antworten darauf fallen mir relativ schwer. Da meine Menschen keine Medien sind, muß ich ihr Wissen und Verständnis nutzen.

Tesla nutzt in seinen Entwicklungen wie den Transformator und den Motor den Magnetismus. Dieser ist eine „Entartung“ von Wesen, die dichter, materieller sind als wir Feuerwesen und die uns umschließen, wenn wir zu Strom werden. Das ist notwendig, damit wir nicht „verschwinden“. Tesla nutzt diese Kräfte und ist dadurch tiefer in der Erde und damit auch fortschrittlicher in der Dematerialisierung der Erde. Es ist eine zukünftige Form, aber sozusagen nur eine Vorahnung davon, da Energieformen entdeckt werden müssen, die aufsteigende Opfer, nicht absteigende Opfer sind. Die heutige Nutzung der elektrischen Energie ist als absteigendes Opfer zu werten. Ihr solltet uns spielen lassen können und daraus Energie haben!

Johannes Rogalla von Bieberstein
Die These von der Verschwörung 1776–1945
Philosophen, Freimaurer, Juden, Liberale und Sozialisten als Verschwörer gegen die Sozialordnung
216 S., kt. EUR 17,– / ISBN 3-926841-36-2

Jimmy Carter
Frieden schaffen im Gespräch
Ein Impuls für die nächste Generation
206 S., kt. EUR 17,– / ISBN 3-926841-71-0

Carola Cutomo
Medialität, Besessenheit, Wahnsinn
188 S., kt. EUR 11,– / ISBN 3-926841-19-2

Hans-Diedrich Fuhlendorf
Rückkehr zum Paradies oder Erbauen des Neuen Jerusalem?
Geschichtsbetrachtungen in apokalyptischer Zeit
352 S., kt. EUR 20,– / ISBN 3-926841-37-0

Wolfgang Gädeke
Anthroposophie und die Fortbildung der Religion
448 S.
Leinen, EUR 25,– / ISBN 3-926841-23-0
kt. EUR 19,– / ISBN 3-926841-24-9

Ludger Helming-Jacoby
Zeugnissprüche
und Sprüche aus dem Hauptunterricht einer Waldorfschule
2. Aufl., 188 S., kt. EUR 15,–
ISBN 3-926841-95-8

Dieter Hornemann
Geheimnisvolles Afrika
Anthroposophische Arbeit im Urwald
102 S., 32 farb. Abb., kt. EUR 14,–
ISBN 3-926841-60-5

Johannes Kiersch
Fragen an die Waldorfschule
Neuauflage Herbst 2003, ca. 160 S., kt. ca. EUR 15,– / ISBN 3-926841-33-8

Peter Krause
Das Judasproblem
Von den spirituellen Hintergründen der Gewalt
128 S., kt. EUR 11,– / ISBN 3-926841-38-9

Peter Krause
Feuer in Tschernobyl
Die Ukraine nach dem SuperGAU
168 S., 37 farb. Abb., kt. EUR 15,–
ISBN 3-926841-58-3

Peter Krause, Faustus Falkenhahn (Hg.)
Einsam – gemeinsam
Jugend im Gespräch
192 S., kt. EUR 12,– / ISBN 3-926841-43-5

Ernst-Martin Krauss
Holzwege, Steinwege ...
Erlebnisse mit Elementarwesen
92 S., Großformat, 13 farb. Abb., gebunden, EUR 29,– / ISBN 3-926841-35-4

Henning Kullak-Ublick (Hg.)
Erziehung zur Freiheit – in Freiheit
Aktion mündige Schule
160 S., 15 farb. Abb., kt. EUR 10,–
ISBN 3-926841-94-X

Andreas Meyer (Hg.)
Seele und Geist
Ansätze zu einer spirituellen Seelentherapie
160 S., kt. EUR 14,– / ISBN 3-926841-47-8

Hans Philippsen
Götter, Hexen und Naturgeister
Sagen und Sagenhaftes der Insel Föhr
144 S., 16 farb. Abb., kt. EUR 13,–
ISBN 3-926841-84-2

Sidney Saylor Farr
Tom Sawyers Nah-Todeserfahrung und die Wandlung seines Lebens
2. Aufl., 204 S., kt. EUR 17,–
ISBN 3-926841-82-6

Wolfgang Weirauch
Im Spiegel der Finsternis
Roman für Jugendliche und Erwachsene. Ab 13 Jahren.
252 S., geb. EUR 17,– / ISBN 3-926841-86-9

Verena Staël von Holstein, Friedrich Pfannenschmidt (Hg.)
Gespräche mit Müller
Feinstofflicher Austausch mit Geistwesenheiten. Band 1 und 2
Band 1: 324 S., geb. EUR 22,–
ISBN 3-935679-11-4
Band 2: 344 S., geb. EUR 22,–
ISBN 3-935679-12-2

FH 11
Über Tod und Sterben
4. Aufl., 232 S., kt. EUR 15,–
ISBN 3-926841-11-7

FH 13
Hexen, New Age, Okkultismus
3. Aufl., 196 S., kt. EUR 13,–
ISBN 3-926841-08-7

FH 14
Erneuerung der Religion
Die Christengemeinschaft, Sakramente, Kirche und Kultus
4. Aufl., 184 S., kt. EUR 12,–
ISBN 3-926841-07-9

FH 15
Waldorfschule und Anthroposophie
3. Aufl., 132 S., kt. EUR 8,–
ISBN 3-926841-00-1

FH 16
Kulturvergiftung: Rauschgift, Sucht und Therapie
2. Aufl., 228 S., kt. EUR 12,–
ISBN 3-926841-21-4

FH 17
Kulturvergiftung: Alkohol
2. Aufl., 160 S., kt. EUR 12,–
ISBN 3-926841-34-6

FH 18
Biologisch-dynamische Landwirtschaft, Ökologie, Ernährung
2. Aufl., 184 S., kt. EUR 13,–
ISBN 3-926841-03-6

FH 19
Musik
2. Aufl., 184 S., kt. EUR 12,–
ISBN 3-926841-06-0

FH 20
Sexualität, Aids, Prostitution
2. Aufl., 170 S., kt. EUR 12,–
ISBN 3-926841-09-5

FH 22
Erkenntnis und Religion
Zum Verhältnis von Anthroposophischer Gesellschaft und Christengemeinschaft
132 S., kt. EUR 12,– / ISBN 3-926841-13-3

FH 23
Engel
3. Aufl., 196 S., 9 farb. Abb., kt. EUR 15,–
ISBN 3-926841-15-X

FH 24
Direkte Demokratie / 1789–1989
240 S., kt. EUR 12,– / ISBN 3-926841-16-8

FH 25
Rechtsleben und soziale Zukunftsimpulse
Von der Dreigliederungsidee Rudolf Steiners zur Volksgesetzgebung
244 S., kt. EUR 12,– / ISBN 3-926841-17-6

FH = Flensburger Hefte

FH 26
Michael
Januskopf Bundesrepublik
184 S., 8 farb. Abb., kt. EUR 12,–
ISBN 3-926841-22-2

FH 27
Strafprozeß, Strafvollzug, Resozialisierung
224 S., kt. EUR 12,– / ISBN 3-926841-20-6

FH 28
Naturwissenschaft und Ethik
204 S., kt. EUR 12,– / ISBN 3-926841-25-7

FH 29
Freie Schule
248 S., kt. EUR 13,– / ISBN 3-926841-28-1

FH 31
Biographiearbeit
5. Aufl., Herbst 2003, ca. 192 S., 7 farb. Abb., kt. EUR 15,– / ISBN 3-926841-31-

FH 32
Anthroposophen und Nationalsozialismus
168 S., kt. EUR 12,– / ISBN 3-926841-32-X

FH 33
Destruktive Kulte, schwarze Magie, Sexualmagie
232 S., kt. EUR 14,– / ISBN 3-926841-40-0

FH 34
Alte und neue Seelenfähigkeiten
192 S., kt. EUR 13,– / ISBN 3-926841-41-9

FH 35
Die Christengemeinschaft heute
Anspruch und Wirklichkeit
212 S., kt. EUR 13,– / ISBN 3-926841-42-7

FH 36
Schwangerschaftsabbruch
212 S., kt. EUR 14,– / ISBN 3-926841-44-3

FH 37
Indianer
212 S., 6 farb. Abb., kt. EUR 14,–
ISBN 3-926841-45-1

FH 38
Konfliktbewältigung
2. Aufl., 220 S., 10 farb. Abb., kt. EUR 14,–
ISBN 3-926841-50-8

FH 39
Christus
184 S., 16 farb. Abb., kt. EUR 14,–
ISBN 3-926841-51-6

Siehe auch die folgende Seite.

FH 40
Ausländerhaß, Nationalismus, Rassismus
188 S., 13 farb. Abb., kt. EUR 14,–
ISBN 3-926841-52-4

FH 41
Anthroposophie und Rassismus
212 S., kt. EUR 14,– / ISBN 3-926841-54-0

FH 42
Sind wir noch zu retten?
Zerstörung oder Verwandlung der Erde?
224 S., 26 farb. Abb., kt. EUR 14,–
ISBN 3-926841-56-7

FH 43
Gebet heute
168 S., kt. EUR 14,– / ISBN 3-926841-57-5

FH 44
Scheidung – warum?
Partnerschaftsprobleme und ihre Bewältigung
2. Aufl., 228 S., 11 farb. Abb., kt. EUR 15,–
ISBN 3-926841-59-1

FH 45
Hüter der Schwelle
Der Mensch am Abgrund
172 S., kt. EUR 14,– / ISBN 3-926841-61-3

FH 46
Jugendideale
208 S., kt. EUR 14,– / ISBN 3-926841-62-1

FH 47
Übungen zur Selbsterziehung
2. Aufl., 216 S., 16 farb. Abb. kt. EUR 15,–
ISBN 3-926841-65-6

FH 48
Angst
188 S., 16 farb. Abb., kt. EUR 14,–
ISBN 3-926841-66-4

FH 49
Depression
200 S., 8 farb. Abb., kt. EUR 14,–
ISBN 3-926841-67-2

FH 50
Erziehung
188 S., 8 farb. Abb., kt. EUR 14,–
ISBN 3-926841-68-0

FH 51
Nah-Todeserfahrungen
Rückkehr zum Leben
2. Aufl., 180 S., kt. EUR 15,–
ISBN 3-926841-72-9

www.flensburgerhefte.de

FH 52
Auferstehung
Von der Gegenwart Christi
168 S., 8 farb. Abb., kt. EUR 15,–
ISBN 3-926841-73-7

FH 53
Gedächtnis und Erinnerung
184 S., kt. EUR 15,– / ISBN 3-926841-74-5

FH 54
Ernährungsfragen
176 S., kt. EUR 15,– / ISBN 3-926841-75-3

FH 55
Naturgeister
Vom Wirken der Elementarwesen
2. Aufl., 192 S., 16 farb. Abb., kt. EUR 15,–
ISBN 3-926841-76-1

FH 56
Über Reinkarnation und Karma
Erfahrungen früherer Erdenleben
188 S., kt. EUR 15,– / ISBN 3-926841-78-8

FH 57
Die Welt im Umbruch
Globalisierung und Kampf aller gegen alle
196 S., 29 farb. Abb., kt. EUR 15,–
ISBN 3-926841-79-6

FH 58
Wirkungen der Musik
204 S., kt. EUR 15,– / ISBN 3-926841-80-X

FH 59
Umgang mit dem Sterben
204 S., 8 farb. Abb., kt. EUR 15,–
ISBN 3-926841-81-8

FH 60
Die Impulse des Bösen am Jahrtausendende
196 S., kt. EUR 15,– / ISBN 3-926841-83-4

FH 61
Die Hintergründe von 666
196 S., 8 farb. Abb., kt. EUR 15,–
ISBN 3-926841-85-0

FH 62
Arbeitslosigkeit
Weg ins Ungewisse
184 S., kt. EUR 15,– / ISBN 3-926841-87-7

FH 63
Feldzug gegen Rudolf Steiner
Über O.T.O.-, Rassismusvorwürfe und Angriffe auf die Waldorfschulen
240 S., kt. EUR 15,– / ISBN 3-926841-88-5

FH 64
Liebe – Die Sonne der Welt
200 S., 8 farb. Abb., kt. EUR 15,–
ISBN 3-926841-90-7

FH 65
Doppelgänger
Der Mensch und sein Schatten
228 S., 8 farb. Abb., kt. EUR 15,–
ISBN 3-926841-91-5

FH 66
Hellsehen
Der Blick über die Schwelle
192 S., kt. EUR 15,– / ISBN 3-926841-92-3

FH 67
Esko Jalkanen – der Heiler aus dem Norden
Vom Zauber finnischer und baltischer Kultur
184 S., 19 farb. Abb., kt. EUR 15,–
ISBN 3-926841-89-3

FH 68
Liebe Leben
Homosexualität und die Vielfalt der Lebensformen in Zeiten der Individualisierung
192 S., kt. EUR 15,– / ISBN 3-926841-93-1

FH 69
Islamische Impressionen
Brücken zwischen Orient und Okzident
228 S., 12 farb. Abb., kt. EUR 15,–
ISBN 3-926841-96-6

FH 70
Träume
Was wollen sie uns sagen?
192 S., kt. EUR 15,– / ISBN 3-926841-97-4

FH 71
Einblicke in die Anthroposophie
200 S., kt. EUR 15,– / ISBN 3-926841-99-0

FH 72
Es ist an der Zeit
Aspekte der Anthroposophie
216 S., kt. EUR 15,– / ISBN 3-935679-00-9

FH 73
Eurythmie
Aufbruch oder Ende einer jungen Kunst?
204 S., 12 farb. Abb., kt. EUR 15,–
ISBN 3-935679-01-7

FH 74
Abgründe und Chancen in Zeiten des Egoismus
192 S., kt. EUR 15,– / ISBN 3-935679-02-5

FH 75
Einsamkeit
Wege des Ich
216 S., 20 farb. Abb., kt. EUR 15,–
ISBN 3-935679-04-1

FH 76
Kampf der Kulturen?
Eine andere Welt ist möglich
204 S., kt. EUR 15,– / ISBN 3-935679-06-8

FH 77
Gegen das Elend der Welt
Eine Reise nach Afghanistan
200 S., 16 farb. Abb., kt. EUR 15,–
ISBN 3-935679-07-6

FH 78
Familie im Wandel
192 S., kt. EUR 15,– / ISBN 3-935679-08-4

FH 79
Was die Naturgeister uns sagen
Im Interview direkt befragt
3. Aufl., 208 S., kt. EUR 15,–
ISBN 3-935679-09-2

FH 80
Neue Gespräche mit den Naturgeistern
2. Aufl., 196 S., kt. EUR 15,–
ISBN 3-935679-10-6

FH 81
Die neue Weltordnung
Der Irak-Krieg und seine Folgen
200 S., kt. EUR 15,– / ISBN 3-935679-13-0

So 1
Partnerschaft und Ehe
5. Aufl., 212 S., kt. EUR 15,–
ISBN 3-926841-04-4

So 2
Das Geheimnis der EAP
212 S., kt. EUR 9,– / ISBN 3-926841-05-2

So 4
Partnerschaft und Ehe II – Briefe
2. Aufl., 72 S., kt. EUR 8,–
ISBN 3-926841-14-1

So 5
Volkssouveränität und Volksgesetzgebung
Die Kernpunkte der Demokratiefrage
338 S., kt. EUR 14,– / ISBN 3-926841-18-4

So 7
Kunst
368 S., 25 farb. Abb., kt. EUR 16,–
ISBN 3-926841-26-5

So = Flensburger Hefte Sonderhefte

So 8
Anthroposophen in der Zeit des deutschen Faschismus
164 S., kt. EUR 12,– / ISBN 3-926841-27-3

So 9
Zehn Jahre real-existierendes freies Geistesleben
Zur Geschichte der Gädeke-Studie
92 S., kt. EUR 12,– / ISBN 3-926841-39-7

So 10
Biographiearbeit II
Grundlagen, Praxis, Ausbildungen
2. Aufl., 184 S., 8 farb. Abb., kt. EUR 15,–
ISBN 3-926841-48-6

So 12
Schwarze und weiße Magie
Von Satan zu Christus
2. Aufl., 184 S., kt. EUR 14,–
ISBN 3-926841-55-9

So 13
Waldorfschulen in Not
244 S., kt. EUR 14,– / ISBN 3-926841-63-X

So 14
Mensch und Computer
156 S., kt. EUR 14,– / ISBN 3-926841-64-8

So 16
Die Schande Europas
Der Krieg auf dem Balkan
200 S., kt. EUR 15,– / ISBN 3-926841-70-2

So 17
Ita Wegman und die Anthroposophie
Ein Gespräch mit Emanuel Zeylmans
216 S., kt. EUR 16,– / ISBN 3-926841-77-X

So 18
Erfahrungen im Umgang mit Tod und Sterben
Beiträge von Leserinnen und Lesern
180 S., kt. EUR 15,– / ISBN 3-926841-98-2

So 19
Die Welt am Abgrund
Jeder Mensch eine Bombe?
200 S., kt. EUR 15,– / ISBN 3-935679-03-3

So 20
Wortgetreu und unverfälscht?
Haben wir in der Gesamtausgabe Texte Rudolf Steiners?
76 S., kt. EUR 8,– / ISBN 3-935679-05-X

Abo- und Bezugsbedingungen s. Impressum, 2. Umschlagseite. Alle Titel auch im Buchhandel erhältlich. Preisänderungen vorbehalten.